CB058812

O ESTADO EMPREENDEDOR

Mariana Mazzucato

O ESTADO EMPREENDEDOR

Desmascarando o mito do setor público vs. setor privado

TRADUÇÃO
Elvira Serapicos

7ª reimpressão

PORTFOLIO
PENGUIN

Copyright © Mariana Mazzucato, 2014

A Portfolio-Penguin é uma divisão da Editora Schwarcz S.A.

Grafia atualizada segundo o Acordo Ortográfico da Língua Portuguesa de 1990, que entrou em vigor no Brasil em 2009.

PORTFOLIO and the pictorial representation of the javelin thrower are trademarks of Penguin Group (USA) Inc. and are used under license. PENGUIN is a trademark of Penguin Books Limited and is used under license.

TÍTULO ORIGINAL The Entrepreneurial State: Debunking Public vs. Private Sector Myths
CAPA Robinson Friede
FOTO DE CAPA Makar/Shutterstock
PROJETO GRÁFICO Mateus Valadares
PREPARAÇÃO Silvia Massimini Felix
REVISÃO Ana Maria Barbosa e Renata Lopes Del Nero
ÍNDICE REMISSIVO Probo Poletti

Dados Internacionais de Catalogação na Publicação (CIP)
(Câmara Brasileira do Livro, SP, Brasil)

Mazzucato, Mariana
O estado empreendedor: desmascarando o mito do setor público vs. setor privado / Mariana Mazzucato; tradução Elvira Serapicos. — 1ª ed. — São Paulo: Portfolio-Penguin, 2014.
Título original: The Entrepreneurial State: Debunking Public vs. Private Sector Myths.
ISBN 978-85-8285-003-9
1. Difusão de inovações 2. Empreendedorismo – Política governamental 3. Inovações – Política governamental 4. Inovações tecnológicas 5. Política industrial I. Título
14-08420   CDD-338.064

Índice para catálogo sistemático:
1. Empreendedorismo: Inovações tecnológicas: Negócios: Economia 338.064

Todos os direitos desta edição reservados à
EDITORA SCHWARCZ S.A.
Rua Bandeira Paulista, 702, cj. 32
04532-002 — São Paulo — SP
Telefone: (11) 3707-3500
www.portfolio-penguin.com.br
atendimentoaoleitor@portfoliopenguin.com.br

Dedico este livro à minha mãe, Alessandra, cujo espírito continua a influenciar todos aqueles que a conheceram — inspirando nossa vontade e capacidade de compreender e transformar o mundo com firmeza, generosidade e elegância. E ao meu pai, cuja luta para sobreviver sem ela não diminuiu sua busca de quase toda a vida pela talvez única fonte de energia verdadeiramente renovável — a fusão nuclear.

Na verdade, a economia capitalista não é e não pode ser estacionária. Nem está simplesmente se expandindo de maneira uniforme. Está incessantemente sendo revolucionada de dentro por novos empreendimentos, isto é, pela introdução de novos produtos ou novos métodos de produção ou novas oportunidades comerciais na estrutura industrial tal como existe a qualquer momento dado.
Joseph Schumpeter (1942 [2003], p. 13)

O importante para o governo não é fazer coisas que os indivíduos já estão fazendo, e fazê-las um pouco melhor ou um pouco pior; mas fazer aquelas coisas que no momento não são feitas de forma alguma.
John Maynard Keynes (1926, p. 46)

É um erro comum achar que a burocracia é menos flexível do que a iniciativa privada. Pode ser assim nos detalhes, mas quando adaptações em larga escala precisam ser feitas, o controle central é muito mais flexível. Pode demorar dois meses para se conseguir a resposta a uma carta de um departamento do governo, mas leva vinte anos para uma indústria da iniciativa privada reajustar-se a uma queda na demanda.
Joan Robinson (1978, p. 27)

Onde estavam vocês [investidores] nos anos 1950 e 1960, quando todos os investimentos tiveram de ser feitos na ciência básica? A maioria das descobertas que alimentaram [a indústria] surgiu nessa época.
Paul Berg, ganhador do Prêmio Nobel
de Química em 1980
(citado em Henderson e Schrage, 1984)

SUMÁRIO

Lista de tabelas e gráficos 11
Lista de acrônimos 13
Prefácio de Carlota Perez 17

Introdução: Faça algo diferente 23

1. Da ideologia da crise à divisão do trabalho inovador 41
2. Tecnologia, inovação e crescimento 58
3. O Estado arrojado: da "redução de risco" ao "manda ver!" 91
4. O Estado empreendedor dos Estados Unidos 109
5. O Estado por trás do iPhone 126
6. Empurrão vs. empurrãozinho para a revolução industrial verde 158
7. Energia eólica e solar: histórias de sucesso do governo e tecnologia em crise 195
8. Riscos e recompensas: das maçãs podres aos ecossistemas simbióticos 224
9. Socialização do risco e privatização das recompensas: o Estado empreendedor também pode ter sua fatia do bolo? 243

Conclusão 256

Apêndice 265
Agradecimentos 269
Bibliografia 273
Índice remissivo 297

LISTA DE TABELAS E GRÁFICOS

Tabelas
    Tabela 1. Comparando os sistemas de inovação do Japão e da União Soviética na década de 1970   70
    Tabela 2. Risco de perda nos diferentes estágios em que os investimentos são feitos (%)   81
    Tabela 3. Vendas líquidas, receita e valores de P&D da Apple entre 1999 e 2011 (em milhões de dólares)   128

Gráficos
    Gráfico 1. Porcentagem de despesas brutas com P&D (DBPD) em relação ao PIB na OCDE, 1981-2010   75
    Gráfico 2. Estágios de investimento do capital de risco   81
    Gráfico 3. Fontes de financiamento para P&D nos Estados Unidos em 2008   95
    Gráfico 4. Fontes de financiamento para pesquisa básica em P&D nos Estados Unidos em 2008   96
    Gráfico 5. Classificação de novos fármacos   99
    Gráfico 6. Número de NEMS aprovadas comparadas com o gasto dos membros da PhRMA nos Estados Unidos, 1970-2004   101

Gráfico 7. Porcentagem de novos fármacos por tipo de indústria farmacêutica (1993-4)   102
Gráfico 8. Orçamento dos Institutos Nacionais de Saúde (NIH), 1938-2012   107
Gráfico 9. Número de concessões de financiamento no estágio embrionário e inicial, pelo SBIR e pelo capital de risco   118
Gráfico 10. Vendas líquidas da Apple por região e produto (em bilhões de dólares)   130
Gráfico 11. Preço das ações da Apple entre 1990 e 2012   132
Gráfico 12. P&D produtivos ou boca-livre?   133
Gráfico 13. Origem dos produtos populares da Apple   153
Gráfico 14. Investimento global em energia renovável (em bilhões de dólares)   167
Gráfico 15. Gastos governamentais com P&D em energia em % do PIB em treze países, 2007   169
Gráfico 16. Subsetores do capital de risco dentro da energia limpa   178
Gráfico 17. Mercado global de energia eólica e solar (bilhões de dólares), 2000-11   197

LISTA DE ACRÔNIMOS

AEIC American Energy Innovation Council [Conselho Americano para a Inovação de Energia]
ARPA-E Advanced Research Projects Agency – Energy [Agência de Projetos de Pesquisa Avançada – Energia]
ARRA American Recovery and Reinvestment Act [Lei Americana de Recuperação e Reinvestimento]
ATP Advanced Technology Program [Programa de Tecnologia Avançada]
BIS Department of Business, Innovation and Skills [Departamento de Negócios, Inovação e Capacitação, Reino Unido]
BNDES Banco Nacional de Desenvolvimento Econômico e Social (Brasil)
CBI Confederation of British Industries [Confederação da Indústria Britânica]
CBO Congressional Budget Office [Departamento de Orçamento do Congresso, Reino Unido]
CE Comissão Europeia (Bruxelas)
CERN Organização Europeia para a Pesquisa Nuclear, Genebra (Conseil Europèen pour la Recherche Nucléaire)
CR Capital de risco
DARPA Defense Advanced Research Projects Agency [Agência de Projetos de Pesquisa Avançada de Defesa]

13

DECC Department of Energy and Climate Change [Departamento de Energia e Mudança Climática, Reino Unido]
DEMOS Instituto de pesquisa (Reino Unido)
DoD Departamento de Defesa dos Estados Unidos
DoE Departamento de Energia dos Estados Unidos
DRAM Dynamic random-access memory [memória ram]
EPA Environmental Protection Agency [Agência de Proteção Ambiental dos Estados Unidos]
EPRI Electric Power Research Institute [Instituto de Pesquisa de Energia Elétrica]
FDA Food and Drug Administration [Agência de Alimentos e Medicamentos dos Estados Unidos]
FINNOV Projeto FINNOV EC FP7 (Disponível em <http://www.finnov-fp7.eu>)
GE General Electric
GPS Global positioning system [Sistema de posicionamento global]
GPT General purpose technology [Tecnologia de propósito geral]
GW Gigawatt
GWEC Global Wind Energy Council [Conselho Mundial de Energia Eólica]
HM Treasury Her Majesty`s Treasury [Tesouro de Sua Majestade, Reino Unido]
IPO Initial public offering [Oferta pública inicial de ações no mercado]
MICI Ministério da Indústria e Comércio Internacional (Japão)
MIT Massachusetts Institute of Technology [Instituto de Tecnologia de Massachusetts]
MRC Medical Research Council [Conselho de Pesquisa Médica, Reino Unido]
MRG Magnetorresistência gigante
MW Megawatt
NAS National Academy of Sciences [Academia Nacional de Ciências, Estados Unidos]
NBER National Bureau of Economic Research [Departamento Nacional de Pesquisas Econômicas]
NESTA National Endowment for Science, Technology and the Arts [Fundação Nacional para a Ciência, Tecnologia e Artes, Reino Unido]
NIH National Institutes of Health [Institutos Nacionais de Saúde, Estados Unidos]

LISTA DE ACRÔNIMOS

NIST National Institute of Standards and Technology [Instituto Nacional de Padrões e Tecnologia, Estados Unidos]
NNI National Nanotechnology Initiative [Iniciativa Nacional de Nanotecnologia, Estados Unidos]
NSF Fundação Nacional de Ciência (Estados Unidos)
OCDE Organização para a Cooperação e Desenvolvimento Econômico
OSTP Escritório de Políticas para a Ciência e Tecnologia (Estados Unidos)
OTA Escritório de Avaliação de Tecnologia (Estados Unidos)
OTP Office of Tax Policy [Escritório de Política Fiscal, Estados Unidos]
P&D Pesquisa e desenvolvimento
PhRMA Pharmaceutical Research and Manufacturers of America (associação comercial)
PIB Produto interno bruto
PME Pequenas e médias empresas
S&P 500 [Índice do mercado de ações da Standard & Poor, baseado na capitalização de mercado das 500 maiores empresas negociadas publicamente nos Estados Unidos]
SBIC Small Business Investment Company [Companhia de Investimento em Pequenos Negócios, Estados Unidos]
SBIR Small Business Innovation Research [Programa de Pesquisa para a Inovação em Pequenos Negócios, Estados Unidos]
SITRA Suomen itsenäisyyden juhlarahasto [Agência de financiamento público da Finlândia]
SRI Stanford Research Institute [Instituto de Pesquisa Stanford, Estados Unidos)
SST Supersonic transport [Programa de transporte supersônico]
TFT Thin-film transistor [Transistor de película fina]
TW Terawatt

PREFÁCIO

DESFAZER MITOS NÃO É UMA COISA FÁCIL. Remar contra a corrente exige determinação, sério compromisso com a verdade e evidências sólidas. É isso o que Mariana Mazzucato mostra neste livro, que consegue desafiar a ideia amplamente disseminada de que o Estado não é capaz de escolher vencedores, que é desajeitado, burocrático e inábil para assumir riscos empreendedores.

Sua análise não é apenas keynesiana; é também schumpeteriana. O papel do Estado não se limita à intervenção na macroeconomia, "corrigindo o mercado" ou financiando passivamente o setor de pesquisa e desenvolvimento (P&D) público. O Estado também é visto como empreendedor, que assume riscos e cria mercados. A argumentação de Mazzucato vai muito além do papel desempenhado pelo governo em países que avançaram recentemente (Japão na década de 1980 ou Coreia do Sul na década de 1990); ela se concentra no papel das agências do setor público nos Estados Unidos — o país mais rico do mundo e promotor ativo dos "mercados livres" — em investimentos arriscados por trás da internet e no financiamento de elementos cruciais por trás das "estrelas" da revolução da informação, empresas como Google e Apple. Na verdade, um capítulo bastante esclarecedor sobre os computadores Apple mostra como cada uma das tecnologias que fizeram o iPhone tão "esperto" tem sua origem em investimentos do Estado, desde a própria internet até a tela sensível ao toque e o novo aplicativo ativado por voz, o SIRI. Mazzucato analisa também o papel crucial dos governos alemão, dinamarquês e outros (incluindo o chinês, é claro) nos esforços recentes que visam desenvolver e difundir tecnologias de energia limpa.

A questão fundamental de sua análise é que as tecnologias mais radicais em diferentes setores — da internet à indústria farmacêutica — têm origem no financiamento de um Estado corajoso, disposto a assumir riscos. Seu relato sobre os investimentos do governo americano na internet oferece evidências do complexo conjunto de ações que tornaram possível essa gama tão ampla de inovações. Ela destaca a importância do financiamento orientado e dos contratos públicos; da reunião de várias agências; e também da criação de incentivos para vários setores e dos inúmeros instrumentos de financiamento implantados para que isso aconteça.

Os esforços bem-sucedidos não se limitam à pesquisa básica e aplicada, mas realizam o trabalho de alcançar a comercialização. Empresas como a Apple, Compaq, Intel e muitas outras receberam concessões em seus estágios iniciais através de programas de financiamento como o SBIR (Small Business Innovation Research). A infraestrutura da revolução das tecnologias de informação e comunicação (TIC), por exemplo, que lançou as bases da internet, foi prodigamente financiada pelo Estado desde os estágios iniciais até a instalação e o pleno funcionamento, e a possibilidade de uso comercial. Como afirma Mazzucato, nenhum investidor privado ou força do mercado poderia ter feito esse trabalho por sua própria conta.

Os exemplos mais recentes, que envolvem investimentos nas chamadas tecnologias "verdes", mostram a importância do financiamento "paciente" e comprometido, de longo prazo. No mundo avançado, esse financiamento tem vindo de agências estatais como a ARPA-E nos Estados Unidos (versão energética da DARPA, Defense Advanced Research Projects Agency, que desenvolveu a internet) ou por bancos de investimento estatais como o KfW, na Alemanha. Entre os países emergentes, o financiamento é fornecido pelo BNDES, Banco de Desenvolvimento do Brasil, ou pelo Banco de Desenvolvimento Chinês. Em todos os casos e em todos os contextos — como Mazzucato demonstra convincentemente —, grandes inovações exigem tempo e paciência. O financiamento privado ficou muito imediatista e cada vez mais dependente dos laboratórios governamentais que se envolvem com as parcelas de alto risco da cadeia de inovação antes de comprometer seus próprios recursos.

Um outro mito que este livro derruba é o célebre papel do capital de risco (CR). Mazzucato mostra como o CR tem se mostrado dependente do governo para a realização de pesquisas mais dispendiosas e incertas, para só se envolver depois de a incerteza do investimento em inovação ter sido reduzida significativamente. Ela revela inclusive que o tão apregoado fracasso da administração Obama no financiamento da Solyndra deveu-se igualmente, se não mais, à retirada do financiamento do CR em um momento crítico do desenvolvimento da empresa.

Ao longo de sua análise, Mazzucato consegue estabelecer uma forte ligação com a literatura da "dinâmica da indústria". Esta é uma contribuição muito importante. A maioria dos argumentos a favor da intervenção do Estado para o crescimento e o desenvolvimento esquece de mencionar a inovação, como se ela fosse a companheira natural do crescimento, uma espécie de maná do céu. O que Mazzucato faz é estabelecer uma ligação direta entre governo e tecnologia, inovação e empreendedorismo, ao mesmo tempo em que analisa questões centrais da economia da inovação como P&D e crescimento, o papel das patentes, e das pequenas e grandes empresas que atuam como inovadoras e outros aspectos pertinentes a essa discussão.

Portanto, este livro surge no momento certo. Aparentemente, a crise econômica persistente não parece suscetível a medidas de austeridade ou à expectativa de que retomar os negócios como de costume pode salvar os bancos. Esta é uma crise como a da década de 1930, que exige medidas ousadas e criativas como as do Estado do bem-estar social e de Bretton Woods, mas voltadas para a necessidade de desenvolvimento global sustentável e conduzidas pela sociedade do conhecimento de hoje. É de se esperar que os políticos do mundo avançado caiam em si e entendam isso, e ao buscarem alguma orientação descubram o valor das ideias e argumentos de Mazzucato.

É um bom sinal que a versão anterior deste livro, muito mais curta, em forma de relatório, tenha tido sua importância imediatamente reconhecida pela União Europeia e esteja sendo cada vez mais citada nas esferas políticas. No Reino Unido, essas ideias tiveram destaque na mídia e têm sido incluídas em declarações e projetos de ministros e membros do gabinete paralelo. O trabalho de Mazzucato também tem chamado a atenção em outros países europeus. É de se esperar que esta versão completa, com os capítulos inéditos sobre tecnologia verde e a verdadeira história do iPhone, seja recebida com interesse ainda maior.

Há pelo menos três lições vitais para a efetiva institucionalização da inovação que podem ser tiradas da análise de Mariana Mazzucato. Existe uma necessidade de fortalecer as fontes de financiamento em P&D públicos; uma necessidade de aumentar o compromisso público com a tecnologia "verde" e a definição de rumos; e uma necessidade de atualizar as respostas keynesianas às crises econômicas modernas.

Se o investimento do Estado em P&D é condição necessária para gerar a inovação posterior no setor privado, então a garantia de um fluxo constante de recursos para essa finalidade é do interesse de todos. O relato que ela faz da história da Apple mostra que, longe de continuarem "loucos", como Steve Jobs recomendou, o que muitos empresários bem-sucedidos fazem — e inclusive ele fez — é integrar os desenvolvimentos tecnológicos financiados pelo Estado a produtos inovadores. Considerando o enorme retorno gerado por seu sucesso, não deveriam esses empresários devolver uma parte para o governo, de forma que ele possa continuar assumindo riscos que depois se transformarão em produtos que irão revolucionar o mercado? Pode-se argumentar que a retribuição é criada pelas receitas fiscais. Ainda assim, a globalização e a tecnologia da informação permitiram a migração dos lucros para regiões com impostos mais baixos ou até mesmo para paraísos fiscais. É claro que precisa haver inovação no sistema tributário para assegurar que os gastos públicos muito arriscados possam continuar a garantir a futura inovação no setor privado. A análise de Mazzucato fornece o arcabouço para pensar as formas de reformar o modelo atual a fim de se conseguir isso.

O outro caminho a ser seguido pela inovação no setor público está relacionado à tecnologia "verde". Pessoalmente acredito que, além de salvar o planeta, o caminho verde pode, se tiver o apoio adequado, salvar a economia. Transformando os padrões de consumo e produção e reformulando as infraestruturas e estruturas existentes, a tecnologia verde pode gerar crescimento econômico e sustentabilidade ambiental no longo prazo. O "crescimento verde" pode ter um impacto equivalente ao que a suburbanização e a reconstrução do pós-guerra tiveram para desencadear a idade do ouro no Ocidente com base no *American way of life*. É impossível que os novos milhões de consumidores que estão sendo incorporados à economia global encontrem bem-estar seguindo o caminho do consumo intensivo de energia e materiais explorado no passado. Os limites desses recursos aliados à ameaça do aquecimento global poderiam tornar-se um poderoso freio no processo de globalização ou no motor mais poderoso do crescimento, emprego e inovação em uma geração.

Mazzucato sustenta que a "revolução verde" irá depender de governos proativos. Ela mostra, com inúmeros exemplos da experiência das últimas décadas na Europa, Estados Unidos, China e Brasil, que o sucesso no caminho do verde ocorreu onde houve apoio governamental claro, comprometido e estável. Como no caso dos Estados Unidos com a tecnologia da informação, são esses países, que se dispõem a aceitar os grandes riscos e que estão determinados a apoiar seus empreendedores, os que têm mais probabilidade de liderar os mercados mundiais em tecnologias verdes. A incerteza do mercado é inevitável no contexto da inovação, mas a incerteza política — como a que existe nos Estados Unidos e no Reino Unido em relação a tudo o que é "verde" — é fatal. A análise de Mazzucato sugere que o sucesso é alcançado por aqueles países que conseguiram chegar a um forte consenso nacional e assim podem manter o nível de financiamento e o apoio político constante através dos altos e baixos da economia.

Isso nos leva à terceira lição: precisamos dos insights econômicos de Keynes e de Schumpeter. Como disse Keynes, o governo deve tornar-se o investidor do último recurso quando o setor privado fica paralisado. Mas na moderna economia do conhecimento, não basta investir em infraestrutura ou gerar demanda para a expansão da produção. Se a inovação sempre foi — como disse Schumpeter — a força que move o crescimento na economia de mercado, é ainda mais crucial na era da comunicação continuar a dirigir os recursos públicos para a inovação catalisadora. Em seu livro, acompanhando o sucesso da experiência dos Estados Unidos voltada para P&D e contratos públicos ligados à inovação, Mazzucato defende que o governo supere a recessão intensificando os esforços em inovação. Seria fundamental para o governo combinar as infraestruturas tradicionais com as tecnologias modernas e tornar-se ativo na criação dos novos mercados promovendo e preparando o caminho para a inovação radical.

Este é um daqueles livros que devem ser lidos por todos: aqueles do setor público que esperam resolver os principais problemas do momento; aqueles do setor privado conscientes de que é melhor envolver-se em um jogo em que todos lucram; economistas que precisam abandonar a compreensão limitada das forças de mercado divulgada por textos de economia convencionais; acadêmicos que desejam pesquisar essas questões; estudantes que precisam compreender que ideias amplamente aceitas não são necessariamente verdadeiras; o público em geral, frequentemente solicitado a ver o Estado como um fardo; e os políticos que precisam superar seu medo da ação do governo e elaborar as políticas ousadas que podem desencadear o crescimento e restaurar o bem-estar para todos.

Carlota Perez
Autora de *Technological Revolutions and Financial Capital: The Dynamics of Bubble and Golden Ages* [Revoluções tecnológicas e capital financeiro: a dinâmica das bolhas e eras do ouro]

Universidade de Tecnologia de Tallinn, Estônia;
London School of Economics, Universidade de Cambridge
e Universidade de Sussex, Reino Unido

Fevereiro de 2013

INTRODUÇÃO: FAÇA ALGO DIFERENTE

*Nossa deficiência é discursiva: simplesmente não
sabemos mais como tratar desses assuntos.*
Tony Judt (2011, p. 34)

Uma batalha discursiva

NUNCA FOI TÃO IMPORTANTE quanto atualmente questionar o papel do Estado na economia — questão candente desde a publicação de *Uma investigação sobre a natureza e as causas da riqueza das nações*, de Adam Smith (1776). Isso porque em muitas regiões do mundo estamos testemunhando uma retirada massiva do Estado, que foi justificada em termos de redução do débito e — talvez mais sistematicamente — como forma de tornar a economia mais "dinâmica", "competitiva" e "inovadora". A atividade comercial é aceita como força inovadora enquanto o Estado é projetado como uma força paralisante — necessária para o "básico", porém muito grande e pesada para ser o mecanismo dinâmico.

Este livro tem o compromisso de desfazer essa imagem falsa. Assim como a Califórnia e o Texas se apropriaram do México através da imagem propositalmente fabricada do "mexicano preguiçoso" debaixo de uma palmeira (Acuña, 1976), o Estado tem sido atacado e crescentemente desmontado por meio de imagens de seu caráter burocrático, paralisante, pesadão. Embora a inovação não seja o principal papel do Estado, mostrar seu caráter potencialmente inovador e dinâmico — sua capacidade histórica, em alguns países, de desempenhar um papel *empreendedor* na sociedade — talvez seja a maneira mais eficiente de defender sua existência, e tamanho, de maneira proativa. De fato, em *O mal ronda a terra,* Tony Judt (2011) afirma que o ataque ao Estado do bem-estar, durante as três últimas décadas, envolveu uma batalha "discursiva" — mudando a maneira como falamos a respeito dela —, com palavras como "administração" tornando o Estado menos importante e arrojado. Este livro procura mudar a maneira como falamos do Estado, desmontando as imagens e histórias de cunho ideológico — separando os fatos da ficção.

Este trabalho é baseado em uma versão revista e significativamente ampliada de um relatório que fiz para a DEMOS, instituição com sede no Reino Unido, sobre o "Estado empreendedor". Ao contrário dos trabalhos mais acadêmicos — que podem levar anos do início à conclusão —, redigi o relatório para a DEMOS em um estilo parecido com o dos panfletos políticos dos anos 1800: rapidamente, e com um sentido de *urgência*. Eu queria convencer o governo britânico a mudar de estratégia: não cortar os programas do Estado em nome de uma economia "mais competitiva" e mais "empreendedora", mas repensar o que o Estado *pode* e deve fazer para garantir uma recuperação sustentável pós-crise. O destaque para o papel ativo desempenhado pelo Estado nas "incubadoras" de inovação e empreendedorismo — como o Vale do Silício — foi fundamental para mostrar que o Estado pode não apenas facilitar a economia do conhecimento, mas efetivamente criá-la com uma visão arrojada e investimento específico.

Esta versão ampliada do relatório para a DEMOS (mais do que dobrou de tamanho) parte daquela pesquisa inicial e avança, extraindo outras implicações nos níveis setorial e empresarial. O capítulo 5, dedicado inteiramente à Apple, examina todo o âmbito do apoio estatal recebido por essa empresa líder da "nova economia". Depois de verificar o papel do Estado nos investimentos mais corajosos por trás da revolução da internet e da TI, os capítulos 6 e 7 analisam a próxima grande novidade: a tecnologia "verde". Não constitui uma surpresa o fato de termos descoberto que os países líderes na revolução verde em todo o mundo (a energia solar e eólica são os exemplos paradigmáticos examinados) são aqueles em que o Estado desempenha um papel ativo que vai além do que é normalmente atribuído à teoria da falha do mercado. E as organizações do setor público envolvidas, como os bancos de desenvolvimento no Brasil e na China, não estão fornecendo apenas empréstimos a título de políticas contracíclicas (como Keynes teria pedido), mas estão inclusive "dirigindo" esses empréstimos para os segmentos mais inovadores da economia "verde". Perguntas quanto ao fato de esse "direcionamento" poder suscitar as preocupações habituais sobre a incapacidade do Estado de "escolher vencedores" são confrontadas logo de cara — desmistificando suposições antigas. Este livro também examina mais explicitamente o grupo de atores necessários para gerar o crescimento puxado pela inovação e questiona se o "ecossistema" de inovação atual é *simbiótico* funcional ou *parasita* disfuncional. Um Estado sem confiança consegue sequer reconhecer a diferença? Os capítulos 8 e 9 aprofundam essa questão perguntando como podemos ter certeza de que a distribuição do retorno (benefícios) gerado pelos investimentos ativos do Estado em inovação tem caráter tão social quanto os riscos assumidos. Com efeito, algumas das muitas críticas dirigidas recentemente aos bancos (socialização dos riscos, privatização dos benefícios) parecem ser igualmente relevantes na economia da inovação "real".

O motivo para chamar de Estado "empreendedor" tanto no relatório da DEMOS quanto neste livro é que o empreendedorismo — algo que todos os formuladores de políticas parecem querer encorajar — não se resume (apenas) a start-ups, capital de risco e "gênios de fundo de quintal". Envolve a disposição e a capacidade dos agentes econômicos de assumir o risco e a verdadeira incerteza *knightiana*: o que é verdadeiramente desconhecido.[1] As tentativas de inovação costumam falhar — caso contrário, não seriam chamadas de "inovação". É por isso que você precisa ser um pouco "louco" para se envolver com a inovação... Em geral, custa mais do que oferece como retorno, fazendo com que a tradicional análise de custo-benefício breque seu desenvolvimento logo de cara. Porém, apesar de Steve Jobs ter falado a respeito disso em

---

1. "Incerteza knightiana" significa um risco que "não se pode medir", isto é, um risco que não pode ser calculado. Esse conceito recebeu o nome de um professor da Universidade de Chicago, o economista Frank Knight (1885-1972), que teorizou a respeito do risco e da incerteza e suas diferenças em termos econômicos.

sua carismática palestra de 2005, em Stanford, sobre a necessidade de os inovadores continuarem "ávidos e loucos", são poucos os que admitem quanta loucura tem realmente rolado na onda das inovações financiadas e dirigidas pelo Estado.

O Estado... "tolamente" desenvolvendo inovações? Sim, a maioria das inovações radicais, revolucionárias, que alimentaram a dinâmica do capitalismo — das ferrovias à internet, até a nanotecnologia e farmacêutica modernas — aponta para o Estado na origem dos investimentos "empreendedores" mais corajosos, incipientes e de capital intensivo. E, como será demonstrado cabalmente no capítulo 5, todas as tecnologias que tornaram o iPhone de Jobs tão "inteligente" [*smart*] foram financiadas pelo governo (internet, GPS, telas sensíveis ao toque [*touch-screen*] e até o recente comando de voz conhecido como SIRI). Tais investimentos radicais — que embutiam uma grande incerteza — não aconteceram graças a investidores capitalistas ou "gênios de fundo de quintal". Foi a mão visível do Estado que fez essas inovações acontecerem. Inovações que não teriam ocorrido se ficássemos esperando que o "mercado" e o setor comercial fizessem isso sozinhos — ou que o governo simplesmente ficasse de lado e fornecesse o básico.

Além da correção das falhas

Mas de que maneira os economistas viram isso? Eles ignoraram ou falaram como se o Estado estivesse apenas corrigindo "falhas do mercado". A teoria econômica convencional justifica a intervenção do Estado quando o retorno social do investimento é maior do que o retorno privado — o que reduz a probabilidade de investimento de uma empresa do setor privado. Da limpeza da poluição ("externalidade" negativa não incluída nos custos das empresas) ao financiamento de pesquisa básica (um "bem público" de difícil apropriação). Mas isso explica menos de um quarto do investimento em pesquisa e desenvolvimento (P&D) feito nos Estados Unidos. Os grandes projetos visionários — como colocar "um homem na Lua" ou criar a ideia por trás da internet — exigiram muito mais do que o cálculo de retorno social ou privado (Mowery, 2010).

Esses desafios exigiram visão, a ideia de missão e acima de tudo *confiança* em relação ao papel do Estado na economia. Como argumentou eloquentemente Keynes em seu célebre artigo "O fim do *laissez-faire*" (1926, p. 46), "o importante para o governo não é fazer coisas que os indivíduos já estão fazendo, e fazê-las um pouco melhor ou um pouco pior; mas fazer aquelas coisas que no momento não são feitas de forma alguma". Essa tarefa requer visão e o desejo de *fazer as coisas acontecerem* em espaços específicos — exigindo não apenas habilidades burocráticas (embora elas sejam críticas, como observou Max Weber),[2] mas também *conhecimento* específico da tecnologia e do setor. Somente através de uma visão entusiástica do papel do Estado é que esse tipo de conhecimento pode ser recrutado, para então conseguir definir o panorama no espaço relevante. De fato, uma parte fundamental do "segredo" da DARPA, Agência de Projetos de Pesquisa Avançada de Defesa — que inventou e comercializou a internet no Departamento de Defesa americano (examinado no capítulo 4) — tem sido sua capacidade de atrair talentos e gerar entusiasmo em torno de missões específicas. E não é coincidência o fato de que uma agência parecida no Departamento de Energia americano, a ARPA-E, esteja não apenas liderando os investimentos verdes nos Estados Unidos, mas também se divertindo com isso (acolhendo o processo de tentativa e erro na pesquisa em energia em vez de temê-lo) e atraindo grandes cérebros da pesquisa em energia (Grunwald, 2012).

Embora muitos dos exemplos apresentados neste livro venham dos Estados Unidos — exatamente para mostrar de que modo o país que costuma ser apontado como o mais representativo dos benefícios do "sistema do mercado livre" tem um dos governos mais intervencionistas no que diz respeito à inovação —, exemplos contemporâneos estão surgindo nos "países emergentes". Investimentos visionários estão sendo feitos atualmente por bancos de investimentos estatais em países como

---

2. Evans e Rauch (1999) mostraram, por exemplo, que uma burocracia estatal do tipo weberiana, que emprega o recrutamento meritocrático e oferece carreiras previsíveis e promissoras no longo prazo, aumenta as perspectivas de crescimento, mesmo quando controla os níveis iniciais do PIB per capita e o capital humano.

Brasil e China — não apenas fornecendo empréstimos contracíclicos, como também *dirigindo* esses empréstimos para áreas novas e cheias de incertezas, que os bancos privados e os investidores capitalistas (IC) temem. E também aqui, como na DARPA, o conhecimento, o talento e a visão são importantes. No Brasil, não é coincidência o fato de o BNDES, banco estatal de investimentos, ser dirigido por dois indivíduos com conhecimento em economia da inovação schumpeteriana — e foi sua equipe de especialistas que possibilitou decisões ousadas e arriscadas em setores-chave, como biotecnologia e tecnologia limpa. O banco hoje tem recordes de retorno em investimentos produtivos, em vez de puramente especulativos: em 2010, o retorno sobre seu patrimônio líquido foi de espantosos 21,2% (reinvestidos pelo Tesouro brasileiro em áreas como saúde e educação), enquanto o de organização equivalente do Banco Mundial, o Banco Internacional para Reconstrução e Desenvolvimento (BIRD), não foi sequer positivo (– 2,3%). Da mesma forma, o Banco de Desenvolvimento da China hoje lidera os investimentos do país na economia verde (Sanderson e Forsythe, 2012). Enquanto os suspeitos de costume mantêm a preocupação de que esses bancos públicos "desestimulem" o financiamento privado (*Financial Times*, 2012), a verdade é que esses bancos estão operando em setores, e em determinadas áreas dentro desses setores, temidos pelos bancos privados. Trata-se do Estado agindo como força de inovação e mudança, não apenas "reduzindo os riscos" para os atores privados avessos aos riscos, mas também assumindo a liderança com ousadia, com uma visão clara e corajosa — exatamente o oposto da imagem do Estado que costuma ser vendida.

Da "reunião" à "dinamização"

Moral da história: quando o Estado é organizado eficientemente, sua mão é firme mas não pesada, proporcionando a visão e o *impulso* dinâmico (assim como alguns "cutucões" — embora os cutucões não possam ser dados pela revolução da TI do passado nem pela revolução verde de hoje), acontecem coisas que de outra forma não aconteceriam. Tais ações visam encorajar o setor privado. Isso requer a compreensão de que o Estado não é nem um "intruso" nem um mero facilitador do crescimento econômico. É um parceiro fundamental do setor privado — e em geral mais ousado, disposto a assumir riscos que as empresas não assumem. O Estado não pode e não deve se curvar facilmente a grupos de interesse que se aproximam dele em busca de doações, rendas e privilégios desnecessários, como cortes de impostos. Em vez disso, deve procurar aqueles grupos de interesse com os quais possa trabalhar dinamicamente em sua busca por crescimento e evolução tecnológica.

A compreensão da natureza única do setor público — como algo mais do que uma versão "social" ineficiente do setor privado — afeta a natureza das parcerias público-privadas que surgem, bem como as "recompensas" que o Estado se sente no direito de colher (assunto que discuto no capítulo 9). Um Estado empreendedor não apenas "reduz os riscos" do setor privado, como antevê o espaço de risco e opera corajosa e eficientemente dentro desse espaço para fazer as coisas acontecerem. De fato, quando não se mostra confiante, o mais provável é que o Estado seja "submetido" e se curve aos interesses privados. Quando não assume um papel de liderança, o Estado se torna uma pobre contrafação do comportamento do setor privado em vez de uma alternativa real. E as críticas costumeiras de que o Estado é lento e burocrático são mais prováveis nos países em que ele é marginalizado e obrigado a desempenhar um papel puramente "administrativo".

Por isso, é uma profecia autorrealizável tratar o Estado como um estorvo, capaz apenas de corrigir as "falhas do mercado". Quem iria querer trabalhar no setor estatal, se é assim que ele é descrito? E seria mera coincidência o fato de que o problema de "escolher vencedores" — o receio de que o Estado seja incapaz de tomar decisões corajosas no sentido da mudança — seja discutido principalmente nos países que não têm uma visão empreendedora para o Estado, isto é, nos países em que o Estado ocupa uma posição secundária e depois é responsabilizado quando comete um erro? Grandes "desafios" socioeconômicos, como a mudança do clima e o "envelhecimento", exigem um Estado ativo, tornando a necessidade de uma melhor compreensão de seu papel nas parcerias público-privadas mais importante do que nunca (Foray et al., 2012).

As imagens são importantes

A capa deste livro tem as imagens de um leão e de um gato. Qual deles tem um "espírito animal" (famosa expressão de Keynes) e qual deles é domesticado e "fica para trás" devido à passividade? Qual é o Estado? Qual é o setor privado? Pode parecer uma dicotomia exagerada, mas deve ser levada em consideração porque, como veremos, somos bombardeados com a imagem exatamente oposta: um setor empresarial que ruge e um setor estatal burocrático que ronrona. Até mesmo Keynes, quando discutia a volatilidade dos investimentos do setor privado, alimentou esse contraste falando do "espírito animal" como orientador do espírito empresarial — a imagem de um leão rugindo. Mas em uma carta secreta dirigida a Roosevelt ele também falou sobre o mundo dos negócios como "animais domesticados":

> Os homens de negócios têm um conjunto de ilusões diferentes dos políticos e por isso precisam de tratamento diverso. Mas eles são muito mais mansos do que os políticos, ao mesmo tempo fascinados e aterrorizados pelo brilho da publicidade, facilmente convencidos a agir como "patriotas", perplexos, confusos, na verdade apavorados, porém ansiosos demais para ter uma visão alegre, vaidosos talvez mas muito inseguros de si mesmos, pateticamente sensíveis a uma palavra gentil. Você poderia fazer o que quisesse com eles, se os tratasse (mesmo os maiorais) *não como lobos ou tigres, mas como animais domésticos por natureza*, apesar de terem tido péssima criação e não a formação que você gostaria. É um erro pensar que eles são mais imorais do que os políticos. Se você os preparar para o temperamento arisco, teimoso e aterrorizado de que os animais domésticos, quando tratados incorretamente, são capazes, os encargos da nação não serão levados para o mercado; e no final a opinião pública irá mudar a direção do caminho deles... (Keynes, 1938, p. 607; o itálico é meu)

Essa visão dos empresários não como tigres e leões, mas como gatinhos, mostra que o Estado não é importante apenas pelas costumeiras razões contracíclicas keynesianas — aparecendo quando a demanda e os investimentos estão muito baixos —, mas também a *qualquer* momento no ciclo de negócios para desempenhar o papel de tigres de verdade. Em nenhum outro lugar isso é mais verdadeiro do que no mundo da inovação — no qual o nível de incerteza é tão alto. Na verdade, a revolução verde que está decolando no mundo simplesmente coincidiu com um ambiente de crise (e, de fato, os investimentos governamentais relevantes são muito mais antigos). Porém, mesmo que estivéssemos passando por um período de grande expansão, não estariam sendo feitos investimentos suficientes em tecnologia verde radical se não fosse pelo Estado. Mesmo durante um período de expansão, a maioria das empresas e bancos iria preferir financiar inovações incrementais de baixo risco, esperando que o Estado deixasse sua marca em áreas mais radicais. Mas como acontece com todas as revoluções tecnológicas, a tecnologia verde precisa de um governo ousado para assumir a liderança — como ocorreu no caso da internet, biotecnologia e nanotecnologia.

Ao proporcionar essa liderança, o Estado faz com que aconteçam coisas que não aconteceriam de outra maneira. Mas se esse papel se justifica dadas as características de "bem público" e o papel das "externalidades" (ambos críticos para o argumento da falha do mercado), ou se se justifica devido a um entendimento mais amplo do Estado como um ator corajoso do sistema econômico, faz toda a diferença. O antigo entendimento leva a discussões sobre as possibilidades de o Estado promover o *crowd out*, isto é, "desestimular" (ou o *crowd in*, "reunir") os investimentos privados, criando uma visão estreita a respeito do que é o Estado e de quais são as opções políticas aceitáveis (Friedman, 1979). O entendimento mais recente leva a discussões (mais) interessantes a respeito do que o Estado pode fazer para elevar o "espírito animal" do empresariado — para fazer com que pare de acumular dinheiro e o gaste em novas áreas pioneiras. Isso faz uma grande diferença na forma como se imagina o "espaço" político. Para começar, torna o Estado menos vulnerável à propaganda a respeito do que o setor empresarial pode fazer (e faz). De fato, são os Estados mais fracos que (mais) cedem à retórica de que existe uma necessidade de diferentes tipos de "cortes na carga tributária" e eliminação da "burocracia" normativa. Um governo confiante reconhece que o setor comercial pode "falar" a respeito dos impostos, mas "caminha" para onde estão as novas oportunidades tecnológicas e de mercado — e que isso está fortemente concatenado com áreas caracterizadas por grandes investimentos do setor público. Por acaso a Pfizer saiu de Sandwich, Kent (Reino Unido), e se mudou para Boston, nos Estados Unidos, devido à redução da carga tributária e à legislação mais flexível? Ou isso ocorreu porque o National Institutes of Health (NIH), do setor público, tem desembolsado cerca de 30,9 bilhões de dólares por ano nos Estados Unidos no financiamento da base de conhecimento sobre a qual empresas farmacêuticas privadas prosperam?

Em economia, a hipótese do *crowding out* é usada para analisar a possibilidade de a elevação nos gastos do Estado reduzir os investimentos do setor privado, uma vez que ambos competem pelo mesmo pool de poupança (através de empréstimos), o que poderia resultar então em taxas de juros mais elevadas, algo que reduziria a disposição das empresas para fazer empréstimos e, consequentemente, investir. Embora a análise keynesiana tenha argumentado contra essa possibilidade durante os períodos de capacidade ociosa (Zenghelis, 2011), a questão é que mesmo quando há um boom (quando teoricamente existe capacidade de utilização plena), existem na prática muitas partes do cenário de risco em que os negócios privados temem colocar os pés e o governo indica o caminho. De fato, os gastos que levaram à internet ocorreram principalmente em épocas de boom — assim como os gastos governamentais que levaram à indústria da nanotecnologia (Motoyama et al., 2011).

Desse modo, uma defesa apropriada do Estado deveria argumentar que ele não apenas faz o *crowd in* [reúne] do investimento privado (aumentando o PIB através do efeito multiplicador) — noção correta, porém limitada, apresentada pelos keynesianos —, mas vai além. A maneira como interpreto o desafio de Judt é que precisamos começar a usar novas palavras para descrever o Estado. *Crowding in* é um conceito que — embora defenda o setor público — ainda está usando como referência o negativo: a possibilidade de que o investimento governamental desestimule [*crowd out*] o investimento privado competindo pela mesma poupança limitada. Se quisermos descrever algo positivo e visionário, deveríamos usar uma palavra mais ousada e ofensiva, e não defensiva. Em vez de analisar o papel ativo do Estado através de sua correção das "falhas do mercado" (enfatizado por muitos economistas "progressistas" que enxergam corretamente muitas falhas), faz-se necessário construir uma teoria do papel do Estado na *formação* e *criação* de mercados — mais alinhada com a obra de Karl Polanyi (1944), que destacou como o "mercado" capitalista foi desde o início fortemente moldado pelas ações do Estado. Na inovação, o Estado não apenas "reúne", *crowd in*, os investimentos do empresariado, como também o "dinamiza" — criando a visão, a missão e o plano. Este livro pretende explicar o processo através do qual isso acontece. Também procura mudar a forma como falamos do Estado a fim de ampliar nossa visão do que ele pode fazer — assume a batalha "discursiva" de Judt. De "leviatã" burocrático inativo a novo catalisador de investimentos empresariais; de "ajustador" a formador e criador de mercados; deixando de ser "eliminador de riscos" para o setor privado para acolher e assumir o risco devido às oportunidades que oferece para o crescimento futuro. Contra todas as probabilidades.

Estrutura do livro

O livro é estruturado da seguinte maneira:

O capítulo 1 começa confrontando a imagem popular do Estado como máquina burocrática e uma imagem diferente do Estado como responsável pelos maiores riscos. O Estado é apresentado como agente empreendedor — assumindo os investimentos mais arriscados e duvidosos da economia. Em vez de entender esses riscos através das costumeiras lentes das "falhas do mercado" — com o Estado agindo como uma bandagem inerte em áreas mal atendidas pelo mercado —, é introduzido o conceito de empreendedorismo de risco do Estado. O Estado não "elimina os riscos" como se tivesse uma "varinha mágica". Ele *assume* os riscos, formando e criando novos mercados. O fato de os economistas não terem palavras para descrever essas ações limitou nosso entendimento do papel desempenhado pelo Estado no passado — em áreas como o Vale do Silício — e do que pode desempenhar no futuro, em áreas como a "revolução verde".[3]

O capítulo 2 fornece informações básicas para a discussão examinando a maneira como os economistas entendem o papel da inovação e da tecnologia no crescimento econômico. Considerando que, uma geração atrás, o avanço tecnológico era visto como algo dado externamente nos modelos econômicos, agora existe extensa literatura para mostrar que na verdade é o nível — e a direção — da inovação o que impulsiona a capacidade de crescimento da economia. Este capítulo justapõe duas estruturas muito diferentes para a compreensão do papel do Estado no crescimento puxado pela inovação — ambas estruturadas em termos de diferentes tipos de "falhas" que o Estado corrige. A primeira é a abordagem "falha do mercado", em que o Estado está simplesmente remediando a diferença entre o retorno social e o privado. A segunda é a abordagem "sistemas de inovação", na qual o gasto com P&D é visto de uma forma mais holística, como parte de um sistema em que o conhecimento não só é produzido, como também difundido por toda uma economia. Porém, até mesmo nessa segunda abordagem, o Estado está principalmente corrigindo falhas, dessa vez "falhas do sistema" — e se conclui que está "facilitando" a inovação por meio da "criação de condições" para ela. Essas estruturas forneceram a justificativa para o aumento dos gastos governamentais com inovação apesar de ao mesmo tempo — devido à falta de atenção ao Estado como principal investidor (assumindo os riscos) — permitir a sobrevivência de certos mitos. Esses mitos descrevem a relação entre inovação e crescimento; o papel das pequenas e médias empresas; o significado das patentes na economia do conhecimento; o nível de apreço do capital de risco pelo risco; e o nível de sensibilidade dos investimentos em inovação aos cortes tributários de vários tipos.

---

3. Economistas políticos contemporâneos, como Chang (2008) e Reinert (2007), especialistas em história da política econômica, certamente falam a respeito do papel do Estado na promoção de um processo de "recuperação" ou atuando de forma ativa contraciclicamente. Mas isso está mais de acordo com uma visão do Estado não como um empreendedor que assume riscos (como *primeiro* recurso), mas como um empreendedor mais passivo, como último recurso.

O capítulo 3 apresenta uma visão diferente, de um Estado empreendedor agindo como principal investidor e formador do mercado. Isso não substitui a visão defendida nas outras duas estruturas, mas é um complemento, que ao ser ignorado fez com que políticas informadas pela abordagem das "falhas" fossem de natureza limitada, e muitas vezes "ideologicamente" orientadas. A indústria farmacêutica — na qual as drogas mais revolucionárias são produzidas principalmente com recursos públicos, e não privados — oferece muitos exemplos. Também examino a forma como o capital de risco "surfou na onda" dos investimentos estatais em biotecnologia.

O capítulo 4 apresenta exemplos fundamentais do "Estado empreendedor" e centra-se na história recente da política industrial dos Estados Unidos, mostrando que apesar da percepção comum, aí o Estado tem sido extremamente proativo e empreendedor no desenvolvimento e na comercialização das novas tecnologias. O empreendedorismo do Estado pode assumir muitas formas. Quatro exemplos — a criação da Agência de Projetos de Pesquisa Avançada de Defesa (DARPA), o programa de Pesquisa para a Inovação em Pequenas Empresas (SBIR), a aprovação da lei Orphan Drug Act de 1983 e desenvolvimentos recentes em nanotecnologia — são usados para ilustrar essa questão. Parte do conceito de "Estado desenvolvimentista" (Block, 2008; Chang, 2008; Johnson, 1982) avança, destacando o tipo de risco que o setor público está disposto a absorver e assumir.

Enquanto os capítulos 3 e 4 examinam setores, o capítulo 5 se concentra na história de uma única empresa — a Apple —, frequentemente usada para enaltecer o poder do mercado e as mentes brilhantes dos "gênios" que revolucionaram o capitalismo. É uma empresa que costuma ser usada para ilustrar o poder da destruição criativa schumpeteriana.[4] Reformulo esse conceito totalmente. A Apple está longe de ser o exemplo de "mercado" ao qual costuma ser associada. É uma empresa que

---

4. Joseph Schumpeter (1942 [2003]) referiu-se à "destruição criativa" como o processo através do qual a inovação muda o status quo, permitindo o crescimento das parcelas do mercado das empresas que introduzem novos produtos e processos, e a queda das parcelas do mercado daquelas que resistem à mudança.

não apenas recebeu financiamento do governo desde o início (através do programa SBIC, ligado ao programa SBIR discutido no capítulo 4), como também usou "engenhosamente" tecnologia desenvolvida com financiamento público para criar produtos "inteligentes". De fato, não há uma única tecnologia significativa por trás do iPhone que não tenha sido financiada pelo Estado. Além das tecnologias de comunicação (examinadas no capítulo 4), o iPhone é inteligente graças a recursos como a internet, o GPS, a tela de toque e o mais recente assistente pessoal ativado pela voz (SIRI). Apesar de Steve Jobs ter sido sem dúvida um gênio inspirador que merece elogios, o fato de o império do iPhone/iPad ter sido construído com essas tecnologias financiadas pelo Estado revela uma história muito mais precisa das mudanças econômicas e tecnológicas do que aquela oferecida pelas discussões tradicionais. Dado o papel crucial do Estado para capacitar empresas como a Apple, é especialmente curioso que o debate em torno da evasão fiscal da Apple não tenha conseguido tornar esse fato amplamente conhecido. A Apple tem de pagar impostos não apenas porque é a coisa certa a fazer, mas também por ser o epítome de uma empresa que requer que o erário público seja grande o bastante e aprecie suficientemente os riscos para continuar a fazer os investimentos que empreendedores como Steve Jobs irão depois capitalizar (Mazzucato, 2013b).

O capítulo 6 examina a próxima "grande novidade" depois da internet: a revolução verde, hoje comandada pelo Estado, como foi a revolução de TI. Em 2012, a China anunciou seu plano para produzir 1000 GWs de energia eólica até 2050. Isso equivaleria a substituir praticamente toda a atual infraestrutura de energia elétrica dos Estados Unidos por turbinas eólicas. Os Estados Unidos e a Europa ainda conseguem sonhar tão alto? Aparentemente, não. Em muitos países, o Estado é chamado a ocupar uma posição secundária e simplesmente "subsidiar" ou incentivar investimentos do setor privado. Assim, deixamos de construir visões para o futuro semelhantes àquelas que duas décadas atrás resultaram na difusão em massa da internet. Este capítulo examina quais países estão sendo conduzidos com uma visão verde e o papel dos respectivos Estados — e o financiamento "paciente" fornecido pelos bancos de desenvolvimento governamentais — na criação dos investimentos "catalisadores", precoces e arriscados, tão necessários para que isso aconteça.

O capítulo 7 se concentra no papel do Estado "empreendedor" que assume os riscos lançando tecnologias limpas específicas, neste caso turbinas eólicas e painéis solares fotovoltaicos. Foi o financiamento do Estado e o trabalho de determinados órgãos estatais que deram o impulso inicial, o financiamento de alto risco e o ambiente institucional que poderiam implantar essas tecnologias importantes. Enquanto o capítulo 5 deu ênfase ao papel do Estado americano na liderança da revolução de TI assim como na implantação das bases da indústria biotecnológica, esse capítulo enfatiza o papel de países como Alemanha, Dinamarca e China na direção da revolução verde que se espalha por outras economias.

Os capítulos 8 e 9 argumentam que, ao aceitarmos o papel do Estado como principal investidor — indo além do simples "ajuste do mercado" ou "criação de condições" —, a questão é saber se esse papel está representado na relação risco-benefício. Em muitos casos, investimentos públicos se transformaram em entrega de negócios, enriquecendo indivíduos e suas empresas mas oferecendo pequeno (direto ou indireto) retorno para a economia ou para o Estado. Isso fica mais evidente no caso da indústria farmacêutica, em que medicamentos financiados com dinheiro público acabam ficando caros demais para os contribuintes (que os financiaram). Isso também se aplica ao caso da TI, em que os investimentos de alto risco do Estado alimentaram os lucros privados, que depois ficam protegidos e deixam de pagar impostos ao governo que os estimulou. O capítulo 8 ilustra essa questão centrando-se na Apple. O capítulo 9 analisa as questões de maneira mais ampla, argumentando que em um período de grandes cortes para reduzir o déficit do orçamento, torna-se mais importante do que nunca discutir o que o Estado pode fazer para garantir que esse "investimento de risco" resulte em retorno direto, além da tributação que pode ser evitada com facilidade. Devido justamente a essa incerteza, os investimentos estatais correm o risco de falhar. Mas quando são bem-sucedidos, é ingênuo e perigoso permitir que todos os benefícios sejam privatizados. Na verdade, a crítica que se faz ao setor financeiro por ter gerado a atual crise econômica, obtendo retornos privados maciços e depois socializando o risco por meio de resgates impopulares, é uma característica geral e impopular do capitalismo moderno disfuncional que não deveria se transformar em norma.

O capítulo 10 conclui refletindo como o argumento central do livro — o Estado como um agente ativo, empreendedor, que assume investimentos de risco — nem sempre é uma realidade, mas uma possibilidade frequentemente ignorada. A "possibilidade" só se realiza quando pressupostos fundamentais são derrubados. Do modo como encaramos o Estado dentro de suas próprias organizações (através do incentivo aos departamentos do setor público a ser empreendedores, incluindo a necessidade de "acolher" em vez de temer o fracasso) à relação entre o Estado e os outros atores do sistema de inovação (isto é, aceitando a si mesmo como um agente mais ativo, haverá muitos casos em que o papel do Estado terá menos a ver com "cutucões" e incentivos e muito mais com "empurrões"). A capacidade do Estado de empurrar e dirigir depende do tipo de talento e conhecimento que conseguir atrair. E a ironia é que este último é um grande problema nos países em que o Estado assume um lugar secundário, apenas "administrando" e não liderando com uma visão dinâmica. A menos que desafiemos os numerosos "mitos" do desenvolvimento econômico e abandonemos as visões convencionais acerca do papel do Estado, não poderemos enfrentar os desafios estruturais do século XXI nem produzir a mudança tecnológica e organizacional de que necessitamos para o crescimento equitativo e sustentável no longo prazo.

Em seu conjunto, este livro oferece uma compreensão mais completa da centralização do setor público em relação às atividades ligadas aos investimentos de risco e evolução tecnológica radical, essenciais para a promoção do crescimento e do desenvolvimento. Oferece uma imagem do Estado muito diferente daquela concebida pelos atuais formuladores de políticas econômicas, que tendem a negar o papel de liderança do Estado em questões de inovação e produção. Também desafia a política industrial convencional, que indevidamente minimiza sua esfera de ação no pioneirismo e promoção de novas tecnologias. Por outro lado, descreve situações em que o Estado tem se mostrado a principal fonte de dinamismo e inovação em economias industriais avançadas, destacando que o setor público tem sido o protagonista do que se costuma chamar de "economia do conhecimento" — uma economia impulsionada pela evolução tecnológica e pela produção e difusão do conhecimento. Do desenvolvimento da aviação, energia nuclear, computadores, internet, biotecnologia até a tecnologia verde atual, foi o Estado — e não o setor privado — quem deu o pontapé inicial e construiu o motor do crescimento devido à sua disposição de assumir riscos em áreas onde o setor privado se mostrou avesso ao risco. Em um ambiente político onde as fronteiras políticas do Estado estão sendo deliberadamente revertidas, precisamos mais do que nunca entender as contribuições do Estado. Caso contrário, perderemos a chance de construir uma prosperidade ainda maior no futuro emulando os investimentos públicos bem-sucedidos do passado.

Faz-se necessário compreender plenamente a divisão do trabalho inovador no capitalismo (descrito no capítulo 1) e o papel que tanto o setor público quanto o setor privado desempenham na criação, produção e difusão das inovações. Este livro se concentra na inovação não porque seja a única coisa ou aquela mais importante em que o Estado pode investir. O papel do Estado na garantia dos direitos humanos básicos para todos os cidadãos — da saúde à educação pública —, assim como na criação da infraestrutura necessária, do ordenamento jurídico que permita o funcionamento adequado da economia, é uma atividade igualmente importante, se não mais. O foco na inovação se deve em parte ao fato de que é uma questão controvertida em que o Estado costuma ser atacado. Enquanto o papel do setor privado tem sido superdimensionado, o do setor público tem sido subestimado. O Estado costuma ser visto como o problema, seja investindo em novas tecnologias ou melhorando o funcionamento do mercado. Por isso, um aspecto central do desafio é reequilibrar nossa compreensão de como as economias realmente funcionam. Só depois de fazermos isso poderemos começar a formular políticas que funcionem, em vez de reproduzirmos estereótipos e imagens que servem apenas para fins ideológicos.

1
Da ideologia da crise à divisão do trabalho inovador

> *Os governos sempre foram péssimos para escolher os vencedores, e tendem a piorar à medida que legiões de empresários e gênios de fundo de quintal trocam projetos on-line, transformam-nos em produtos feitos em casa e passam a comercializá-los globalmente a partir de uma garagem. Enquanto a revolução pega fogo, os governos deveriam se ater ao básico: escolas melhores para uma força de trabalho qualificada, regras claras e igualdade de condições para empresas de todos os tipos. Deixe o resto para os revolucionários.*
> The Economist (2012)

NO MUNDO INTEIRO SE OUVE que é preciso impor limites ao Estado para promover a recuperação pós-crise. O pressuposto é que, com o Estado em uma posição secundária, iremos liberar a força do empreendedorismo e da inovação da iniciativa privada. A mídia, os empresários e políticos libertários aproveitam esse contraste conveniente e dão munição para a dicotomia entre um setor privado dinâmico, inovador, competitivo e "revolucionário" e um setor público preguiçoso, burocrático, inerte e "intrometido". A mensagem é repetida à exaustão, de forma que acaba sendo aceita pela maioria como uma verdade baseada no senso comum e até fez com que muitos acreditassem que a crise financeira de 2007, que logo se transformou em crise econômica generalizada, foi provocada pelo débito do setor público, o que não é verdade.

A linguagem usada é forte. Em março de 2011, o primeiro-ministro do Reino Unido, David Cameron, prometeu cuidar dos "inimigos das empresas" que estavam trabalhando no governo e que ele definiu como os "burocratas em departamentos do governo" (Wheeler, 2011). Essa retórica é condizente com a principal bandeira do governo britânico, o programa Big Society, pelo qual a responsabilidade pelos serviços públicos é transferida para indivíduos que atuam por conta própria ou reunidos em organizações do terceiro setor — com a justificativa de que essa "liberdade" da influência do Estado irá revigorar esses serviços. Os termos usados, como escolas "livres" (*"free" schools*, equivalentes às *charter schools* [escolas públicas independentes] nos Estados Unidos), dão a entender que libertando as escolas da mão pesada do Estado, elas serão mais interessantes para os alunos, além de serem administradas com mais eficiência.

O número crescente de serviços públicos, em todo o mundo, que estão sendo "terceirizados" pelo setor privado se deve precisamente a esse argumento da "eficiência". No entanto, um bom exame da redução de custos real propiciada por essa terceirização — principalmente se levarmos em conta a falta de "controle de qualidade" e os custos absurdos que surgem em seguida — quase nunca é feito. O escândalo recente envolvendo a terceirização da segurança das Olimpíadas de Londres em 2012 para uma empresa contratada, que por pura incompetência não cumpriu o prometido, levou à convocação do Exército britânico para cuidar da segurança durante as competições. Embora os administradores da empresa tenham sido "repreendidos", a empresa continua ganhando dinheiro e a terceirização continua em alta. Exemplos de resistência à terceirização, como a decisão da BBC de construir ela mesma a plataforma da internet para suas transmissões, o iPlayer, fez com que a emissora fosse capaz de se manter como uma organização dinâmica e inovadora que continua a atrair grandes talentos, mantendo sua grande parcela do mercado, tanto no rádio quanto na TV — algo com que sonham as emissoras públicas de outros países.

A visão do Estado como inimigo da empresa é um ponto de vista que encontramos frequentemente em publicações de negócios bastante respeitadas, como a revista *The Economist*, que costuma se referir ao governo como um "leviatã hobbesiano" que deveria ocupar um lugar secundário (*The Economist*, 2011a). Sua receita para o crescimento econômico inclui a atenção para a criação de mercados mais livres e também criação de condições propícias para o surgimento de novas ideias, em vez de assumir uma abordagem mais ativista (*The Economist*, 2012). E em uma edição especial sobre a revolução verde, a revista defendeu explicitamente, na citação feita no início deste capítulo, que o governo deveria se "ater ao básico", como o financiamento da educação e pesquisa, deixando o resto para os "revolucionários", isto é, os empresários. No entanto, como argumentaremos nos capítulos 4-8, esse espírito revolucionário dificilmente é encontrado no setor privado, com o Estado tendo de assumir as áreas de maior risco e incerteza.

Quando não estão fazendo lobby por um apoio específico do Estado, grupos de pressão empresariais — em áreas tão diversas quanto armamentos, remédios e petróleo — há muito tempo defendem a liberdade do longo braço do Estado, que para eles sufoca sua capacidade de êxito com a imposição de direitos trabalhistas, leis e impostos. O conservador Instituto Adam Smith argumenta que o número de agências reguladoras do Reino Unido deveria ser reduzido para permitir que a economia britânica "experimentasse uma explosão de inovação e crescimento" (Ambler e Boyfield, 2010, p. 4). Nos Estados Unidos, partidários do movimento Tea Party estão unidos pelo desejo de limitar o orçamento estatal e promover mercados livres. Grandes empresas farmacêuticas, que, como veremos no capítulo 3, estão entre os maiores beneficiários das pesquisas financiadas com recursos públicos, estão sempre exigindo menos controle e "interferindo" no que alegam ser uma indústria inovadora.

Na zona do euro

Na zona do euro, argumenta-se atualmente que todos os problemas dos países "periféricos" da União Europeia, como Portugal e Itália, são resultado de um setor público "perdulário", ignorando-se as evidências de que esses países se caracterizam mais por um setor público estagnado, que não fizeram os investimentos estratégicos que países mais bem-sucedidos, como a Alemanha, vêm fazendo há décadas (Mazzucato, 2012b).

O poder da ideologia é tão grande que consegue fabricar a história com facilidade. Um aspecto notável da crise financeira que teve início em 2007 é o fato de que, apesar de ter sido flagrantemente causada pelo excesso de endividamento do setor privado (principalmente no mercado imobiliário americano), muitas pessoas foram levadas a acreditar que o principal culpado foi a dívida pública. É verdade que a dívida do setor público (Alessandri e Haldane, 2009) subiu drasticamente devido tanto aos resgates bancários financiados pelo governo quanto à redução das receitas fiscais que acompanhou a recessão subsequente em muitos países. Mas dificilmente se pode argumentar que a crise financeira, ou a crise econômica decorrente, foi causada pela dívida pública. A questão-chave não era a quantidade de gastos do setor público, mas o tipo de gasto. De fato, uma das razões para o índice de crescimento da Itália ter sido tão baixo nos últimos quinze anos não é o fato de o país estar gastando muito, mas não ter investido o suficiente em áreas como educação, capital humano e P&D. Por isso, mesmo com um déficit pré-crise relativamente modesto (cerca de 4%), a relação dívida/PIB continuou crescendo porque a taxa de crescimento do denominador nessa relação manteve-se próxima de zero.

Apesar de existirem, é claro, países de baixo crescimento com grandes dívidas públicas, a questão de saber o que provoca o quê é altamente discutível. A controvérsia gerada pelo trabalho de Reinhart e Rogoff (2010) mostra o quanto esse debate está aquecido. No entanto, o aspecto mais chocante dessa discussão foi não apenas constatar que o trabalho estatístico (publicado na que é considerada a revista de economia mais importante) foi feito de maneira incorreta (e descuidada), mas a rapidez com que as pessoas acreditaram na questão central: que a dívida acima de 90% do PIB irá necessariamente derrubar o crescimento. O corolário tornou-se o novo dogma: a austeridade trará necessariamente (e suficientemente) o crescimento de volta. E ainda assim existem muitos países com dívida mais alta que cresceram de forma estável (como o Canadá, a Nova Zelândia e a Austrália — todos ignorados). Ainda mais óbvia é a questão de que aquilo que importa com certeza não é o tamanho agregado do setor público, mas no que ele está gastando. Gastos com papelada inútil, ou comissões, certamente não podem ser comparados àqueles com um sistema de saúde mais funcional e eficiente, com os gastos em educação de qualidade ou com pesquisas inovadoras que podem contribuir para a formação do capital humano e tecnologias futuras. Na verdade, as variáveis que segundo os economistas são importantes para o crescimento — como educação, P&D — são dispendiosas. O fato de os países mais fracos da Europa, com uma relação dívida/PIB muito alta, terem gastado muito pouco nessas áreas (fazendo com que o denominador dessa relação seja prejudicado) não deveria surpreender. Entretanto, as receitas de austeridade que estão sendo impostas a eles atualmente só irão agravar o problema.

E é aqui que entra a promessa autorrealizável: quanto mais depreciamos o papel do Estado na economia, menos condições teremos de elevar seu nível de jogo e de transformá-lo em um player importante, e assim ele terá menos condições de atrair os melhores talentos. Será coincidência o fato de o Departamento de Energia dos Estados Unidos, que é o que mais gasta em P&D no governo americano e um dos que mais gasta (per capita) em pesquisa com energia da Organização para a Cooperação e Desenvolvimento Econômico (OCDE), ter conseguido atrair um físico ganhador de um Prêmio Nobel para dirigi-lo? Ou que esses países com planos muito menos ambiciosos para as organizações governamentais sejam mais suscetíveis às promoções baseadas no compadrio e pouco conhecimento em seus ministérios? É claro que o problema não é apenas de "conhecimento", mas a capacidade de atraí-lo é um indicador da importância dada às agências públicas em determinado país.

O Estado escolhendo vencedores vs. perdedores escolhendo o Estado

Estamos sempre ouvindo que o Estado deveria ter um papel limitado na economia devido à sua incapacidade para "escolher vencedores", sejam os "vencedores" novas tecnologias, setores econômicos ou empresas específicas. Mas o que é ignorado é o fato de que, em muitos dos casos nos quais o Estado "falhou", ele estava tentando fazer algo bem mais difícil do que aquilo que muitas empresas fazem: tentando prolongar o período de glória de uma indústria madura (a experiência do Concorde ou o projeto de avião supersônico americano) ou tentando lançar um novo setor de tecnologia (a internet ou a revolução de TI).

A atuação em um território tão difícil eleva as probabilidades de falha. Entretanto, o fato de estarmos constantemente atacando a capacidade do Estado de ser um agente eficiente e inovador na sociedade não apenas fez com que fosse muito fácil culpá-lo por algumas de suas falhas, como também fez com que não desenvolvêssemos os indicadores precisos para julgar seus investimentos de forma justa. O capital de risco público, por exemplo, é muito diferente do capital de risco privado. Ele se dispõe a investir em áreas com risco muito mais alto, ao mesmo tempo em que demonstra muito mais paciência e menos expectativas em relação aos retornos futuros. Esta é por definição uma situação bem mais difícil. Mas os retornos do capital de risco público e privado são comparados sem que se leve essa diferença em consideração.

Ironicamente, a incapacidade do Estado para defender sua posição, para explicar seu papel em relação aos vencedores escolhidos (da internet a empresas como a Apple), facilitou as críticas por suas falhas ocasionais (como o projeto do avião supersônico, por exemplo). Ou, pior ainda, o Estado reagiu às críticas tornando-se vulnerável e tímido, "presa" fácil de lobbies em busca de recursos públicos para o ganho privado, ou de gurus que se põem a papaguear os "mitos" sobre as origens do dinamismo econômico.

No final dos anos 1970, os impostos sobre ganhos de capital caíram significativamente depois dos esforços empreendidos pelo lobby da indústria do capital de risco dos Estados Unidos (Lazonick, 2009, p. 73). Os lobistas argumentaram perante o governo que os investidores haviam financiado tanto a internet quanto a incipiente indústria dos semicondutores e que sem o capital de risco a inovação não aconteceria. Assim, os mesmos atores que surfaram na onda dos altos investimentos do Estado no que depois se tornaria a revolução ponto.com conseguiram convencer o governo a reduzir seus impostos. Dessa forma, os próprios bolsos do governo, tão importantes para o financiamento da inovação, foram esvaziados por aqueles que haviam dependido deles para alcançar seu sucesso.

Além disso, por não ter confiança em seu próprio papel, o governo acaba por se tornar presa fácil dos mitos que envolvem a origem da inovação e do empreendedorismo. A indústria farmacêutica tenta convencer o governo de que está sujeita a um excesso de burocracia e agências reguladoras ao mesmo tempo em que depende da P&D financiada pelo governo. Associações de pequenos negócios convenceram os governos de muitos países de que não recebem financiamento suficiente enquanto categoria. Entretanto, em muitos países elas recebem mais apoio do que a polícia, sem a contrapartida dos empregos ou inovação que ajude a justificar tal apoio (Hughes, 2008; Storey, 2006). Se o Estado compreendesse melhor como seus próprios investimentos levaram ao surgimento de novas empresas muito bem-sucedidas, como Google, Apple e Compaq, talvez montasse uma defesa mais forte contra tais argumentos.

Mas o Estado não tem contado com um bom departamento de marketing/comunicações. Imagine como seria muito mais fácil a luta do presidente Barack Obama pela política de saúde nacional nos Estados Unidos se a população do país soubesse do importante papel que o governo dos Estados Unidos teve no financiamento dos medicamentos mais radicais da indústria (tema discutido no capítulo 3). Não se trata de "propaganda", porém de conscientização sobre a história da tecnologia. Na saúde, o Estado não tem "interferido", mas criado e inovado. No entanto, a história que é contada, e na qual infelizmente as pessoas acreditam, fala de uma indústria farmacêutica inovadora e de um governo que se intromete. É importante contar a história certa (e complexa) por várias razões. Os altos preços cobrados pelos medicamentos, sejam subsidiados ou não pelo Estado, são justificados pela indústria com alegados "altos custos em P&D". A descoberta da verdade não colabora apenas para a melhor elaboração das políticas do governo, como também pode ajudar a melhorar o funcionamento do sistema de "mercado".

Evidentemente, a ênfase sobre o Estado como agente empreendedor não pretende negar a existência da atividade empreendedora do setor privado, desde o papel das jovens empresas que geram dinamismo em novos setores (Google, por exemplo) a importantes fontes de financiamento como o capital de risco. O problema-chave é que essa é a única história que costuma ser contada. O Vale do Silício e a indústria da biotecnologia costumam ser vistos como conquistas dos gênios que estão por trás de pequenas empresas de alta tecnologia como o Facebook, ou do grande número de pequenas empresas de biotecnologia em Boston (Estados Unidos) ou Cambridge (Reino Unido). O "atraso" da Europa em relação aos Estados Unidos costuma ser atribuído a um setor de capital de risco fraco. Exemplos desses setores de alta tecnologia nos Estados Unidos são frequentemente usados para justificar por que precisamos de menos Estado e mais mercado: inclinando a balança a favor do mercado, a Europa poderia produzir seus próprios "Googles". Mas quantas pessoas sabem que o algoritmo que levou ao sucesso do Google foi financiado por um subsídio de uma agência do setor público, a Fundação Nacional de Ciência (NSF)? (Batelle, 2005). Ou que os anticorpos moleculares, que forneceram as bases para a biotecnologia antes da entrada do capital de risco no setor, foram descobertos em laboratórios públicos, do Conselho de Pesquisa Médica (MRC), no Reino Unido? Quantas pessoas percebem que muitas das mais jovens e inovadoras empresas americanas foram financiadas não pelo capital de risco privado, mas pelo capital de risco *público*, como o que é oferecido pelo programa de Pesquisa para a Inovação em Pequenas Empresas (SBIR)?

As lições dessas experiências são importantes. Elas obrigam o debate a ir além do papel do Estado no estímulo à demanda, ou da preocupação de "escolher os vencedores". Em vez disso, o que temos é um caso de Estado direcionado, proativo, *empreendedor*, capaz de assumir riscos e criar um sistema altamente articulado que aproveita o melhor do setor privado para o bem nacional em um horizonte de médio e longo prazo. É o Estado agindo como principal investidor e catalisador, que desperta toda a rede para a ação e difusão do conhecimento. O Estado pode e age como criador, não como mero facilitador da economia do conhecimento.

A defesa de um Estado empreendedor não é uma "nova" política industrial porque de fato é o que aconteceu. Como explicaram tão bem Block e Keller (2011, p. 95), as diretivas industriais do Estado são "escondidas" basicamente para evitar uma reação da direita conservadora. São abundantes as evidências do papel crucial do Estado na história da indústria de computadores, da internet, da indústria farmacêutica-biotecnológica, da nanotecnologia e do setor da tecnologia verde. Em todos esses casos, o Estado ousou pensar — contra todas as probabilidades

— no "impossível": criando novas oportunidades tecnológicas; fazendo os investimentos iniciais, grandes e fundamentais; permitindo que uma rede descentralizada desenvolvesse a pesquisa arriscada; e depois possibilitando que o processo de desenvolvimento e comercialização ocorresse de forma dinâmica.

Além das falhas de mercado e de sistema

Economistas dispostos a admitir que o Estado tem um papel importante costumam apresentar seus argumentos usando uma estrutura específica chamada "falha do mercado". Segundo essa perspectiva, o fato de os mercados serem "imperfeitos" é visto como a exceção, o que significa que o Estado tem um papel a cumprir — porém não muito interessante. As imperfeições podem surgir por vários motivos: a falta de vontade das empresas privadas de investirem em determinadas áreas, como pesquisa básica, nas quais não podem auferir lucros porque os resultados são um "bem público" acessível a todas as empresas (resultados de P&D básicos são uma externalidade positiva); o fato de as empresas privadas não incluírem o custo da poluição causada por elas ao fixarem seus preços (a poluição é uma externalidade negativa); ou o fato de que o risco de certos investimentos é alto demais para que uma única empresa possa arcar com ele (levando a mercados incompletos). Considerando essas diferentes formas de falhas do mercado, exemplos do papel que se espera do Estado incluiriam pesquisa básica financiada com recursos públicos, cobrança de impostos das empresas poluidoras e financiamento público para projetos de infraestrutura. Apesar de útil, essa argumentação não consegue explicar o papel estratégico "visionário" exercido pelo governo ao fazer esses investimentos. A descoberta da internet ou o surgimento da indústria da nanotecnologia não ocorreram porque o setor privado queria algo mas não conseguia encontrar os recursos para investir. Elas aconteceram devido à visão que o governo tinha de uma área que ainda não havia sido sondada pelo setor privado. Mesmo depois da introdução dessas novas tecnologias pelo governo, o setor privado continuou a mostrar muito receio de investir. O governo precisou inclusive apoiar a comercialização da internet. E passaram-se anos até que os investidores capitalistas começassem a financiar empresas de biotecnologia e nanotecnologia. Foi o Estado — nesse e em tantos outros casos — que demonstrou ter um "espírito animal" mais agressivo.

Existem vários contraexemplos que poderiam ser usados para caracterizar o Estado como muito distante de uma força "empreendedora". Afinal de contas, o desenvolvimento de novas tecnologias e o apoio a novas indústrias não são o único papel do Estado. Mas a admissão das circunstâncias em que ele desempenhou um papel empreendedor dará subsídios para políticas, que muitas vezes se baseiam na suposição de que o papel do Estado é corrigir as falhas do mercado ou facilitar a inovação para o "dinâmico" setor privado. Essas suposições de que tudo o que o Estado tem de fazer é "dar um empurrãozinho" no setor privado na direção correta; que os créditos fiscais funcionarão porque o empresariado está ansioso para investir em inovação; que a remoção de obstáculos e a regulação é necessária; que as pequenas empresas, simplesmente por causa de seu tamanho, são mais flexíveis e empreendedoras e deveriam receber apoio direto e indireto; que o principal problema da Europa é mera questão de "comercialização", não passam de mitos. Mitos sobre a origem do empreendedorismo e da inovação. Mitos que impediram que algumas políticas fossem tão eficientes quanto poderiam ter sido para estimular o tipo de inovação que o empresariado não teria tentado por conta própria.

O acidentado cenário de risco

Como explicaremos mais detalhadamente no próximo capítulo, economistas da inovação de tradição "evolutiva" (Nelson e Winter, 1982) argumentam que os "sistemas" de inovação são necessários para que o novo conhecimento e a inovação possam se difundir por toda a economia; e que *sistemas* de inovação (setorial, regional, nacional) demandam a presença de elos dinâmicos entre os diferentes *atores* (empresas, instituições financeiras, pesquisa/educação, recursos do setor público, instituições intermediárias), assim como elos horizontais *dentro* das organizações e instituições (Lundvall, 1992; Freeman, 1995). Entretanto, o que tem sido ignorado até mesmo nesse debate é o papel exato que cada ator representa realisticamente no *cenário de risco* "acidentado" e complexo. Muitos erros das atuais políticas de inovação se devem à colocação de atores na parte errada desse cenário (tanto no tempo quanto no espaço). Por exemplo, é ingenuidade esperar que o capital de risco invista nos estágios iniciais e mais arriscados de qualquer novo setor da economia atualmente (como a energia limpa). Na biotecnologia, nanotecnologia e internet, o capital de risco chegou quinze ou vinte anos *depois* que os investimentos mais importantes foram feitos com recursos do setor público.

A história mostra que essas áreas do cenário de risco (dentro dos setores, em qualquer momento; e no início, quando novos setores estão surgindo), que são definidas pelo grande investimento financeiro, alto nível tecnológico e grande risco mercadológico, tendem a ser evitadas pelo setor privado e têm exigido grandes montantes de financiamento (de diferentes tipos) do setor público, assim como a visão e o espírito de liderança do setor público para decolar. O Estado está por trás da maioria das revoluções tecnológicas e longos períodos de crescimento. É por isso que um "Estado empreendedor" é necessário para assumir o risco e a criação de uma nova visão, em vez de apenas corrigir as falhas do mercado.

A falta de entendimento do papel desempenhado pelos vários atores faz com que o governo se torne "presa" fácil de interesses especiais que desempenham seu papel de uma forma retórica e ideológica que carece de evidências ou razão. Embora os investidores capitalistas tenham feito muita pressão para reduzir os impostos sobre os ganhos de capital (já mencionada), eles não investem em novas tecnologias com base nas alíquotas; fazem seus investimentos baseados na percepção de risco, algo reduzido em décadas pelo investimento prévio do Estado. Sem um melhor entendimento dos atores envolvidos no processo de inovação, corremos o risco de permitir que um sistema de inovação simbiótico, em que o Estado e o setor privado se beneficiam mutuamente, se transforme em um sistema parasitário, no qual o setor privado consegue sugar benefícios de um Estado que ao mesmo tempo se recusa a financiar.

"Ecossistemas" de inovação simbióticos vs. parasitários

Atualmente, costuma-se falar dos "sistemas" de inovação como "ecossistemas". Na verdade, esse termo parece estar na ponta da língua de muitos formuladores de políticas e de especialistas em inovação. Mas como podemos ter certeza de que o ecossistema de inovação resultará em uma relação *simbiótica* entre o setor público e o privado, e não em uma relação *parasitária*? Isto é, o aumento dos investimentos por parte do Estado no ecossistema de inovação fará com que o setor privado invista menos, usando os lucros acumulados para financiar ganhos imediatos (através de práticas como a "recompra de ações"), ou mais, em áreas mais arriscadas como formação de capital e P&D, para promover o crescimento no longo prazo?

Normalmente, uma pergunta dessas pode ser equacionada nos termos do conceito de *crowding out*. O *crowding out* é uma hipótese em economia segundo a qual o risco do investimento do Estado é que ele usa economias que poderiam ser utilizadas pelo setor privado em seus próprios planos de investimento (Friedman, 1979). Os keynesianos têm se manifestado contra a ideia de que os gastos do Estado resultam em *crowd out* [desestímulo] do investimento privado, enfatizando que isso só aconteceria em um período de utilização de todos os recursos, situação que raramente ocorre. Entretanto, as questões levantadas neste livro apresentam uma visão diferente: a de que um Estado empreendedor investe em áreas nas quais o setor privado não investiria mesmo que tivesse os recursos. E que é o papel visionário e corajoso do Estado que tem sido ignorado. O investimento empresarial é limitado não por ausência de recursos, mas principalmente por sua falta de coragem (ou o "espírito animal" keynesiano) — pela mentalidade "é só mais um negócio". Estudos feitos junto a empresas mostraram que o que leva à entrada em determinada indústria (a decisão de atuar em determinado setor) não são os lucros existentes nesse setor, mas as oportunidades estimadas em termos de mercado e tecnologia (Dosi et al., 1997). E essas oportunidades estão ligadas ao montante dos investimentos do Estado nessas áreas.

Mas e se esse potencialmente corajoso aspecto do setor privado for reduzido precisamente porque o setor público preenche a lacuna? Em vez de equacionar a questão em termos de *crowding out*, acredito que devemos equacioná-la de forma que resulte na construção de parcerias público-privadas que sejam mais simbióticas e menos parasitárias. O problema não é o fato de o Estado ter investido demais em inovação, tornando o setor privado menos ambicioso. É o fato de os formuladores de políticas não terem sido suficientemente ambiciosos para exigir que esse apoio faça parte de um esforço conjunto em que o setor privado também enfrente o desafio. Em vez disso, grandes laboratórios de P&D estão sendo fechados, e as pesquisas da sigla P&D também estão diminuindo — as despesas das empresas em P&D estão caindo em muitos países, como o Reino Unido (Hughes e Mina, 2011). Embora os gastos do Estado com P&D e os gastos do empresariado tendam a estar correlacionados (o primeiro eleva o nível do jogo para este último), é importante que os formuladores de políticas sejam mais corajosos — não só concordando em "financiar" setores, mas também exigindo que os empresários do setor aumentem sua própria participação e compromisso com a inovação. Um estudo recente do MIT afirma que a atual ausência de laboratórios corporativos nos Estados Unidos, como o PARC da Xerox (que produziu a tecnologia da interface gráfica do usuário que levou aos sistemas operacionais da Apple e do Windows) e o Bell Labs — ambos cofinanciados por agências do governo —, é uma das razões para a máquina de inovação dos Estados Unidos estar correndo risco (MIT, 2013).

O problema também aparece nas indústrias, como a farmacêutica, na qual existe uma tendência para aumentar os investimentos do setor público em P&D, enquanto os gastos do setor privado estão diminuindo. Segundo Lazonick e Tulum (2012), os Institutos Nacionais de Saúde (NIH) gastaram mais de 300 bilhões de dólares na última década (30,9 bilhões de dólares só em 2012) e se envolveram mais com o D da sigla P&D, o que significa que absorvem mais custos do desenvolvimento de medicamentos (como testes clínicos), enquanto as empresas farmacêuticas privadas[1] estão gastando menos em P&D no total, sendo que

---

1. A partir daqui, vamos nos referir a empresas farmacêuticas e a multinacionais farmacêuticas (grandes empresas internacionais do setor farmacêutico).

muitas delas também estão fechando seus laboratórios de P&D. É evidente que o gasto total em P&D pode estar aumentando, porque o desenvolvimento está ficando cada vez mais caro. Mas isso esconde uma questão de fundo. Embora alguns analistas tenham justificado a queda nos gastos com pesquisa em termos de baixa produtividade de P&D (aumento dos gastos não acompanhados por aumento nas descobertas), outros, como Angell (1984, ex-editora do *New England Journal of Medicine*), foram mais explícitos ao responsabilizar as multinacionais farmacêuticas por não fazerem sua parte. Ela argumenta que durante décadas os medicamentos mais radicais e inovadores surgiram em laboratórios públicos, com as empresas farmacêuticas preocupadas apenas em ter também os medicamentos existentes, com pequenas variações, e com o marketing (mais detalhes no capítulo 3). Nos últimos anos, CEOs de grandes empresas farmacêuticas admitiram que sua decisão de reduzir — ou, em alguns casos, eliminar — seus laboratórios de P&D deveu-se ao reconhecimento de que no modelo "aberto" de inovação a maior parte de sua pesquisa é obtida através de pequenas empresas de biotecnologia ou laboratórios públicos (Gambardella, 1995; *China Briefing*, 2012). O foco das multinacionais farmacêuticas está voltado para essas alianças e para a "integração" do conhecimento produzido fora, em vez de financiar a pesquisa e o desenvolvimento internamente.

Financeirização

Um dos maiores problemas, ao qual voltaremos no capítulo 9, tem sido a forma como essa redução nos gastos com P&D vem coincidindo com um aumento da "financeirização" do setor privado. Embora a causalidade possa ser difícil de provar, não se pode negar que ao mesmo tempo em que têm reduzido o volume de pesquisa, as empresas farmacêuticas têm aumentado o volume de recursos usados para recomprar suas próprias ações — estratégia utilizada para aumentar o preço de suas ações, o que afeta a cotação das opções de ações e os salários dos executivos ligados a tais opções. Em 2011, por exemplo, junto com 6,2 bilhões de dólares pagos em dividendos, a Pfizer recomprou 9 bilhões de dólares em ações, soma equivalente a 90% de sua receita líquida e 99% de seus gastos com P&D. A Amgen, a maior empresa biofarmacêutica do mundo, tem recomprado ações anualmente desde 1992, em um total de 42,2 milhões de dólares até 2011, incluindo 8,3 bilhões apenas em 2011. Desde 2002, o custo da recompra das ações da Amgen superou as despesas da empresa em P&D em todos esses anos, com exceção de 2004, e no período 1992-2011 foi equivalente a 115% dos gastos com P&D e a 113% da receita líquida (Lazonick e Tulum, 2011). O fato de as principais empresas farmacêuticas estarem gastando cada vez menos em P&D, enquanto o Estado está gastando mais — ao mesmo tempo em que aumentam as quantias despendidas em recompra de ações —, torna esse ecossistema de inovação específico muito mais parasitário do que simbiótico. Isso não é efeito do *crowding out*: isso é parasitismo. Os esquemas de recompra de ações fazem a cotação disparar, beneficiando os altos executivos, administradores e investidores que detêm a maioria das ações da empresa. O aumento do valor das ações não gera valor (a questão da inovação), mas facilita sua extração. Os acionistas e os executivos acabam sendo "recompensados" por pegar carona na onda da inovação criada pelo Estado. No capítulo 9 examino mais atentamente esse problema da extração do valor e pergunto se e como alguns dos "retornos" da inovação deveriam ser devolvidos para os funcionários e o Estado, que também são elementos fundamentais e acionistas no processo de inovação.

Infelizmente, o mesmo problema parece estar surgindo no emergente setor da tecnologia limpa. Em 2010, o American Energy Innovation Council (AEIC), uma associação das indústrias do setor, solicitou ao governo dos Estados Unidos que triplicasse seus gastos com tecnologia limpa, desembolsando 16 bilhões de dólares anuais, mais 1 bilhão adicional para a Agência de Projetos de Pesquisa Avançada em Energia (Lazonick, 2011c). Em compensação, as empresas do conselho gastaram juntas 237 bilhões de dólares na recompra de ações entre 2001 e 2010. Os principais diretores do AEIC vêm de empresas com receita líquida coletiva de 37 bilhões de dólares e gastos com P&D no valor aproximado de 16 bilhões de dólares. O fato de acreditarem que os enormes recursos de suas próprias empresas são insuficientes para promover maior inovação em tecnologia limpa dá a medida do papel do Estado como principal condutor da inovação ou de sua própria aversão pelo risco — ou ambas as coisas.

O problema da recompra das ações não é isolado. Está fora de controle: na última década, empresas do S&P 500 gastaram 3 trilhões em recompra de ações (Lazonick, 2012). Os maiores compradores (especialmente no setor de petróleo e farmacêutico) alegam que isso se deve à falta de novas oportunidades. Na verdade, em muitos casos, os investimentos mais dispendiosos (isto é, de capital intensivo) em novas oportunidades, como medicina e energia renovável (investimentos com alto risco tecnológico e de mercado), estão sendo feitos pelo setor público (GWEC, 2012). Isso levanta a questão quanto ao fato de o modelo de "inovação aberta" estar se tornando disfuncional. Como as grandes empresas estão dependendo cada vez mais das pequenas e do setor público, tudo indica que os grandes players investem mais em ganhos no curto prazo (por meio de truques de mercado) do que nos investimentos de longo prazo. Volto a essa questão nos capítulos 9 e 10.

Agora que a "nova" política industrial está de volta à agenda, com muitos países tentando "reequilibrar" suas economias longe das finanças e próximos dos setores da economia real, é mais importante do que nunca questionar quais são exatamente as implicações desse reequilíbrio (Mazzucato, 2012a). Enquanto alguns têm focado a necessidade de outro tipo de parcerias público-privadas que possam estimular a inovação e o crescimento econômico, o que estou dizendo aqui (e falarei mais sobre isso nos capítulos 8 e 9) é que precisamos ser mais cuidadosos para construir o tipo de parcerias que aumentem os riscos de todos os envolvidos e que não levem a problemas semelhantes àqueles causados pela financeirização da economia: a socialização do risco e a privatização dos benefícios.

O trabalho de Rodrick (2004) tem se mostrado particularmente importante para destacar a necessidade de repensar a interação dos setores público e privado e dar mais atenção aos processos em vez de aos resultados das políticas. Seu foco são os tipos de processos que permitem aos setores público e privado *aprenderem* um com o outro, principalmente as oportunidades e restrições com que se deparam (Rodrick, 2004, p. 3). O que ele quer dizer é que o problema não é que tipo de instrumento (créditos fiscais ou subsídios) ou que tipo de setor escolher (aço ou software), mas como as políticas podem estimular os processos de autodescoberta que estimularão a criatividade e a inovação. Apesar de concordar com sua ideia geral sobre a necessidade de incentivar a exploração e a tentativa e erro (na verdade, esse é um princípio fundamental da "teoria evolucionária de mudança econômica", que analiso no próximo capítulo), acredito que a história da mudança tecnológica nos ensina que a escolha de determinados setores nesse processo é absolutamente crucial. A internet jamais teria acontecido se não tivesse sido "escolhida" pela DARPA, e o mesmo vale para a nanotecnologia, que foi escolhida pela NSF e depois pelo programa National Nanotech Initiative (ambas analisadas no capítulo 4). E, o que é mais importante, a revolução verde não decolará até que seja escolhida e apoiada pelo Estado (como veremos nos capítulos 6 e 7).

Voltando à ideia fundamental de Keynes (1926) sobre o papel essencial do governo, o que precisamos perguntar é: como instrumentos e políticas horizontais e verticais "fazem acontecer" o que não aconteceria de outra forma? O problema dos créditos fiscais em P&D não está ligado ao fato de serem instrumentos de políticas específicas, mas ao fato de terem sido concebidos erroneamente e não contribuírem para aumentar os investimentos privados em P&D. As evidências mostram que mirar o trabalho em P&D em vez da receita (através de créditos) é muito melhor para isso (Lockshin e Mohnen, 2012). E o problema de jogar dinheiro em determinada área da ciência não está no fato de ter sido "escolhida", mas no fato de não ter sido primeiro transformada para ser menos disfuncional antes de receber apoio. Quando tantas empresas envolvidas com "ciências naturais" estão mais atentas ao preço de suas ações do que em aumentar sua participação em pesquisa, simplesmente subsidiar essas pesquisas só vai piorar o problema em vez de criar o tipo de aprendizado citado por Rodrick (2004).

2
Tecnologia, inovação e crescimento

Você pode ver a era do computador em toda parte, menos nas estatísticas de produtividade.
Solow (1987, p. 36)

EM UM RELATÓRIO ESPECIAL SOBRE A ECONOMIA MUNDIAL, a revista *The Economist* (2010) declarou:

> Uma agenda de inovação inteligente, em suma, seria bem diferente daquela que a maioria dos países ricos parece favorecer. Teria mais a ver com a liberação dos mercados e menos com escolha de vencedores; teria mais a ver com a criação de condições para o surgimento de ideias brilhantes e menos com promessas como empregos verdes. Mas a busca desse tipo de política exige coragem e visão — e a maioria das economias ricas não demonstra ter o bastante de nenhuma das duas.

Essa visão é compartilhada por alguns acadêmicos "progressistas", que argumentam que o Estado está limitado à criação das "condições para a inovação": "[...] aceitando que o Estado terá um papel vital para garantir que as condições de mercado atinjam o equilíbrio 'exato' que irá estimular a inovação e que investimentos adequados estejam disponíveis para os inovadores" (Lent e Lockwood, 2010, p. 7). Essa é a visão que pede pouco do governo além da correção das falhas do mercado — tais como investimento em ciência básica, educação e infraestrutura.

O papel "apropriado" do Estado não é um debate novo, mas se beneficia de um entendimento mais amplo da literatura acadêmica sobre o papel da inovação na geração do crescimento econômico.

Há mais de 250 anos, ao discutir sua noção da "Mão Invisível", Adam Smith argumentou que ao serem deixados por sua própria conta os mercados capitalistas se autorregulariam, com o papel do Estado ficando limitado à criação da infraestrutura básica (escolas, hospitais, estradas) e à garantia de que a propriedade privada e a "confiança" (um código moral) entre os atores fossem cuidadas e protegidas (Smith, 1904 [1776]). Devido à sua formação em política e filosofia, seus escritos eram muito mais profundos do que o simples liberalismo econômico pelo qual costuma ser reconhecido, mas não há como fugir do fato de que ele acreditava que a mágica do capitalismo consistia na capacidade do mercado de organizar a produção e a distribuição sem a coerção do Estado.

O trabalho pioneiro de Karl Polanyi (que tinha um doutorado em direito, mas é considerado um economista importante), no entanto, mostrou como a noção de autorregulação do mercado é um mito sem sustentação nas origens históricas dos mercados: "O caminho para o livre mercado foi aberto e mantido assim por um gigantesco aumento do intervencionismo contínuo, centralmente organizado e controlado" (Polanyi, 2001 [1944], p. 144). Para ele, foi o Estado que impôs as condições que permitiram o surgimento de uma economia baseada no mercado. O trabalho de Polanyi foi revolucionário ao mostrar o mito da oposição entre Estado e mercado: o mais capitalista de todos os mercados, isto é, o mercado nacional, foi energicamente "forçado" a existir pelo Estado. Na verdade, os mercados local e internacional, que precederam o capitalismo, eram os menos ligados ao Estado. Mas o capitalismo, sistema que se acredita ter sido impulsionado pelo "mercado", esteve firmemente incrustado e foi moldado pelo Estado desde o primeiro dia (Evans, 1995).

John Maynard Keynes acreditava que os mercados capitalistas, independente de sua origem, precisavam ser constantemente regulados devido à instabilidade inerente ao capitalismo. Keynes sustentava que a estabilidade do capitalismo dependia do equilíbrio das quatro categorias de despesas (demanda agregada) do PIB: investimento empresarial (I), investimento governamental (G), despesas de consumo (C) e exportações líquidas (X–M). Uma fonte fundamental de extrema volatilidade encontrava-se no investimento empresarial. A razão para essa volatilidade é que, longe de ser uma simples função de taxas de juros ou impostos,[1] está sujeito ao "espírito animal" — as suposições instintivas feitas sobre as perspectivas de crescimento futuro de uma economia ou setor específico pelos investidores (Keynes, 1934). Em sua opinião, essa incerteza cria constantemente períodos de escassez ou de excesso de investimentos, provocando graves flutuações na economia, as quais são agravadas pelo efeito multiplicador. Segundo Keynes, a menos que o investimento privado seja equilibrado por um aumento nos gastos do governo, a queda do consumo e do investimento levará a rupturas no mercado e depressões, que na verdade eram frequentes antes que as ideias de Keynes fossem adotadas pelas políticas econômicas depois da Segunda Guerra Mundial.

Os keynesianos argumentaram vigorosamente quanto à importância do uso dos gastos governamentais para estimular a demanda e estabilizar a economia. Economistas inspirados pelo trabalho de Joseph Schumpeter (1883-1950) foram além, pedindo ao governo que gastasse também naquelas áreas específicas que aumentam a capacidade de inovação de um país (retomaremos isso mais à frente). O apoio à inovação pode tomar a forma de investimentos em P&D, infraestrutura, capacitação profissional e apoio direto e indireto a empresas e tecnologias específicas.

À esquerda do espectro político, investimentos em áreas de programas que aumentam a produtividade são menos populares do que os gastos com instituições do Estado ligadas ao bem-estar social, como saúde ou educação. Mas essas instituições não conseguem sobreviver sem ter por trás uma economia produtiva que gere lucro e receitas

---

1. A insensibilidade do investimento em relação à carga tributária é a razão pela qual a economia "pelo lado da oferta" da década de 1980 teve pouco efeito sobre o investimento e consequentemente sobre o PIB, e grande efeito sobre a distribuição de renda (nenhum "efeito cascata").

fiscais que possam financiar esses direitos (Nordhaus e Shellenberger, 2011; Atkinson, 2011). Embora as políticas de redistribuição progressiva sejam fundamentais para garantir que os resultados do crescimento econômico sejam justos, elas em si não geram crescimento. A desigualdade pode prejudicar o crescimento, mas a igualdade por si só não pode estimulá-lo. O que falta a boa parte da esquerda keynesiana é uma agenda de crescimento que crie e simultaneamente redistribua as riquezas. A combinação das lições de Keynes e Schumpeter pode fazer com que algo assim aconteça. É por isso que os últimos capítulos deste livro tratam da necessidade de compreendermos melhor por que a inovação e a desigualdade podem andar de mãos dadas e como isso requer o realinhamento dos riscos e benefícios do crescimento econômico para pôr fim a uma das consequências infelizes do capitalismo moderno: riscos que são socializados e benefícios que são privatizados, não apenas no setor financeiro mas também no setor industrial.

De modo geral, tem havido uma falta de conexão entre as despesas fiscais keynesianas e os investimentos em inovação schumpeterianos. Essa falta de conexão se deve em grande parte à defesa de Keynes do "governo inútil"; isto é, que a intervenção do Estado em uma economia se baseava principalmente em despesas temporárias que poderiam ocorrer de qualquer maneira (mesmo que fosse contratando trabalhadores para desenterrar um tesouro escondido em uma mina de carvão abandonada).[2] Na verdade, é essa micro-macro conexão que está fal-

---

2. Isso se refere a uma afirmação provocadora de Keynes: "Se o Tesouro enchesse garrafas velhas com cédulas de dinheiro e as enterrasse em profundidades consideráveis em minas de carvão desativadas que fossem depois cheias até a superfície com o lixo da cidade, e deixasse para a iniciativa privada a tarefa de cavar as cédulas novamente de acordo com os princípios comprovados do *laissez-faire* (com o direito de fazer isso tendo sido obtido, é claro, por concurso para o arrendamento do território), não haveria mais necessidade de desemprego e, com a ajuda das repercussões, o rendimento real da comunidade, e sua riqueza de capital, provavelmente se tornaria muito maior do que realmente é" (1936, p. 129). Keynes estava se referindo ao fato de que, em períodos de capacidade subutilizada, até mesmo as ações aparentemente inúteis poderiam manter o motor da economia funcionando. Entretanto, o propósito deste livro é destacar como o Estado, mesmo nos períodos de boom como a década de

tando na economia atual. Empiricamente, porém, a conexão está lá. Não só é verdade que os investimentos produtivos geram crescimento, mas também, quando as despesas são mais "direcionadas" para, digamos, a revolução de TI das décadas de 1980 e 1990, e talvez para a revolução verde nos próximos anos, o efeito multiplicador keynesiano é ainda mais forte. Como argumenta Tassey:

> [...] o problema de ordem superior é a inadequação de longo prazo da produtividade melhorando os investimentos (tecnologia, capital físico, humano e organizacional). O aumento da demanda por habitação tem um efeito multiplicador na cadeia de suprimentos dessa indústria, mas esse efeito empalidece na comparação com a alavancagem do investimento em tecnologia para hardware e software que fomentam a produtividade em muitas indústrias. Igualmente importantes, os empregos criados por uma cadeia de suprimentos impulsionada pela tecnologia pagam muito mais — mas precisam ser mantidos durante todo o ciclo de vida da tecnologia. (2012, p. 31)

Keynes se concentrou na necessidade de o Estado intervir a fim de trazer estabilidade e evitar crises, com certeza uma questão premente nas circunstâncias atuais.[3] Mas para entender a dinâmica desses investimentos é fundamental compreender primeiro as diferentes perspectivas sobre a teoria do crescimento econômico e depois estabelecer o papel da tecnologia e inovação para estimular o crescimento econômico.

1990, conseguiu direcionar seus gastos, elevando o espírito animal do setor privado através do investimento em áreas temidas pelo setor privado.

3. Na verdade, a aplicação da análise keynesiana à teoria das crises econômicas, com o devido entendimento das finanças nessa dinâmica, foi desenvolvida por Hyman Minsky (1992), que se concentrou na fragilidade *financeira* do capitalismo destacando a forma como os mercados financeiros levam à ocorrência de crises. Bolhas financeiras seguidas de ciclos de expansão de crédito e expectativas exageradas de crescimento eram seguidas de retração, fazendo com que as bolhas estourassem e os preços dos ativos despencassem. Como Keynes, ele acreditava que o Estado tinha um papel crucial na prevenção desse círculo vicioso e na estabilização do crescimento.

Tecnologia e crescimento

Embora o crescimento e a riqueza das nações seja a principal preocupação dos economistas desde Adam Smith, Abramovitz (1956) e Solow (1956) mostraram, na década de 1950, que o volume de capital e de mão de obra não pode ser responsável por 90% do crescimento econômico em um país industrialmente avançado como os Estados Unidos. Considerou-se que o resíduo não explicado deve refletir o crescimento da produtividade, e não a quantidade de fatores da produção. E ainda hoje existe um grande debate entre os economistas sobre quais seriam os fatores mais importantes para a produção do crescimento. Esse debate se reflete na política, em que visões diferentes em relação ao crescimento são defendidas com grande veemência, geralmente ignorando as suposições teóricas subjacentes e as origens dessas ideias.

Durante anos, os economistas tentaram criar um modelo de crescimento. Os economistas neoclássicos desenvolveram seu primeiro modelo de crescimento na obra de Harrod e Domar (Harrod, 1939; Domar, 1946), mas foi Robert Solow quem ganhou o Prêmio Nobel por sua "teoria" do crescimento. No modelo de crescimento de Solow há uma função de produção em que o produto (Y) é uma função da quantidade de capital físico (K) e trabalho humano (L), *ceteris paribus* — tudo mais é constante. Incluída em "tudo mais" estava a mudança tecnológica.

$$Y = F(K, L)$$

Enquanto aumentos em K e L causariam movimentos *ao longo* da função de produção (curva), mudanças exógenas (não explicadas) na mudança técnica causariam um deslocamento da curva para cima (permitindo que tanto K quanto L fossem usados mais produtivamente). Quando Solow descobriu que 90% da variação na produção econômica não eram explicados por capital e trabalho, chamou o resíduo de "mudança técnica". Abramovitz, que sabia muito mais a respeito das condições sociais que sustentam a mudança técnica do que Solow, chamou esse resíduo de "medida da nossa ignorância" (Abramovitz, 1956).

Se o modelo subjacente se mostrou tão deficiente que não conseguia explicar 90% da variável que estava descrevendo, deveria ter sido descartado e um novo modelo desenvolvido. Era exatamente isso o que muitos, como Joan Robinson (Harcourt, 1972), vinham argumentando havia décadas. Robinson e outros tinham muitas críticas à concepção da função de produção. No entanto, em vez de se livrarem do velho modelo ruim, simplesmente acrescentaram mudanças técnicas. A teoria de Solow (1956) ficou conhecida como "teoria do crescimento exógeno" porque a variável da mudança técnica foi inserida de forma exógena, como uma tendência temporal A (t) (semelhante ao crescimento da população):

$$Y = A(t) F(K, L)$$

À medida que os economistas ficaram mais conscientes do papel crucial da tecnologia para o crescimento econômico, tornou-se necessário pensar mais seriamente sobre como incluir a tecnologia nos modelos econômicos. Isso deu origem à teoria "endógena" ou do "novo crescimento", segundo a qual a tecnologia é o resultado endógeno de uma função de investimento em P&D, bem como investimento em formação de capital humano (Grossman e Helpman, 1991). Em vez de pressupor retornos marginais constantes ou decrescentes como no modelo de Solow (cada unidade extra de capital empregado obtinha um retorno menor), o acréscimo de capital humano e tecnologia introduziu retornos crescentes de escala, o motor do crescimento. Retornos crescentes decorrentes de diferentes tipos de comportamento dinâmico, como *learning by doing*, podem ajudar a explicar por que certas empresas ou países têm desempenho melhor do que outros de maneira consistente — não existe um efeito de "convergência" [*catch-up*].

Apesar de fornecer argumentação racional para os investimentos do governo, a nova teoria do crescimento não levou a ele explicitamente. Isso porque ideias novas foram tratadas como endógenas à empresa, não como parte da organização institucional necessária para a transformação de ideias em produtos. No entanto, a ênfase crescente sobre a relação entre mudança técnica e crescimento indiretamente levou os formuladores de políticas governamentais a atentar para a importância dos investimentos em tecnologia e capital humano para impulsionar o crescimento. Isso resultou em políticas de *crescimento puxado pela inovação* para sustentar a economia do conhecimento, termo usado para designar a maior importância do investimento na criação do conhecimento na promoção da competitividade econômica (Mason, Bishop e Robinson, 2009). Os estudos que mostraram uma relação direta entre o valor de mercado das empresas e seu desempenho em inovação medido pelos gastos em P&D e sucesso com patentes sustentaram essas políticas (Griliches, Hall e Pakes, 1991).

Das falhas do mercado às falhas do sistema

Em sua obra inovadora, *Uma teoria evolucionária da mudança econômica,* Nelson e Winter (1982) afirmaram que a concepção da função da produção (exógena ou endógena) era na verdade uma forma errada de entender a mudança tecnológica. Partindo da obra de Joseph Schumpeter (1949, 1942 [2003]), eles defenderam uma "teoria evolucionária" da produção (e mudança econômica), que mergulhou na "caixa-preta" da função de produção a fim de entender como a inovação ocorre e afeta a competição e o crescimento econômico. De acordo com essa abordagem, não existe o pressuposto de "agentes representativos" (como na teoria-padrão do crescimento), mas um processo constante de diferenciação entre as empresas, baseado em suas diferentes capacidades para inovar devido a rotinas internas e competências diferentes. Sob essa perspectiva, a concorrência está relacionada à coevolução desses processos que criam diferenças constantes entre as empresas e os processos de seleção competitiva que esmiúçam essas diferenças, permitindo que apenas algumas empresas sobrevivam e cresçam.

Em vez de depender das leis dos "rendimentos decrescentes", que levam a um equilíbrio único, e suposições sobre a empresa "média", essa abordagem foca na dinâmica dos rendimentos crescentes de escala (da dinâmica do *learning by doing,* assim como do tipo de dinâmica *path dependence* descrita por David, 2004), e os diferentes tipos de processos que conduzem a diferenças persistentes entre empresas que não desaparecem no longo prazo. A questão é: que empresas sobrevivem e crescem? A seleção nem sempre leva à "sobrevivência do mais apto" devido ao efeito dos rendimentos crescentes (permitindo vantagens aos pioneiros que depois ficam) e também aos efeitos das políticas que podem favorecer certos tipos de empresas em detrimento de outras. Também pode acontecer que a dinâmica da seleção em mercados de produtos e mercados financeiros esteja em desacordo (Geroski e Mazzucato, 2002b).

O mais importante, porém, é que nessa perspectiva a inovação é específica da empresa e altamente incerta. As abordagens "evolucionária" e schumpeteriana para o estudo do comportamento da empresa e a competição levaram a uma visão do tipo "sistemas de inovação" da política em que o importante é compreender a forma como as empresas de diferentes tipos estão inseridas em um sistema, nos níveis setorial, regional e nacional. Nessa visão de sistemas, não é a quantidade de P&D que importa, mas sua distribuição por toda uma economia, geralmente reflexo do papel crucial do Estado para influenciar a distribuição (Freeman, 1995; Lundvall, 1992). Os economistas schumpeterianos criticam a teoria do crescimento endógeno por causa do pressuposto de que P&D pode ser moldada como uma loteria em que certa quantidade de investimento em P&D irá criar certa probabilidade de inovação bem-sucedida. Eles argumentam que, de fato, a inovação é um exemplo de verdadeira incerteza knightiana, que não pode ser modelada por uma distribuição normal de probabilidades (ou nenhuma outra) que está implícita na teoria do crescimento endógeno, em que a P&D geralmente é moldada usando a teoria dos jogos (Reinganum, 1984). Ao destacar a grande incerteza subjacente à inovação tecnológica, assim como os fortes efeitos de feedback entre inovação, crescimento e estrutura de mercado, os schumpeterianos enfatizam o componente "sistemas" do progresso tecnológico e do crescimento.[4]

---

4. A ênfase na heterogeneidade e equilíbrios múltiplos faz com que esse ramo da teoria dependa menos das hipóteses de agentes representativos (a empresa média) e equilíbrio único, tão caras à economia neoclássica. Em vez de usar o cálculo diferencial da física newtoniana, é usada a matemática da biologia (como a distância da dinâmica

Sistemas de inovação são definidos como "a rede de instituições nos setores público e privado cujas atividades e interações iniciam, importam, modificam e difundem novas tecnologias" (Freeman, 1995), ou "elementos e relações que interagem na produção, difusão e uso de conhecimentos novos e economicamente úteis" (Lundvall, 1992, p. 2).

A ênfase aqui não recai sobre o estoque de P&D, mas sobre a circulação do conhecimento e em sua difusão por toda a economia. A mudança institucional não é avaliada através de critérios baseados na eficiência alocativa estática, mas pela forma como promove a mudança tecnológica e estrutural. A perspectiva não é macro nem micro, é mais intermediária, em que as empresas individuais são vistas como parte de uma rede mais ampla de organizações com as quais elas colaboram e competem. O sistema de informação pode ser entre empresas em nível regional, nacional ou global. Pela perspectiva intermediária, a rede é a unidade de análise (não a empresa). A rede é formada por clientes, subcontratados, infraestrutura, fornecedores, competências ou funções e as ligações ou relações entre eles. A questão é que as competências que geram a inovação fazem parte de uma atividade coletiva que ocorre por meio de uma rede de atores e suas ligações ou relações (Freeman, 1995).

O nexo de causalidade entre os passos dados da ciência básica, até a P&D em larga escala, às aplicações e, finalmente, à difusão das inovações não é "linear". Em vez disso, as redes de inovação estão cheias de *feedback loops* entre mercados e tecnologia, aplicações e ciência. No modelo linear, o sistema P&D é visto como a principal fonte de inovação, reforçando o uso que os economistas fazem das estatísticas em P&D para entender o crescimento. Nessa visão menos linear, o papel da educação, formação, objetivo, controle de qualidade e demanda efetiva é igualmente importante. Além disso, é mais capaz de reconhecer o acaso e a incerteza que caracterizam o processo de inovação. É útil para a

---

do replicador média), que pode considerar explicitamente a heterogeneidade e a possibilidade da *path dependence* e os equilíbrios múltiplos. Ver M. Mazzucato, *Firm Size, Innovation and Market Structure: The Evolution of Market Concentration and Instability* (Northampton, MA: Edward Elgar, 2000).

compreensão da ascensão e queda das diferentes potências econômicas da história. Explica, por exemplo, a ascensão da Alemanha como grande potência econômica no século XIX, como resultado dos sistemas de educação e formação tecnológica fomentados pelo Estado. Também explica a ascensão dos Estados Unidos como grande potência econômica no século XX como resultado do crescimento da produção em massa e P&D internos. Os Estados Unidos e a Alemanha tornaram-se potências econômicas por razões diferentes, mas o que esses países tiveram em comum foi a atenção ao desenvolvimento de sistemas de informação em vez de um foco limitado na elevação ou redução de gastos com P&D.

O sentido geral pode ser ilustrado comparando-se a experiência do Japão nas décadas de 1970 e 1980 com a da União Soviética (Freeman, 1995). A ascensão do Japão é explicada por novos conhecimentos fluindo por meio de uma estrutura econômica mais horizontal formada pelo Ministério da Indústria e Comércio Internacional (MICI), a academia e o P&D empresarial. Na década de 1970 o Japão estava gastando 2,5% de seu PIB em P&D, enquanto a União Soviética gastava mais de 4%. Mas o Japão acabou crescendo muito mais rápido do que a União Soviética porque o investimento em P&D se estendeu por uma variedade de setores econômicos muito maior, não apenas aqueles voltados para os setores militar e espacial, como foi o caso da União Soviética. No Japão, houve uma integração muito forte entre P&D, produção e atividades de importação de tecnologia no nível empresarial, enquanto na União Soviética ocorreu a separação. A União Soviética não teve, ou permitiu, empresas que comercializassem tecnologias desenvolvidas pelo Estado. No Japão existiam ligações fortes entre usuário e produtos, inexistentes no sistema soviético. O Japão também encorajou a inovação com incentivos concedidos à direção e aos trabalhadores das empresas, em vez de focar apenas nos Ministérios das Ciências. Johnson (1982) argumenta que o "milagre japonês" foi essencialmente a presença de um Estado desenvolvimentista,[5] ou, a coordenação da economia

---

5. Chalmers Johnson (1982) foi um dos primeiros autores a conceituar o "Estado desenvolvimentista" ao analisar a industrialização japonesa comandada pelo Estado.

japonesa por meio de políticas industriais direcionais e deliberadas instituídas pelo MICI. Mas Lazonick (2008, pp. 27-8) acrescenta que "a contribuição do Estado desenvolvimentista no Japão não pode ser entendida abstratamente, isolada do crescimento das empresas" (como a Toyota, Sony ou Hitachi); além do apoio público do Estado japonês para a indústria, "foram a estratégia, a organização e as finanças internas" das principais empresas japonesas que as transformaram, fazendo com que passassem de "empresas empreendedoras a inovadoras", e isso lhes garantiu o êxito ao desafiarem a competitividade das economias mais avançadas do mundo. Igualmente importantes foram as lições aprendidas pelo povo japonês, que foi para o exterior estudar as tecnologias ocidentais para suas empresas, e as relações entre essas companhias e as americanas; ele aproveitou as lições do "Estado desenvolvimentista" americano e transferiu esse conhecimento para as companhias japonesas, que desenvolveram rotinas internas que poderiam produzir tecnologias ocidentais e eventualmente superá-las. Os conglomerados japoneses estiveram entre as primeiras empresas estrangeiras a licenciar o transistor da AT&T (Bell Labs) no início da década de 1950. O resultado disso foi o estabelecimento de conexões fundamentais com empresas ocidentais como a GE, IBM, HP e Xerox. Setores específicos, como eletrônica, foram muito visados, e a inovação organizacional adotada pelas empresas japonesas incorporou um sistema de produção *just in time* e de "qualidade total" (necessário para evitar desperdício e capacidade ociosa, e lidar com falta de recursos naturais

---

Johnson argumentou que, contrastando com uma orientação (supostamente) reguladora, de não interferência nos Estados Unidos, o "Estado desenvolvimentista" japonês interferiu diretamente na economia, com um forte planejamento promovido por uma burocracia estatal relativamente independente, que também promoveu uma relação muito próxima entre governo e empresariado, em que a disciplina, a proteção e o apoio governamental resultaram em uma elite privada disposta a assumir empreendimentos arriscados. As elaborações posteriores do conceito de "Estado desenvolvimentista" podem ser encontradas em, entre outros, Wade (1990), Chang (1993), Evans (1995), Woo-Cumings (1999) e Chang e Evans (2000). Recentemente, contrariando a visão original de Johnson (1982), Block (2008) mostrou a existência de um Estado desenvolvimentista geralmente "oculto" nos Estados Unidos, visão defendida também por Reinert (2007) e Chang (2008).

no Japão) que foi aplicado a uma grande variedade de setores econômicos com grande sucesso.

A tabela 1 compara os sistemas de inovação japonês e soviético. É importante nesse contexto destacar que a política industrial do MICI foi além da ideia da "escolha dos vencedores" que muitos opuseram à política industrial atual. A abordagem japonesa envolveu a coordenação da mudança intraindustrial, das ligações intersetoriais e interempresariais, e do espaço público-privado de forma a permitir que o crescimento ocorresse de maneira holística e direcionada. O modelo japonês, que foi uma alternativa ao verticalizado modelo "fordista" de produção nos Estados Unidos, caracterizado pela rigidez e pela relação tensa entre sindicatos de trabalhadores e direção das empresas, gerou um fluxo mais sólido de conhecimento e competências na economia, o que proporcionou uma vantagem às empresas japonesas, estruturadas horizontalmente e flexíveis. Apesar de estarem em lados opostos do espectro político, os modelos de produção da União Soviética e dos Estados Unidos eram igualmente "rígidos", permitindo que o modelo japonês superasse os dois.

Tabela 1. Comparando os sistemas de inovação do Japão e da União Soviética na década de 1970

Japão	União Soviética
Alta relação entre despesa interna bruta em P&D (DBPD)/PIB (2,5%).	Relação DBPD/PIB muito alta (c. 4%).
Proporção de P&D nos setores militar ou espacial muito baixa (< 2% de P&D).	Proporção extremamente alta de P&D no setores militar ou espacial (> 70% de P&D).
Alta proporção do total de P&D no nível de empresa e empresa financiada (aprox. 67%).	Baixa proporção do total de P&D no nível de empresa e empresa financiada (< 10%).
Forte integração de P&D, produção e importação de tecnologia no nível da empresa.	Separação entre P&D, produção e importação de tecnologia, ligações institucionais fracas.
Fortes ligações entre usuário e produtor e rede de subcontratados.	Ligações fracas ou inexistentes entre marketing, produção e aquisições.
Grandes incentivos para inovar no nível da empresa envolvendo direção e mão de obra.	Alguns incentivos para inovar cada vez mais fortes nas décadas de 1960 e 1970, mas compensados por desincentivos que afetaram direção e mão de obra.
Experiência intensiva de concorrência em mercados internacionais.	Exposição relativamente fraca à concorrência internacional, exceto na corrida armamentista.

FONTE: Freeman (1995). NOTA: As despesas internas brutas em pesquisa e desenvolvimento (DBPD) são todas as quantias gastas com P&D feitas no país em determinado ano.

Sistemas regionais de inovação se concentram na proximidade cultural, geográfica e institucional que cria e facilita as transações entre os diferentes atores socioeconômicos. Estudos focados em ambientes inovadores, como distritos industriais e sistemas locais de inovação, demonstraram que convenções e fatores socioinstitucionais específicos em certas regiões afetam a mudança tecnológica em nível nacional. Entre os fatores específicos, podemos incluir interações entre as administrações locais, sindicatos e empresas familiares como a que se verifica nos distritos industriais italianos, por exemplo.

O papel do Estado não se limita à criação de conhecimento por meio de universidades e laboratórios nacionais, mas envolve também a mobilização de recursos que permitam a difusão do conhecimento e da inovação por todos os setores da economia. E faz isso mobilizando as redes de inovação existentes ou facilitando o desenvolvimento de novas, que reúnam um grupo diverso de partes interessadas. Entretanto, não basta ter um sistema nacional de inovação que seja rico em redes horizontais e verticais. O Estado precisa também comandar o processo de desenvolvimento industrial, criando estratégias para o avanço tecnológico em áreas prioritárias.

Essa versão do papel do Estado foi aceita em um consenso entre vários países que estão tentando recuperar o atraso em relação às economias mais avançadas tecnologicamente. Existe toda uma literatura dedicada ao papel do chamado "Estado desenvolvimentista", em que o Estado é ativo não apenas na administração da demanda keynesiana, mas também no comando do processo de industrialização. Os exemplos mais típicos são as economias do Leste Asiático, que através do planejamento e políticas industriais ativas conseguiram se "equiparar" tecnológica e economicamente ao Ocidente (Amsden, 1989). Nos que se industrializaram tardiamente, o próprio Estado comandou o processo de industrialização. Assumiu funções desenvolvimentistas, por exemplo, direcionando o investimento para determinados setores, impondo barreiras à concorrência estrangeira até que as empresas desses setores estivessem em condições de exportar, e também fornecendo ajuda para que se encontrassem novos mercados de exportação para as empresas. No Japão, por exemplo, Johnson (1982) mostrou como o

MICI trabalhou para coordenar as empresas japonesas em novos mercados internacionais. Isso ocorreu através de investimentos em determinadas tecnologias (escolhendo vencedores) e criação de estratégias comerciais específicas para conquistar determinados mercados domésticos e internacionais. Além disso, o Estado japonês coordenou o sistema financeiro através do Banco do Japão, bem como do Programa Fiscal de Empréstimos e Investimentos (financiado pela conta da poupança do serviço postal).

Chang (2008) fornece exemplo semelhante em relação à Coreia do Sul e outras economias que emergiram recentemente. A China também se envolveu em uma estratégia de industrialização direcionada e só entrou para a Organização Mundial do Comércio (OMC) quando suas indústrias estavam preparadas para competir, e não como parte de uma estratégia de industrialização apoiada pelo Fundo Monetário Internacional (FMI). A estratégia chinesa expõe a fraqueza do Consenso de Washington sobre desenvolvimento, que negou ao Estado o papel ativo que ele desempenhou no desenvolvimento dos principais países industrializados, como Estados Unidos, Alemanha e Reino Unido.

Se existem fortes indícios de que o Estado pode ser eficaz na promoção de políticas de equiparação direcionadas concentrando recursos para ser dominante em certos setores industriais, por que a recusa em aceitar que o Estado pode ter um papel maior no desenvolvimento de novas tecnologias e aplicações, além do mero financiamento da ciência básica e manutenção de infraestrutura para apoiar a atividade do setor privado?

Mitos sobre os motores da inovação e políticas de inovação ineficazes

O fato de a economia dar tanta ênfase à inovação no processo de crescimento fez com que, a partir da década de 1980, os formuladores de políticas começassem a prestar muito mais atenção em variáveis como P&D e patentes como indicadores de inovação e, por conseguinte, de crescimento econômico. Por exemplo: a Estratégia de Lisboa da União Europeia (2000) e sua atual estratégia Europa 2020 (CE, 2010) determinaram que 3% do PIB da UE fosse investido em P&D, junto com outras políticas destinadas a estimular o fluxo de conhecimento entre universidades e empresas — e uma ligação mais forte entre os mercados financeiros e empresas inovadoras de diferentes tamanhos.

Embora os países da OCDE continuem a apresentar enormes diferenças em seus gastos com P&D (gráfico 1), é interessante notar que os países europeus que mais sofreram com a crise financeira, que depois se transformou em uma crise de dívida soberana, foram também os com os menores gastos em P&D. É claro que isso não significa que a baixa intensidade em P&D foi a causa de seus problemas, mas certamente estão relacionados. Com efeito, no caso da Itália, a alta relação dívida/PIB (120% em 2011) não se deveu a excesso de gastos, mas aos gastos nos lugares errados. Durante muitos anos seu déficit foi relativamente moderado, por volta de 4%. Porém a falta de investimentos em P&D para impulsionar a produtividade e o desenvolvimento de capital humano fez com que sua taxa de crescimento ficasse abaixo da taxa de juros paga sobre sua dívida, e em consequência o numerador da relação dívida/PIB ficou maior do que o denominador. O fato de os países da UE gastarem de forma tão diferente em áreas que geram crescimento no longo prazo é uma das razões para que cada um fosse afetado de maneira tão diferente pela crise econômica. As inúmeras abordagens em relação ao crescimento foram uma razão para haver tão pouca solidariedade no momento em que deveriam ajudar-se uns aos outros. Os "parentes" alemães acham que o dinheiro de seus impostos não deve ser usado para socorrer os gregos. Mas estão errados por acreditarem que os gregos são gastadores. As reformas necessárias para fazer com que o projeto europeu funcione exigem não apenas reformas "estruturais" (aumentando a inclinação para pagar impostos, reforma do mercado de trabalho etc.), mas também, e especialmente, aumentos nos investimentos dos setores público e privado em pesquisa e formação de capital humano que produza inovação. Conseguir apoio para tais políticas é praticamente impossível sob o atual pacto fiscal, que limita os gastos dos países-membros da União Europeia a 3% do PIB sem diferenciação entre os gastos que, por meio da inovação e investimentos de capital, podem conduzir ao crescimento futuro.

Embora o baixo volume dos gastos com P&D seja um problema em grande parte da "periferia" europeia, também é verdade que se um país tiver gastos com P&D abaixo da média, isso não é necessariamente um problema se os setores em que o país se especializa não forem aqueles em que a inovação ocorre necessariamente por meio da P&D (Pierrakis, 2010). O Reino Unido, por exemplo, se especializou em serviços financeiros, construção e indústria criativa (como a música) — todos com necessidades relativamente baixas de P&D básicos. E existem muitas indústrias, em especial no setor de serviços, que simplesmente não precisam de P&D. Mas essas indústrias costumam empregar um grande número de trabalhadores especializados para gerar, absorver e analisar informações. Se, com todas as outras coisas iguais, elas representassem uma proporção menor do PIB, seria mais fácil para uma economia atingir os 3% da relação P&D/PIB (fixados tanto pela Estratégia de Lisboa da Comissão Europeia quanto pela atual Europa 2020). Mas o desempenho da economia seria superior? Depende de como essas indústrias contribuem para a economia. As de "baixa tecnologia" estão prestando serviços importantes que aumentam a capacidade de geração de valor de outras indústrias ou o bem-estar das famílias como consumidores? Ou, como geralmente acontece com os serviços financeiros, estão preocupadas em extrair valor da economia, mesmo que esse processo prejudique as condições de inovação em outras indústrias (Mazzucato e Lazonick, 2010)?

Um dos problemas com que se deparam tais objetivos simples é o fato de desviarem a atenção das imensas diferenças de gastos com P&D entre indústrias e até mesmo entre empresas de uma indústria. Eles também podem mascarar diferenças significativas nos níveis complementares dos investimentos em P&D feitos pelo governo e pelo empresariado, igualmente necessários para gerar um desempenho econômico superior.

A perspectiva dos Sistemas Nacionais de Inovação já descritos destacam o papel importante das instituições intermediárias na difusão do conhecimento criado pela P&D em todo o sistema. Um problema ainda maior envolvendo as políticas de inovação baseadas em P&D é a falta de entendimento quanto aos ativos complementares que devem estar no lugar no nível da empresa e que possibilitam a chegada das inovações tecnológicas ao mercado, isto é, infraestrutura ou recursos de marketing.

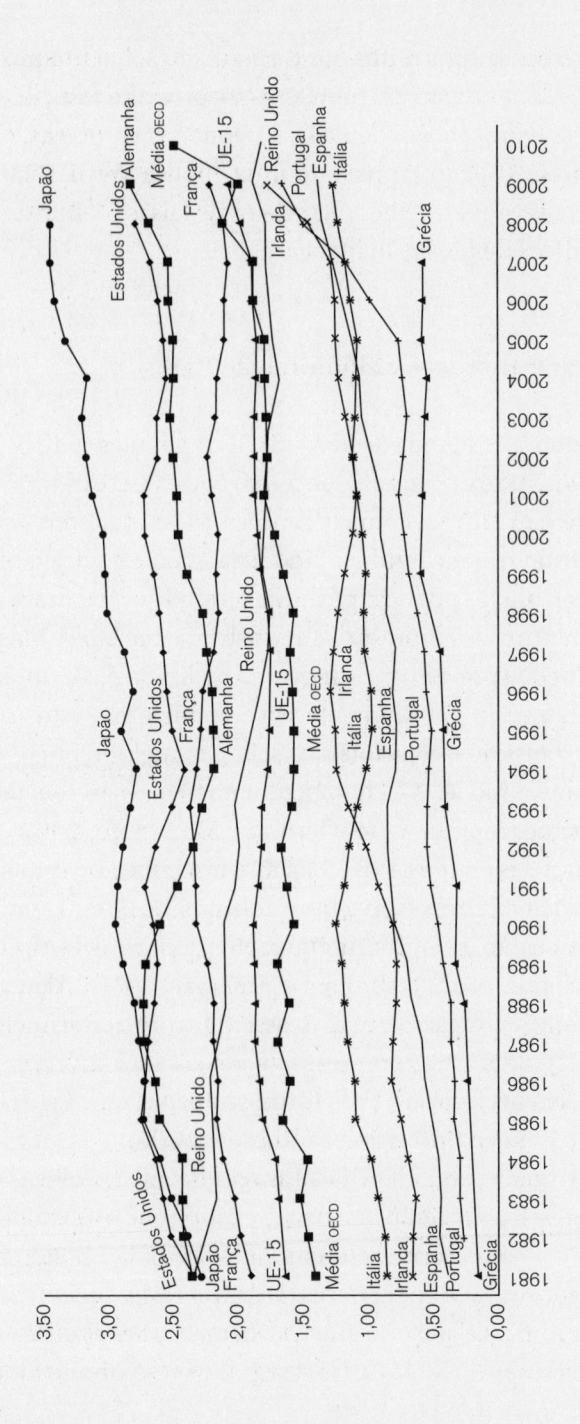

Gráfico 1. Porcentagem de despesas brutas com P&D (DBPD) em relação ao PIB na OCDE, 1981-2010

FONTE: OCDE (2011).

Foram criados muitos mitos em torno do crescimento puxado pela inovação. Eles se basearam em premissas incorretas a respeito dos principais motores da inovação, de P&D, a pequenas empresas, capital de risco e patentes. A seguir, apresento uma análise breve. Chamo-os de "mitos", mas talvez fosse melhor chamá-los de falsas premissas que conduzem a políticas de inovação ineficazes.

Mito 1: Inovação é sinônimo de P&D

A literatura sobre a economia da inovação, de diferentes campos, assumiu muitas vezes um nexo de causalidade direto entre P&D e inovação, e entre inovação e crescimento econômico. Embora a literatura dos sistemas de inovação referidos tenha argumentado firmemente contra o modelo de inovação linear, muitas políticas de inovação ainda concentram as despesas em P&D nos níveis empresarial, industrial e nacional. Mas existem poucos estudos que provam que a inovação realizada por empresas grandes ou pequenas realmente aumenta seu crescimento — isto é, os modelos macro de inovação e crescimento (sejam modelos teóricos do "novo crescimento" ou os modelos "schumpeterianos") não parecem ter "fundamentação micro" empírica forte (Geroski e Mazzucato, 2002a). Alguns estudos ao nível das empresas descobriram um impacto positivo de P&D sobre o crescimento (Geroski, Machin e Toker, 1992, 1996; Yasuda, 2005), enquanto outros não encontraram impacto significativo (Almus e Nerlinger, 1999; Botazzi et al., 2001; Lööf e Heshmati, 2006). Alguns estudos descobriram até um impacto negativo de P&D sobre o crescimento, o que não é de surpreender: se as empresas da amostra não tiverem os ativos complementares necessários, P&D torna-se apenas um custo (Brouwer, Kleinknecht e Reijnen, 1993; Freel e Robson, 2004).

Assim, é fundamental identificar as condições específicas que precisam estar presentes na empresa para permitir que os gastos com P&D afetem positivamente seu crescimento. Essas condições são sem dúvida diferentes de um setor para outro. Demirel e Mazzucato (2012), por exemplo, descobriram que na indústria farmacêutica apenas as empresas que patentearam por cinco anos seguidos (as patenteadoras "persistentes") e que fizeram alianças alcançam qualquer crescimento com suas despesas em P&D. Por isso, as políticas de inovação nesse setor devem visar não apenas P&D, mas também diferentes atributos das empresas. Coad e Rao (2008) descobriram que apenas as empresas de crescimento rápido colhem benefícios de seus gastos em P&D (identificadas no relatório do NESTA de 2009, "The Vital 6%"). Mazzucato e Parris (2011) descobriram que a relação entre os gastos em P&D e empresas de crescimento rápido só existe em períodos específicos do ciclo de vida industrial, quando a concorrência é particularmente feroz.

Mito 2: O que é pequeno é melhor

A constatação de que o impacto do crescimento é diverso para diferentes tipos de empresas tem implicações significativas para a suposição muito comum de que as "empresas pequenas" são importantes (para o crescimento, para a inovação e para o emprego) e, portanto, que muitas políticas diferentes que têm como alvo as pequenas e médias empresas (PME) são necessárias para gerar crescimento e inovação. Hughes (2008) mostrou que no Reino Unido as PME receberam perto de 9 bilhões de libras em apoio direto e indireto do governo, o que é mais do que recebe a força policial. Esse dinheiro é bem gasto? A propaganda que envolve as pequenas empresas surge principalmente devido à confusão entre tamanho e crescimento. Os indícios mais fortes enfatizam não o papel das pequenas empresas na economia, mas principalmente o papel das empresas *jovens* com grande crescimento. O NESTA, por exemplo, mostrou que as empresas mais importantes para o crescimento no Reino Unido foram as poucas que cresceram rapidamente e que, entre 2002 e 2008, geraram o maior aumento no nível do emprego no país (NESTA, 2011). E apesar de muitas dessas de crescimento rápido serem pequenas, nem todas as empresas pequenas apresentaram esse crescimento rápido.[6] As explosões de crescimento

---

6. Para não falar do efeito estatístico do tamanho: enquanto uma microempresa de uma pessoa que contrata um funcionário irá apresentar um crescimento de 100%

rápido que promovem inovação e criam empregos são em geral causadas por empresas que existem há muitos anos e cresceram gradualmente até decolar. Isso representa um grande problema, já que muitas políticas governamentais enfocam incentivos fiscais e benefícios para pmes, visando tornar a economia mais inovadora e produtiva.

Apesar de se falar muito da criação de empregos pelas pequenas empresas, cada vez mais visadas pelos formuladores de políticas, isso é basicamente um mito. Embora gerem emprego por definição, na verdade as pequenas empresas também eliminam muitos postos de trabalho ao fecharem as portas. Haltiwanger, Jarmin e Miranda (2010) acreditam que não existe uma relação sistemática entre o tamanho da empresa e o crescimento. A maior parte do efeito está relacionada à idade: empresas jovens (e start-ups) contribuem substancialmente tanto para a criação bruta como *líquida* de empregos.

O foco deveria ser a produtividade, e as empresas pequenas geralmente são menos produtivas do que as grandes. Evidências recentes sugerem que algumas economias que favoreceram as empresas pequenas, como a Índia, tiveram um desempenho pior. Hsieh e Klenow (2009), por exemplo, sugerem que de 40% a 60% da diferença da produtividade total dos fatores (ptf) entre a Índia e os Estados Unidos se deve à má distribuição da produção entre muitas empresas pequenas e pmes com baixa produtividade na Índia. Como a maioria das start-ups fracassa ou não consegue crescer e ir além do proprietário e único funcionário, a ajuda através de doações, empréstimos em condições favoráveis ou incentivos fiscais certamente envolve bastante desperdício. Embora esse desperdício seja uma aposta necessária no processo de inovação (Janeway, 2012), é importante que o processo de financiamento ao menos se guie pelo que sabemos a respeito das empresas inovadoras com "grande crescimento" em vez de se ater a alguma ideia folclórica sobre o valor das pmes como categoria agregada — o que realmente significa muito pouco.

---

em termos de emprego, uma empresa de 100 mil pessoas que contrata mil funcionários apresentará um crescimento de "apenas" 1% em termos de emprego. Mesmo assim, não há dúvida em relação a qual empresa contribui mais para a redução do desemprego no nível macro.

Bloom e Van Reenen (2006) argumentam que as empresas pequenas são menos produtivas do que as grandes porque não são tão bem administradas e estão sujeitas aos favoritismos familiares provincianos. Além disso, as empresas pequenas têm salários médios mais baixos, menos trabalhadores qualificados, menos treinamento, menos benefícios e maiores chances de falência. Eles argumentam que o Reino Unido tem muitas empresas familiares e um desempenho fraco em gestão na comparação com outros países, como Estados Unidos e Alemanha (2006). Entre outros motivos, isso está relacionado ao fato de existir uma distorção no sistema tributário, que dá isenções fiscais na sucessão de empresas familiares.

O resultado é que alguns interpretam que o importante é o alto crescimento, e não o tamanho, e que o melhor que o governo pode fazer é proporcionar condições para o crescimento por meio de políticas que incentivem a inovação. Bloom e Van Reenen (2006) argumentam que em vez de conceder benefícios e isenções fiscais para as PMEs, a melhor maneira de apoiar as pequenas empresas é "assegurar condições de concorrência equitativas por intermédio da remoção de barreiras à entrada e crescimento, entre empresas de todos os tamanhos, implementando uma política de concorrência e resistindo firmemente às pressões das grandes companhias e seus agentes". Mas como veremos nos capítulos 3 e 5, em geral as empresas mais inovadoras são exatamente aquelas que mais têm se beneficiado com os investimentos públicos diretos de diferentes tipos, tornando a associação entre tamanho e crescimento muito mais complexa.

A implicação política é que em vez de dar esmolas para as pequenas empresas esperando que elas cresçam, é melhor oferecer contratos para jovens empresas que já demonstraram ambição. É mais eficaz encomendar tecnologias que exijam inovação do que distribuir subsídios esperando que a inovação ocorra. Em uma época na qual os déficits orçamentários estão limitando os recursos disponíveis, essa abordagem poderia render uma economia significativa para os contribuintes se, por exemplo, acabassem as transferências diretas para as empresas, feitas devido apenas ao seu tamanho, como benefícios fiscais para empresas de pequeno porte e isenções fiscais na sucessão de empresas familiares (Schmidt, 2012).

Mito 3: O capital de risco adora o risco

Se o papel das pequenas empresas e de P&D é superestimado pelos formuladores de políticas, existe exagero semelhante em relação ao potencial do capital de risco de gerar crescimento, principalmente nos setores baseados no conhecimento, em que a intensidade do capital e a complexidade tecnológica são altas.

Capital de risco é um tipo de investimento que aposta em empresas iniciantes com alto potencial de crescimento por meio da compra de uma participação acionária. O financiamento pode ocorrer na fase inicial ou em um estágio mais avançado, em que o objetivo do capitalista é obter um alto retorno com a bem-sucedida abertura do capital, com uma fusão ou pela aquisição da empresa. O capital de risco preenche o vácuo com que se deparam as empresas novas, que normalmente têm problemas para obter crédito junto a instituições financeiras tradicionais como os bancos. Essas empresas em geral dependem de outros tipos de financiamento, como os "investidores anjos" (incluindo família e amigos), o capital de risco e fundos de *private equity*. Esses financiamentos são muito importantes para as novas empresas que estão tentando ingressar em setores já existentes ou para aquelas que estão tentando criar um novo setor.

O capital de risco é escasso nos estágios iniciais de uma empresa que está começando porque o grau de risco é muito mais alto nessa fase, quando o potencial da nova ideia e suas condições tecnológicas e de demanda são completamente incertas (ver tabela 2). Nas fases posteriores esse risco cai drasticamente.

O gráfico 2 mostra que o lugar habitual onde se supõe que o capital de risco entrará é o estágio do processo de invenção-inovação (segundo e terceiro estágios). Na verdade, o quadro real é muito menos linear e cheio de *feedback loops*. Muitas empresas morrem durante a transição entre uma descoberta científica ou de engenharia e sua transformação em aplicação comercial bem-sucedida. Portanto, a passagem da segunda para a terceira fase, mostrada no gráfico 2, geralmente é chamada de Vale da Morte.

O gráfico 2 não mostra como, ao longo do tempo, o capital de risco público e não o capital privado é que assumiu a maioria dos riscos. Nos

Estados Unidos, programas governamentais como o de Pesquisa para a Inovação em Pequenas Empresas (SBIR) e o Programa de Tecnologia Avançada (ATP) do Departamento de Comércio Americano concederam de 20% a 25% do financiamento total nos estágios iniciais de empresas de tecnologia (Auerswald e Branscomb, 2003, p. 232). Assim, o governo foi protagonista não apenas no estágio inicial da pesquisa, ilustrado no gráfico 2, como também no estágio da viabilidade comercial. Auerswald e Branscomb (2003) afirmam que o financiamento do governo nos estágios iniciais das empresas de tecnologia é igual ao investimento total dos "investidores anjos" e equivalente a cerca de duas a oito vezes a quantia investida pelo capital de risco privado.

Tabela 2. Risco de perda nos diferentes estágios em que os investimentos são feitos (%)

Ponto em que o investimento é feito	Risco de perda
Estágio inicial	66,2%
Estágio de arranque	53%
Segundo estágio	33,7%
Terceiro estágio	20,1%
Estágio ponte ou pré-público	20,9%

FONTE: Pierrakis (2010).

Gráfico 2. Estágios de investimento do capital de risco

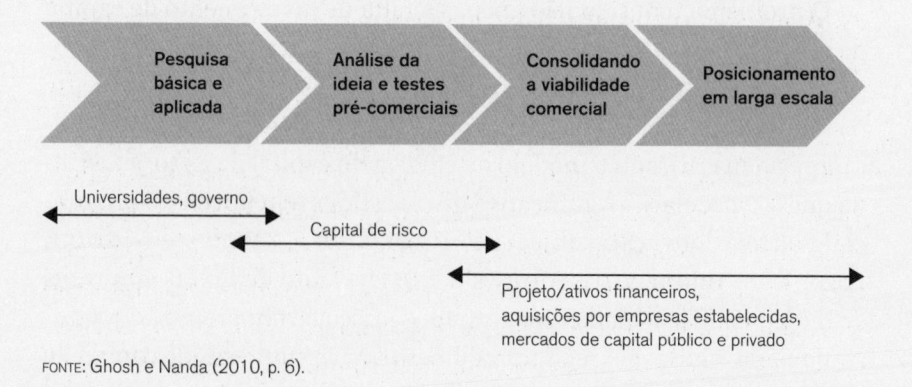

Pesquisa básica e aplicada → Análise da ideia e testes pré-comerciais → Consolidando a viabilidade comercial → Posicionamento em larga escala

◄—— Universidades, governo ——►
     ◄—— Capital de risco ——►
              ◄—— Projeto/ativos financeiros, aquisições por empresas estabelecidas, mercados de capital público e privado ——►

FONTE: Ghosh e Nanda (2010, p. 6).

Os fundos de capital de risco tendem a se concentrar em áreas de grande potencial de crescimento, baixa complexidade tecnológica e baixa intensidade de capital, já que o último eleva os custos consideravelmente. Como o índice de fracasso é muito grande nos estágios de crescimento em que o risco é alto, os fundos do capital de risco costumam ter uma carteira de investimentos diferentes em que só as pontas (extremos) têm grandes retornos — uma distribuição muito desigual.

Embora a maior parte dos fundos de capital de risco esteja estruturada para ter uma vida de dez anos, eles costumam sair muito antes disso por causa das taxas de administração e dos bônus ganhos pelos altos retornos. A saída antecipada é preferida a fim de estabelecer um histórico vencedor e investir em um novo fundo. Isso cria uma situação em que os fundos de capital de risco tendem a investir em projetos nos quais a viabilidade comercial é consolidada em um período de três a cinco anos (Ghosh e Nada, 2010). Embora isso às vezes seja possível (Google, por exemplo), com frequência não o é. No caso de um setor emergente como a biotecnologia ou a tecnologia verde atualmente, em que a base de conhecimento subjacente ainda está em sua fase exploratória inicial, esse viés de curto prazo é prejudicial para o processo de exploração científica que necessita de horizontes temporais mais longos e maior tolerância em relação às falhas. O capital de risco foi mais bem-sucedido nos Estados Unidos quando forneceu não apenas o capital comprometido, mas também experiência gerencial e a construção de uma organização viável (Lazonick, 2001).

O problema tem sido não apenas a falta de investimento de capital de risco na fase mais crítica do estágio inicial, mas também seus próprios objetivos no processo de inovação. Isso ficou bastante evidente na indústria de biotecnologia, em que um número crescente de pesquisadores tem criticado o modelo de ciência do capital de risco, sugerindo que a especulação significativa do investidor tem um efeito prejudicial sobre a inovação subjacente (Coriat, Orsi e Weinstein, 2003; Lazonick e Tulum, 2011; Mirowski, 2011). O fato de tantas empresas de biotecnologia apoiadas pelo capital de risco terminarem não produzindo nada, ainda que rendam milhões para as empresas de capital de risco que as vendem no mercado, é altamente problemático. Cria uma necessidade de questionar o papel do capital de risco no apoio ao desenvolvimento da ciência e também seu efeito sobre o processo de crescimento. A atenção crescente sobre patentes e capital de risco não é o caminho certo para entender como ocorre a inovação de risco e a longo prazo. Pisano (2006) afirmou que o mercado de ações não foi feito para lidar com os desafios de governança apresentados pelos negócios movidos por P&D. Mirowski (2011, p. 208) descreve o modelo biotecnológico apoiado pelo capital de risco como:

> [...] pesquisa científica comercializada na ausência de linhas de produtos, fortemente dependente do capital de risco no estágio inicial e posterior abertura do capital, decorrente de ou deslocando pesquisa acadêmica, com fusões e aquisições como estágio final mais comum, ajustada para facilitar a terceirização de P&D de grandes corporações propensas a renunciar à capacidade interna anterior.

O problema com esse modelo tem sido o fato de que a "progressiva comercialização da ciência" parece ser improdutiva, gerando poucos produtos e prejudicando as descobertas científicas de longo prazo com o correr do tempo.

Uma visão alternativa é apresentada em Janeway (2012), que argumenta que a especulação do mercado de ações é necessária para a inovação. No entanto, o que ele descreve como um elemento seminatural do capitalismo foi resultado de um processo político pesado, de lobismo (Lazonick, 2009). O NASDAQ foi criado para proporcionar um mercado especulativo em que as start-ups de alta tecnologia pudessem ser financiadas, mas também pudessem deixar de depender de capital externo rapidamente. E sem o NASDAQ, lançado em 1971, o capital de risco não teria surgido como uma indústria bem definida na década de 1970. A evolução conjunta do capital de risco e do NASDAQ é resultado da "ocupação" de um espaço político. Outro elemento não enfatizado em Janeway é a desproporção entre os "benefícios" e os riscos. Sua própria empresa de capital de risco, a Warburg Pincus, ganhou milhões em um jogo, em que ele admite ter entrado depois que o Estado fez o trabalho duro. Apesar de dizer que o período de especulação era necessário, ele não enfrentou a questão de como justificar um retorno tão elevado para o capital de risco. E nem o fato de o próprio capital de risco estar se transformando em um de seus piores inimigos ao exercer o papel de lobista inflexível para reduzir o erário público (por meio da redução dos impostos), que não conseguirá financiar inovações futuras para o capital de risco praticar o *free riding*.

Mito 4: Vivemos em uma economia do conhecimento — basta olhar a quantidade de patentes!

Como no mito segundo o qual a inovação está ligada a P&D, existe um mal-entendido em relação ao papel das patentes em inovação e crescimento econômico. Por exemplo, quando os formuladores de políticas veem o número de patentes na indústria farmacêutica, deduzem que é um dos setores mais inovadores do mundo. Mas esse aumento do número de patentes não reflete um crescimento em termos de inovação, e sim uma mudança na legislação e um aumento das razões estratégicas para o uso de patentes. Tem havido uma mudança no uso de patentes em TIC, passando do desenvolvimento e proteção das tecnologias proprietárias, resultantes de P&D internos, para licenciamento cruzado em sistemas abertos, com o objetivo de comprar tecnologia (e as relativas patentes) produzida em outros lugares (Chesbrough, 2003; Grindley e Teece, 1997). Isso fez com que o orçamento de P&D das grandes empresas, como a IBM, caísse, enquanto o número de suas patentes crescia (Lazonick 2009, pp. 88-9). O não reconhecimento dessa dinâmica faz com que o foco no número de patentes seja equivocado.

O crescimento exponencial de patentes e a falta de relação cada vez maior entre esse crescimento e a "inovação" real (isto é, novos produtos e processos) ocorreram por várias razões. Em primeiro lugar, os tipos de invenções que podem ser patenteados se ampliaram a ponto de incluir pesquisas financiadas com recursos públicos, ferramentas de pesquisa na fonte [*upstream*] (em vez de apenas os produtos finais ou processos) e até mesmo "descobertas" (em oposição a invenções) de objetos de estudo existentes, como os genes. O Bayh-Dole Act de 1980, o qual permitiu que pesquisas financiadas com recursos públicos fossem patenteadas em vez de permanecerem no domínio público, estimulou o surgimento da indústria de biotecnologia, pois quase todas as novas empresas do setor eram *spin-offs* de laboratórios universitários com financiamento pesado do Estado. Além disso, o fato de o capital de risco muitas vezes usar as patentes como sinal para o investimento mostra que aumentou o valor estratégico das patentes para as empresas que buscam atrair financiamento. Esses fatores fizeram com que o número de patentes crescesse bastante, mas quase todas elas sem muito valor (isto é, com poucas citações recebidas de outras patentes) e com a maioria não resultando em aumento em inovação, como novos medicamentos na indústria farmacêutica, por exemplo (ver gráfico 5 no capítulo 3). Por isso, concentrar a atenção nas patentes em geral, em vez de atentar para tipos específicos delas, como aquelas que são bastante citadas, pode significar a perda de muito dinheiro (como argumentamos abaixo em relação à *"patent box"*).

Pesquisadores têm afirmado que muitas das tendências recentes, como o aumento das patentes *upstream* para coisas como "ferramentas de pesquisa", fizeram com que o nível de inovação caísse em vez de crescer, já que bloqueia a capacidade de a ciência avançar de maneira abertamente exploratória (Mazzoleni e Nelson, 1998). O efeito tem sido particularmente prejudicial para os cientistas dos países em desenvolvimento, que não podem repetir as experiências realizadas no mundo desenvolvido. Impedidos de replicar os resultados, eles não podem avançar nessas experiências com seu próprio trabalho, o que acaba comprometendo sua capacidade de se "equiparar" (Forero-Pineda, 2006).

Não obstante o fato de que a maioria das patentes tem pouco valor, além de exercer um papel controvertido na dinâmica da inovação, diferentes políticas governamentais continuam a tratá-las como se tivessem uma forte ligação com a atual P&D em alta tecnologia e por isso devem ser incentivadas para gerar crescimento inovador. Em outubro de 2010, George Osborne (*chancellor of the exchequer* do Reino Unido, algo como o ministro da Fazenda ou secretário do Tesouro em outros países) anunciou uma política de incentivo fiscal conhecida como *"patent box"* a partir de 2013, reduzindo em 10% o imposto das corporações pelo lucro obtido com a comercialização de patentes. É claro que isso é condizente com a crença governamental de que pode dar um empurrãozinho em investimento e inovação com incentivos fiscais. A mesma política foi introduzida recentemente na Holanda.

O Instituto para Estudos Fiscais (IEF) se manifestou contra essa política, alegando que o único resultado seria a (grande) redução na receita tributária, sem surtir efeito sobre a inovação (Grifith et al., 2010). Argumenta-se que os créditos fiscais em P&D são suficientes para resolver a questão da falha do mercado envolvendo P&D e que a política *"patent box"* é mal orientada em relação à pesquisa, pois está voltada para a receita resultante da tecnologia patenteada, e não para a pesquisa ou inovação em si. Além disso, os autores sustentam que a política *"patent box"* aumentará a complexidade do sistema fiscal, exigindo uma vigilância dispendiosa para assegurar que a receita e os custos sejam adequadamente atribuídos às patentes. Eles alegam que a grande incerteza e a defasagem de tempo envolvendo a criação de tecnologias patenteáveis irão se contrapor aos incentivos. Como a colaboração internacional é cada vez mais comum, não existe nenhuma garantia de que a pesquisa adicional que é incentivada será realizada no país que está introduzindo essa política.

Mito 5: O problema da Europa é a comercialização

Supõe-se que a principal desvantagem da Europa em relação aos Estados Unidos no que diz respeito à questão da inovação é sua falta de capacidade de "comercialização" (ver gráfico 2), causada por problemas de "transferência" de conhecimento. Na verdade, os problemas da UE não advêm da má circulação de conhecimento gerado pelas pesquisas, mas da falta de estoque de conhecimento das empresas menores. Isso se deve às grandes diferenças entre os gastos públicos e privados em P&D. Enquanto nos Estados Unidos a proporção P&D/PIB é de 2,6%, no Reino Unido é de apenas 1,3%. Na Itália, Grécia e Portugal — países que sofreram os piores efeitos da crise na zona do euro —, a proporção P&D/PIB é inferior a 0,5% (Mazzucato, 2012b).

Se os Estados Unidos são melhores em inovação, não é porque as relações entre universidade e indústria sejam melhores (não são), ou porque as universidades americanas produzam mais empresas derivadas [*spin-outs*] (não produzem). Isso apenas mostra que há mais pesquisas sendo feitas em mais instituições, o que gera maior habilidade técnica na força de trabalho (Salter et al., 2000). Além disso, nos Estados Unidos há uma divisão no financiamento entre a pesquisa em universidades e desenvolvimento de tecnologia em estágios iniciais em empresas. Com as universidades europeias fazendo ambas as coisas, corre-se o risco de gerar tecnologias não apropriadas para o mercado.

Por isso, não há um problema de qualidade de pesquisa nas universidades europeias, tampouco na colaboração entre indústria e universidades, que provavelmente ocorre com mais frequência no Reino Unido do que nos Estados Unidos. Como também não há problema em universidades gerarem empresas, o que ocorre com mais frequência na Europa do que nos Estados Unidos (apesar de haver grande preocupação quanto à qualidade das empresas geradas, Salter et al., 2000; Nightingale, 2012). Se falta às empresas europeias capacidade para inovar, então as políticas de transferência de tecnologia são inúteis.

De modo geral, na literatura da economia da inovação costuma haver referências ao "paradoxo europeu" — a conjectura de que os países da UE têm um papel de liderança global na produção científica de alto nível mas ficam para trás na capacidade de converter essa força em inovações geradoras de riqueza. Dosi, Llerena e Labini (2006) sustentam essa posição fornecendo evidências para mostrar que a razão da fraqueza europeia não é, como se costuma alegar, a falta de parques de tecnologia ou interação entre educação e indústria. É um sistema mais fraco de pesquisa científica e a presença de empresas mais fracas e menos inovadoras. Entre as implicações políticas estão menor ênfase em "networking" e mais em medidas políticas destinadas a reforçar a pesquisa de "fronteira" ou, dito de outra forma, melhor divisão de trabalho entre universidades e empresas, em que as universidades devem se concentrar na pesquisa de alto nível e as empresas, em desenvolvimento tecnológico.

Segundo um ponto de vista alternativo — expresso com frequência —, a Europa carece de mercados de ações suficientemente especulativos para induzir investimentos de capital de risco (Janeway, 2012). Apesar de certamente haver problemas com a indústria de capital de risco europeia (Bottazzi e Da Rin, 2002), e talvez não haja um equivalente ao NASDAQ, essa visão ignora o quanto o modelo abertamente especulativo dos Estados Unidos prejudica a inovação. O problema é que a ideologia que cerca tanto o papel do capital de risco, o papel do mercado de ações e da inovação, e a análise da origem da inovação, impediu que se mantivesse um equilíbrio "saudável" entre especulação e investimento ao longo do tempo.

Mito 6: O investimento empresarial exige "menos impostos e burocracia"

Apesar de haver um componente de pesquisa em inovação, não existe uma relação linear entre P&D, inovação e crescimento econômico. Embora seja importante que as fronteiras da ciência avancem, que as economias desenvolvam os pontos de interseção e redes que permitem a transferência de conhecimento entre diferentes organizações e indivíduos, isso não significa que o subsídio da atividade de P&D por si só em empresas individuais seja a melhor forma de usar o dinheiro dos contribuintes. Apesar de ser senso comum que existe uma relação entre a decisão de desenvolver P&D e seu custo (ver Mito 1), pesquisas qualitativas sobre a eficácia dos créditos fiscais para P&D tanto em empresas grandes quanto em pequenas fornecem poucas evidências de que eles tenham afetado positivamente a decisão de desenvolver P&D, em vez de simplesmente providenciar uma transferência financeira para algumas empresas que já fizeram isso.[7] Também existe em muitos países um problema potencial no âmbito do atual sistema de créditos para P&D, que não exige a prestação de contas das empresas para a comprovação das inovações efetivamente realizadas ou se elas simplesmente procederam ao desenvolvimento do produto de acordo com práticas rotineiras. Por isso, à medida que se constrói o Estado empreendedor, seria mais eficaz usar uma parte dos gastos com créditos tributários para P&D na contratação direta do avanço tecnológico em questão.

---

7. Ver HMRC, *An Evaluation of R&D Tax Credits* (2010), para um exemplo disso.

Recentemente, a Holanda introduziu um crédito fiscal para P&D que não visa a receita (facilmente falsificada), mas os trabalhadores — e isso se mostrou mais eficiente, criando o tipo de "complementaridade" que os créditos fiscais em P&D baseados no rendimento não oferecem (Lockshin e Mohnen, 2012).

De modo geral, como enfatizou Keynes, o investimento empresarial (principalmente o investimento inovador) é uma função do "espírito animal", aquela intuição dos investidores em relação às perspectivas de crescimento futuro. Em grande medida eles são afetados não pelos impostos, mas pela força da base científica de uma nação, seu sistema de criação de crédito e sua qualidade de educação e, por conseguinte, de seu capital humano. Os cortes de impostos na década de 1980 não produziram mais investimento em inovação; só afetaram a distribuição de renda (aumentando a desigualdade). Pelo mesmo motivo, "zonas industriais" que são focadas quase exclusivamente em benefícios fiscais e mecanismos reguladores enfraquecidos não são zonas de *inovação*. Seria melhor economizar esse dinheiro ou investi-lo em parques científicos administrados corretamente em relação aos quais existem mais evidências de que haverá inovação (Massey, Quintas e Wield, 1992).

É importante que a política de inovação resista ao apelo por medidas fiscais de diferentes tipos — como a "*patent box*" analisada acima, ou créditos fiscais para P&D —, a menos que sejam estruturadas de tal forma que levem a investimentos em inovação que não teriam acontecido de maneira alguma, e as evidências reais confirmam isso. Acima de tudo, é essencial que os formuladores de políticas tomem cuidado com empresas que se queixam dos "impostos e da burocracia", quando fica claro que suas ações globais refletem uma preferência por regiões em que o Estado está gastando precisamente naquelas áreas que geram confiança e "espírito animal" em relação às possibilidades de crescimento futuro.

Este capítulo argumenta que muitos dos pressupostos que fundamentam as atuais políticas de crescimento não devem ser levados a sério. Há mais ou menos uma década, formuladores de políticas em busca de substitutos para o crescimento econômico ficaram atentos a coisas que podem medir, como gastos com P&D, patentes, investimentos do capital financeiro e o número de empresas pequenas consideradas importantes para o crescimento. Tentei desmistificar essas suposições e agora me volto para o maior mito de todos: o papel limitado do governo na produção de empreendedorismo, inovação e crescimento.

3
O Estado arrojado: da "redução de risco" ao "manda ver!"

> *Em visita recente aos Estados Unidos, o presidente francês François Mitterrand fez um passeio pelo Vale do Silício, na Califórnia, onde esperava aprender mais sobre a criatividade e o espírito empreendedor que deu origem a tantas empresas ali. Durante o almoço, Mitterrand ouviu Thomas Perkins, sócio do fundo de capital de risco que lançou a Genentech Inc., exaltar as virtudes dos investidores arrojados que financiam os empreendedores. Perkins teve a fala cortada por Paul Berg, professor da Universidade de Stanford, ganhador do Prêmio Nobel pelo trabalho em engenharia genética. "Onde estavam vocês nas décadas de 1950 e 1960, quando foi preciso fazer todo o financiamento em ciência básica? A maioria das descobertas que têm alimentado a indústria foi feita nessa época."*
> Henderson e Schrage, *The Washington Post* (1984)

O DEBATE SOBRE O TIPO DE PESQUISA que deve ser conduzida pelo setor público ou pelo setor privado tende a se resumir a uma discussão sobre duas características importantes. A primeira é o horizonte de tempo necessário (isto é, para a pesquisa "básica") seguida do fato de que muitos investimentos em pesquisa contribuem para o bem público (dificultando a apropriação dos resultados por parte das empresas). Essas questões fornecem a justificativa para o financiamento do setor público e estabelecem o argumento clássico da falha do mercado para a pesquisa (Bush, 1945).

O que não é tão bem compreendido é o fato de que o financiamento do setor público geralmente acaba fazendo muito mais do que corrigir falhas de mercado. Por estar mais disposto a se engajar no mundo da incerteza knightiana, investindo em desenvolvimento de tecnologia no estágio inicial, o setor público pode de fato criar novos produtos e os mercados correspondentes. Dois exemplos incluem seu papel no sonho que tornou possível a internet ou a nanotecnologia quando esses termos sequer existiam. Ao vislumbrar novos espaços, criar novas "missões" (Foray et al., 2012), o Estado lidera o processo de crescimento em vez de apenas incentivá-lo ou estabilizá-lo. E voltando à questão de Judt sobre a batalha "discursiva", esse ato corajoso é descrito apenas como "redução de riscos". O papel do Estado tem sido muito mais arrojado, *assumindo* o risco com coragem e visão — e não apenas *eliminando* o risco para que alguém mais fique com o retorno. Como dissemos no final do capítulo 1, o Estado investe em um acidentado cenário de risco ligado a uma divisão dinâmica de trabalho inovador. A fim de evitarmos os mitos examinados no capítulo 2, precisamos mapear os tipos de risco de que estamos falando. Neste capítulo vamos ilustrar melhor esse assunto.

Que tipo de risco?

O empreendedorismo, como o crescimento, é um dos temas menos compreendidos em economia. O que é, afinal? Segundo o economista austríaco Joseph Schumpeter, empreendedor é alguém, ou um grupo de pessoas, disposto e capaz de transformar uma nova ideia ou invenção em uma inovação bem-sucedida. Não se trata apenas de montar um novo negócio (definição mais comum), mas fazê-lo de forma a produzir um *novo* produto, ou um *novo* processo, ou um *novo* mercado para um produto ou processo existente. O empreendedorismo, ele escreveu, emprega "um vendaval de destruição criativa" para substituir, no todo ou em parte, inovações inferiores nos mercados e indústrias, criando ao mesmo tempo novos produtos, incluindo novos modelos de negócios, e ao fazê-lo, acabando com a liderança existente (Schumpeter, 1949). Dessa forma, a destruição criativa é amplamente responsável pelo dinamismo das indústrias e do crescimento econômico de longo prazo. Cada grande nova tecnologia leva à destruição criativa: a máquina a vapor, a estrada de ferro, a eletricidade, a eletrônica, o carro, o computador, a internet. Cada uma delas teve sua cota de destruição e de criação, mas cada uma levou também ao aumento da riqueza global.

Para Frank H. Knight (1921) e Peter Drucker (1970), o empreendedorismo está ligado ao risco. O comportamento do empreendedor é o de uma pessoa disposta a arriscar sua carreira e segurança financeira em nome de uma ideia, dispondo de seu tempo e também de seu capital em um empreendimento incerto. Na verdade, o risco do empreendedorismo, como a mudança tecnológica, não é apenas arriscado, é altamente "incerto". Knight (2002, p. 233) distinguiu o risco da incerteza da seguinte maneira:

> A diferença prática entre as duas categorias, risco e incerteza, é que na primeira a distribuição do resultado em um grupo de ocorrências é conhecida [...]. Ao passo que no caso da incerteza isso não se aplica, e a razão é que geralmente é impossível formar um grupo de ocorrências, pois a situação em questão é em grande medida única.

John Maynard Keynes (1937, pp. 213-4) também enfatizou essas diferenças:

> Por conhecimento "incerto", deixe-me explicar, não me refiro apenas à distinção entre o que é conhecido e o que é apenas provável. Nesse sentido, o jogo de roleta não está sujeito à incerteza [...]. O sentido em que estou usando o termo é aquele em que a perspectiva de uma guerra europeia é incerta, ou o preço do cobre e portanto a taxa de juros daqui a vinte anos, ou a obsolescência de uma nova invenção [...]. Em relação a essas questões, não há base científica sobre a qual formar qualquer probabilidade calculável. Simplesmente não sabemos!

A mudança tecnológica é um bom exemplo de situação realmente única. Investimentos em P&D que contribuem para ela não apenas levam anos para se materializar em novos produtos, como a maioria dos produtos fracassa. No setor farmacêutico, por exemplo, a inovação de um projeto de P&D pode levar até dezessete anos desde o início até o final. Há um custo de aproximadamente 403 milhões de dólares por medicamento, e o índice de fracasso é extremamente alto: apenas um em 10 mil compostos atinge a fase de aprovação do mercado, um índice de sucesso de apenas 0,01%. Quando bem-sucedida, muitas vezes a procura por um produto leva à descoberta de outro completamente diferente, em um processo caracterizado pelo acaso.[1] É claro que isso não significa que a inovação se baseia na sorte, longe disso. Ela se baseia em estratégias de longo prazo e investimentos direcionados. Mas os retornos desses investimentos são altamente incertos e por isso não podem ser compreendidos através da teoria econômica racional (como mostramos, essa é uma das críticas que os schumpeterianos modernos fazem à "teoria do crescimento endógeno", que descreve P&D como uma escolha da teoria dos jogos). Além disso, a capacidade de se envolver com inovação varia muito de uma empresa para outra e é uma das principais razões para que as companhias sejam tão diferentes umas das outras. Por esse motivo é praticamente impossível encontrar empresas distribuídas "normalmente" em torno de uma "empresa de tamanho ideal" (o agente "representativo"), um conceito tão caro à teoria microeconômica neoclássica.

O alto risco e as características aleatórias do processo de inovação são alguns dos principais motivos para as empresas que maximizam os lucros investirem menos em pesquisa básica; elas podem ter retornos maiores e mais imediatos com pesquisa aplicada. O investimento em pesquisa básica é um exemplo típico de uma "falha de mercado": é uma situação em que o mercado sozinho não produziria pesquisa básica suficiente, portanto o governo precisa intervir. É por isso que existem poucas pessoas, em todos os lados do espectro político, que não concordam que deve ser o Estado (e é) que costuma financiar a maior parte da pesquisa básica. Em relação à economia dos Estados Unidos, por exemplo, os gráficos 3 e 4 mostram que, embora os gastos do go-

---

1. Em inúmeros casos históricos, as explicações e teorias científicas surgiram depois das tecnologias que tentavam explicar. Os irmãos Wright conseguiram voar antes do desenvolvimento da aerodinâmica, e a máquina a vapor tornou-se operacional antes que a termodinâmica fosse compreendida. A tecnologia geralmente está um pouco à frente da ciência e a inovação industrial apresenta problemas para os acadêmicos resolverem. Ver P. Nightingale, "Technological Capabilities, Invisible Infrastructure and the Un-social Construction of Predicability: The Overlooked Fixed costs of Useful Research", *Research Policy* 33, n. 9, 2004.

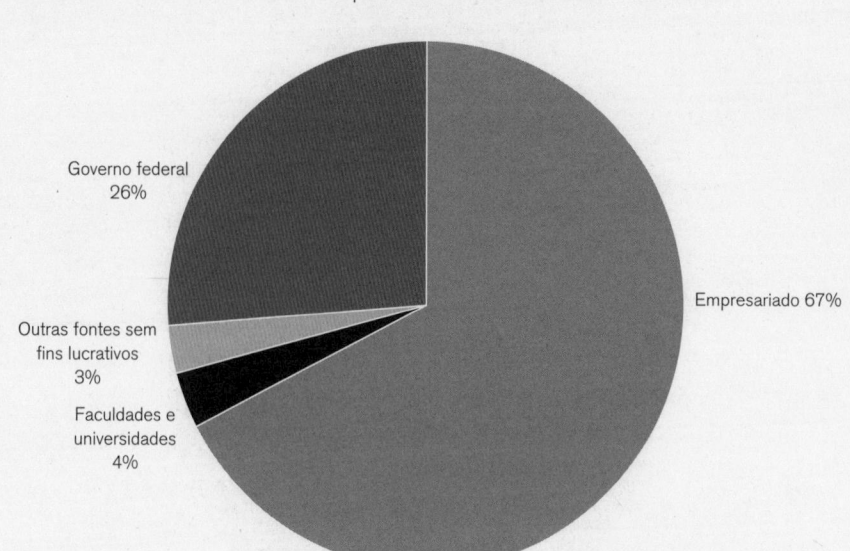

O ESTADO ARROJADO: DA "REDUÇÃO DE RISCO" AO "MANDA VER!"

Gráfico 3. Fontes de financiamento para P&D nos Estados Unidos em 2008

- Governo federal 26%
- Empresariado 67%
- Outras fontes sem fins lucrativos 3%
- Faculdades e universidades 4%

FONTE: National Science Foundation (2008).

verno com P&D representem apenas 26% do total,[2] com o setor privado respondendo por 67%, a proporção é muito maior quando se considera a pesquisa básica isoladamente. Os gastos públicos respondem por 57% da pesquisa básica nos Estados Unidos, com o setor privado assumindo apenas 18%.

A principal diferença ente Estados Unidos e Europa é a forma como os gastos públicos em P&D são destinados ao "progresso geral" em vez de ter um objetivo definido. As teorias da falha do mercado são mais úteis para entender P&D do tipo "avanço do conhecimento" do que o "objetivo definido". O investimento em P&D com objetivo definido visa o programa de uma agência governamental ou objetivo que pode ser encontrado, por exemplo, em agricultura, saúde, energia, defesa e área

---

2. Também é importante observar que nos Estados Unidos, uma parte do financiamento público em P&D é feita com a expectativa de que será acompanhado por financiamento privado equivalente, ou usado para atrair outros financiamentos, o que significa que boa parte da P&D "privada" foi induzida publicamente.

Gráfico 4. Fontes de financiamento para pesquisa básica em P&D nos Estados Unidos em 2008

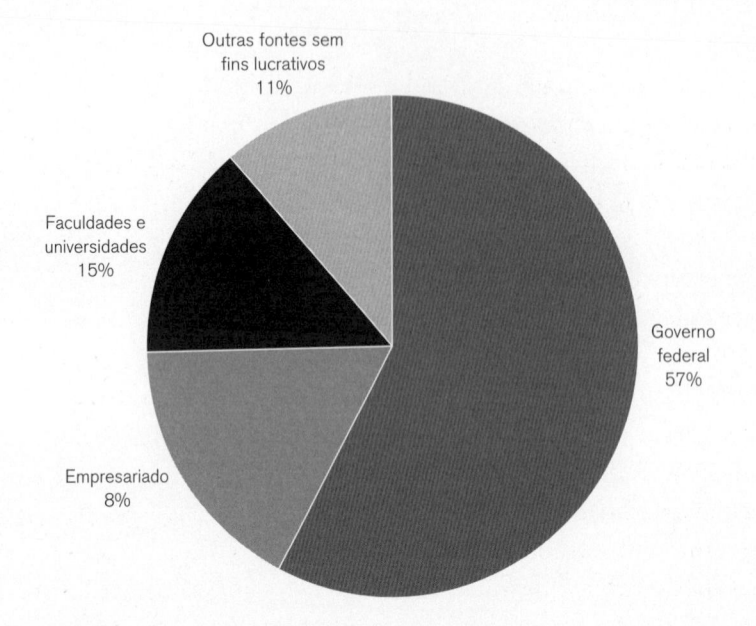

- Outras fontes sem fins lucrativos 11%
- Faculdades e universidades 15%
- Empresariado 8%
- Governo federal 57%

FONTE: National Science Foundation (2008).

espacial ou programas de tecnologia industrial. Enquanto os gastos públicos em P&D para o progresso geral normalmente representam menos de 50% do total de P&D, em 2003-4 a P&D com objetivo definido representou mais de 60% dos gastos públicos em P&D na Coreia do Sul, Estados Unidos, Reino Unido, França, Canadá, Japão e Alemanha (Mowery, 2010).

Mowery (2010) afirma que é perigoso tentar cortar e colar as lições aprendidas em um programa com objetivo definido em outro, pois cada um tem suas especificidades (defesa e saúde, por exemplo). Para entender as diferenças entre os programas, ele argumenta que a abordagem dos "sistemas de inovação" é muito mais útil do que a abordagem da falha do mercado. Ela é capaz de levar em conta a variação na dinâmica de cada setor e país, bem como a forma pela qual cada objetivo é definido pelas estruturas, instituições e incentivos específicos usados para realizá-lo.

O Estado liderando em inovação radical (arriscada)

A principal razão pela qual o conceito de falha de mercado é problemático para a compreensão do papel do governo no processo de inovação é que ele ignora um fato fundamental da história da inovação. O governo não apenas financiou a pesquisa mais arriscada, seja básica ou aplicada, como muitas vezes foi a fonte da inovação mais radical e pioneira. Para isso, empenhou-se na criação de mercados, em vez de apenas corrigi-los, tema examinado em profundidade no capítulo 4. Analisando os exemplos de protagonismo do Estado no desenvolvimento da internet e da nanotecnologia, ampliaremos nossa compreensão da ligação entre P&D e crescimento, e da divisão público-privado.

Nem todas as inovações levam a um amplo crescimento econômico, que geralmente é provocado por novos produtos ou processos que têm um impacto sobre uma grande variedade de setores da economia, como foi o caso da eletricidade e dos computadores. Isso é o que os macroeconomistas chamam de tecnologias de propósito geral [em inglês, GPTs — *general purpose technologies*], caracterizadas por três qualidades fundamentais:

- Elas se infiltram, espalhando-se por vários setores.
- Melhoram com o tempo, reduzindo os custos para seus usuários.
- Facilitam a geração de inovação, através da invenção e da produção de novos produtos ou processos (Grossman e Helpman, 1991).

Ruttan (2006) argumenta que o investimento governamental em grande escala e de longo prazo foi o motor por trás de quase todas as GPTs do último século. Ele analisou o desenvolvimento de seis complexos de tecnologia diferentes (o sistema de "produção em massa" americano, tecnologias de aviação, tecnologias espaciais, tecnologia da informação, tecnologia da internet e energia nuclear) e concluiu que os investimentos governamentais foram importantes para a criação dessas técnicas. Acrescenta que a energia nuclear muito provavelmente não teria sido desenvolvida sem grandes investimentos governamentais. Em cada caso, o desenvolvimento bem-sucedido de novos complexos de tecnologia não foi resultado apenas do financiamento e da criação de condições corretas para a inovação. Igualmente importante foi vislumbrar o espaço de oportunidade, envolvendo-se na mais arriscada e incerta pesquisa inicial, e supervisionar o processo de comercialização (Ruttan, 2006). No capítulo 4, mostrarei que esse é também o caso do desenvolvimento recente da nanotecnologia, que muitos acreditam ser a próxima GPT.

São inúmeros os exemplos do papel de liderança exercido pelo governo dos Estados Unidos em desenvolvimento de tecnologia. Lazonick (2013) apresenta um resumo convincente de casos em que o Estado desenvolvimentista americano teve um papel proeminente, desde a concessão de terras para empresas privadas para a construção de ferrovias e o apoio financeiro da pesquisa agrícola no século XIX até o financiamento, apoio e desenvolvimento ativo das indústrias aeronáutica e espacial no século XX, e subvenções para P&D e outros tipos de financiamento para indústrias ligadas às ciências naturais, nanotecnologia e energia limpa no século XXI.

A extensa pesquisa de Abbate (1999) mostra como a internet cresceu a partir do pequeno projeto de rede do Departamento de Defesa (ARPANET) para conectar uma dúzia de sites de pesquisa dos Estados Unidos e se transformou em uma rede ligando milhões de computadores e bilhões de pessoas. Leslie (2000) argumenta que apesar de ter sido um modelo influente e atrativo para o desenvolvimento regional, o Vale do Silício é também difícil de copiar, pois cada defensor desse modelo conta uma história envolvendo "empresários descontraídos e investidores visionários", mas esquece um fator crucial: o papel dos militares em sua criação e manutenção. Leslie mostra que o "Vale do Silício deve sua atual configuração a padrões de gastos federais, estratégias corporativas, relações indústria-universidade e inovação tecnológica moldada pelos pressupostos e prioridades da política de defesa da Guerra Fria" (Leslie, 2000, p. 49). No entanto, o modelo do Vale do Silício permanece no imaginário coletivo dos formuladores de políticas como um lugar em que o capital de risco fez uma revolução. O relatório de 1999 do National Research Council [Conselho Nacional de Pesquisa], *Funding a Revolution: Government Support for Computing Research* [Financiando uma revolução: apoio governamental para a pesquisa de computação], é na verdade uma tentativa de lembrar e reconhecer o importante papel do governo americano no lançamento e desenvolvimento da revolução da informática. Examinaremos isso mais à frente.

Considerando o papel de liderança desenvolvimentista que o governo americano desempenha em inúmeros setores, não é de surpreender que Block e Keller (2011b) tenham descoberto que, no nível mais micro, entre 1971 e 2006, 77 das 88 inovações mais importantes (avaliadas pela premiação anual da revista *R&D Magazine*) — ou 88% — dependeram inteiramente do apoio de pesquisa federal, principalmente, mas não apenas, em seus estágios iniciais — e o prêmio da *R&D Magazine exclui* inovações em TIC.

Gráfico 5. Classificação de novos fármacos

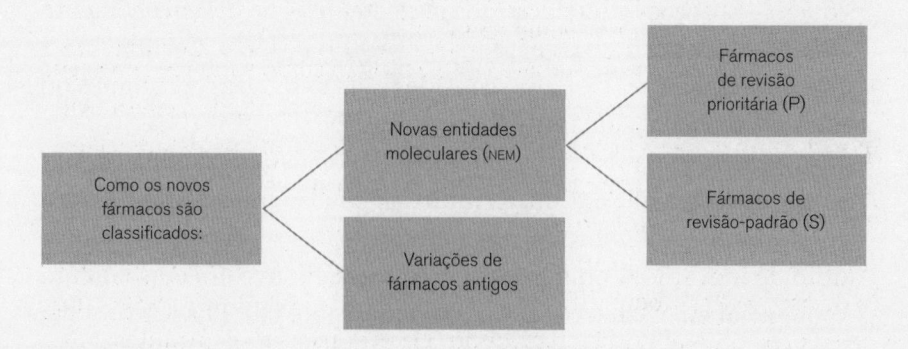

Esses exemplos são fundamentais para a compreensão do impacto das pesquisas feitas com financiamento público. Não se trata apenas de financiar pesquisas sem finalidade prática, mas de ter visão em torno de tecnologias novas e importantes. Para ilustrar a questão mais geral, volto-me agora para exemplos específicos de investimento governamental em estágios iniciais de pesquisa nos setores farmacêutico e de biotecnologia dos Estados Unidos.

Setor farmacêutico: fármacos radicais vs. similares

A indústria farmacêutica é interessante por causa da nova divisão de trabalho inovador. As grandes indústrias farmacêuticas multinacionais, as pequenas empresas de biotecnologia, os laboratórios do governo e das universidades, todos fazem parte da ecologia da indústria. Mas são principalmente os laboratórios do governo e os das universidades apoiados pelo governo que investem na pesquisa responsável pela produção dos novos fármacos mais radicais — as novas entidades moleculares com classificação prioritária no gráfico 5. A ex-editora do *New England Journal of Medicine*, Marcia Angell (2004), afirmou energicamente que apesar de as empresas farmacêuticas privadas justificarem seus preços exorbitantes pela necessidade de cobrirem os altos custos em P&D, na verdade quase todos os medicamentos realmente "inovadores", isto é, novas entidades moleculares com classificação prioritária, são criados em laboratórios financiados com dinheiro público. As empresas privadas se concentram mais nos medicamentos similares (com pequenas variações em relação aos já existentes), no desenvolvimento (incluindo testes clínicos) e no marketing do negócio. Certamente é uma situação bastante irônica, considerando as queixas constantes do setor em relação à regulamentação sufocante.

Os economistas medem a produtividade comparando input e output da produção. Nesse sentido, as multinacionais farmacêuticas foram consideravelmente improdutivas nos últimos anos em termos de produção de inovação. Como mostra o gráfico 6, houve um crescimento exponencial em gastos com P&D pelos membros da Pharmaceutical Research and Manufacturers of America (PhRMA) sem o aumento correspondente no número de novos fármacos, mais conhecidos como novas entidades moleculares (NEM). Isso também vale no caso das patentes: enquanto o número de patentes disparou desde que o Bayh-Dole Act (1980) permitiu que a pesquisa com financiamento público fosse patenteada, a maior parte dessas patentes tem pouco valor (Demirel e Mazzucato, 2012). Quando as patentes são avaliadas pelo número de citações que recebem (indicador comum das patentes "importantes"), o resultado é pouco significativo.

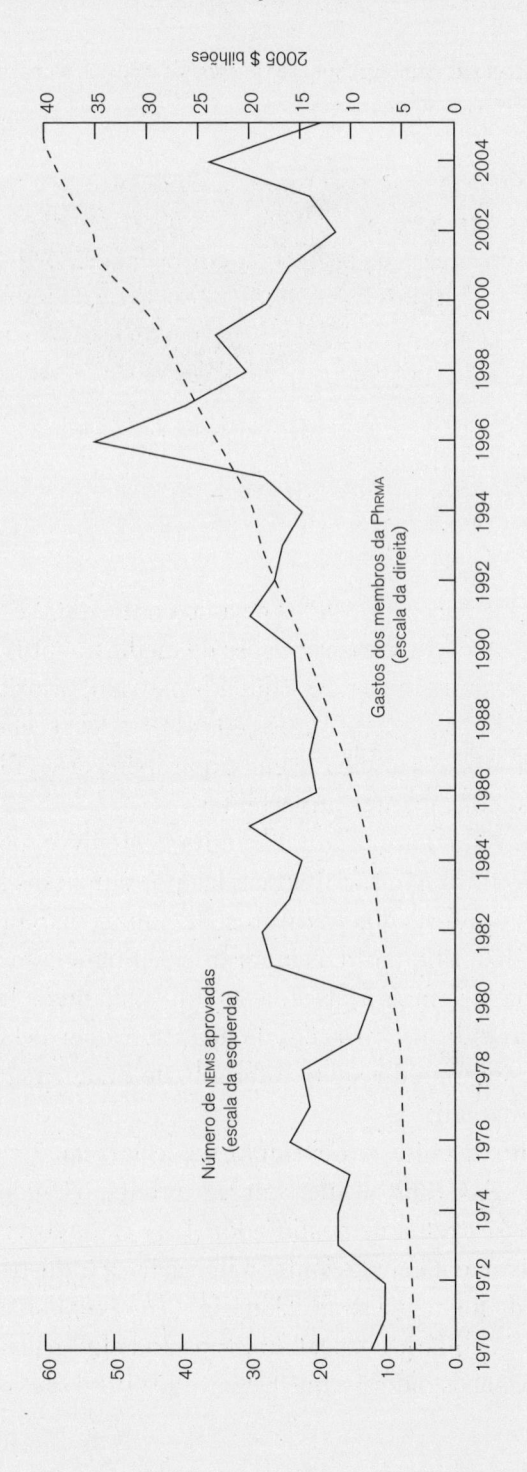

O ESTADO ARROJADO: DA "REDUÇÃO DE RISCO" AO "MANDA VER!"

Gráfico 6. Número de NEMS aprovadas comparadas com o gasto dos membros da PhRMA nos Estados Unidos, 1970-2004

FONTE: Departamento de Orçamento do Congresso (2006).

Gráfico 7. Porcentagem de novos fármacos por tipo de indústria farmacêutica (1993-4)

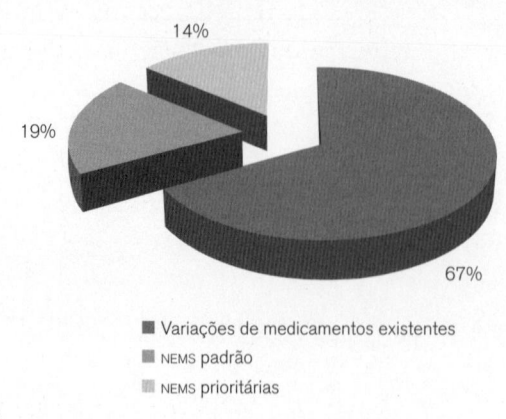

- Variações de medicamentos existentes
- NEMS padrão
- NEMS prioritárias

14%
19%
67%

FONTE: Angell (2004).

Dos 1072 fármacos aprovados pela FDA entre 1993 e 2004, apenas 357 eram NEM e não apenas variações de medicamentos similares aos já existentes. O número de medicamentos novos e "prioritários" *importantes* é ainda mais preocupante: apenas 146 deles receberam a classificação prioritária. No gráfico 7 vemos que apenas 14% foram considerados novos medicamentos importantes.

Tendo em vista a argumentação feita neste livro, o importante é que 75% das NEMS não são financiadas por empresas privadas mas por recursos públicos dos Institutos Nacionais de Saúde (NIH) dos Estados Unidos. Enquanto os laboratórios financiados pelo Estado investiram na fase mais arriscada, as multinacionais farmacêuticas preferiram investir nas variações menos arriscadas de medicamentos existentes (com uma dosagem diferente de uma versão anterior do mesmo medicamento).

Tudo muito distante, por exemplo, da declaração feita por Andrew Witty, CEO da GlaxoSmithKline, com sede no Reino Unido: "A indústria farmacêutica é extremamente inovadora [...]. Se os governos trabalharem para apoiar, e não para conter a inovação, a indústria entregará a próxima era da medicina revolucionária" (*The Economist*, 2010b). É o espírito "revolucionário" dos laboratórios do Estado, produzindo 75% dos novos fármacos radicais, que permite a Witty e seus colegas passarem a maior parte do tempo pensando em como aumentar o preço de suas ações (isto é, através de programas de recompra de ações). Examinaremos mais profundamente se essa relação parasitária é sustentável ou não nos capítulos 8 e 9.

Biotecnologia: líder público, retardatário privado

No Reino Unido, o Medical Research Council (MRC) [Conselho de Pesquisa Médica] recebe uma subvenção anual do Parlamento através do Department for Business, Innovation and Skills (BIS) [Departamento para Negócios, Inovação e Proficiência]. Apesar de financiado pelo governo, tem independência para escolher que pesquisa apoiar. Trabalha em estreita colaboração com o Department of Health [Departamento de Saúde] e outros conselhos de pesquisa, indústrias e partes interessadas para identificar e responder às necessidades do Reino Unido. Foram pesquisas do MRC na década de 1970 que levaram ao desenvolvimento dos anticorpos monoclonais — que, segundo o MRC, representam um terço de todos os novos tratamentos para inúmeras doenças importantes, como câncer, artrite e asma.

História semelhante pode ser contada a respeito da indústria biofarmacêutica nos Estados Unidos. Seu crescimento não ocorreu devido ao financiamento empresarial (como o capital de risco), como se costuma alegar, mas surgiu e foi orientado por investimentos e gastos governamentais (Mazzucato e Dosi, 2006). Na verdade, o imenso interesse do capital de risco e das grandes empresas farmacêuticas em biotecnologia mostrou-se paradoxal em virtude do processo arriscado e lento para a recuperação do investimento (Pisano, 2006). Segundo Lazonick e Tulum (2011), existem duas respostas para esse paradoxo intrigante. Em primeiro lugar, os investidores iniciais tiveram oportunidades para sair facilmente através das flutuações das ações no mercado especulativo e dos investidores dispostos a financiar as ofertas públicas iniciais (IPO). Em segundo lugar, o apoio e o envolvimento significativos do governo ajudaram essa indústria a florescer durante as últimas décadas.

Na verdade, o desenvolvimento da indústria de biotecnologia nos Estados Unidos é um produto direto do papel fundamental do governo na liderança do desenvolvimento da base de conhecimento que proporcionou seu sucesso e crescimento global. Como resumiram eloquentemente Vallas, Kleinman e Biscotti (2009, p. 66):

> [...] a economia do conhecimento não surgiu espontaneamente de baixo para cima, mas foi motivada por uma discreta política industrial de cima para baixo; líderes do governo e da indústria defenderam simultaneamente a intervenção governamental para estimular o desenvolvimento da indústria de biotecnologia e hipocritamente argumentaram que o governo deveria "deixar o mercado livre funcionar".

Como mostra essa citação, essa economia do conhecimento não apenas foi conduzida pelo governo como, surpreendentemente, isso aconteceu enquanto os líderes da indústria exigiam a intervenção governamental, em particular, ao mesmo tempo em que declaravam publicamente seu apoio ao livre mercado. Diante dessa hipocrisia, não é de admirar que haja tanta confusão entre os formuladores de políticas e o público em geral em relação ao papel do governo na economia. Sem dúvida, parte dessa confusão é explicada por Block (2008), ao argumentar que os Estados Unidos continuam com uma política industrial "escondida", esclarecendo que está escondida basicamente pelo fato de que não é discutida como questão de debate público, pelos formuladores de políticas ou pela grande mídia. Block (2008, p. 15) alega que "como a carta roubada,* o Estado desenvolvimentista oculto está à vista de todos. Mas foi posto na invisibilidade pelo sucesso da ideologia fundamentalista de mercado" que costuma ocorrer no debate partidário (também examinado no capítulo 1). Considerando os esforços dos formuladores de políticas internacionais para tentar fazer avançar suas próprias economias e copiar os sucessos dos Estados Unidos, torna-se imperativo, agora mais do que nunca, que a "verdadeira" história da inovação, do crescimento econômico e do desenvolvimento seja conta-

---

* Referência ao conto "A carta roubada", de Edgar Allan Poe. (N. E.)

da. Se os componentes do Estado desenvolvimentista já estão visíveis e atuando, por que triunfa a lógica que desafia seu valor?

Resumindo suas descobertas a respeito do vigoroso papel do governo no desenvolvimento da indústria de biotecnologia, Vallas, Kleinman e Biscotti enfatizam a importância das "transferências maciças em P&D federais envolvidas", acrescentando que "é difícil evitar a conclusão de que a economia do conhecimento não nasceu, mas foi feita" (2009, p. 71). Apesar de as empresas farmacêuticas gastarem muito em P&D, a complementação desses investimentos privados tem sido inteiramente dependente do "pronto fornecimento de conhecimento científico que foi financiado ou efetivamente produzido pelas agências federais".

Institutos Nacionais de Saúde: criando a onda vs. surfando na onda

O apoio e envolvimento do Estado em biotecnologia tomam várias formas, sendo a mais importante delas o fato de que a enorme base de conhecimento da qual dependem as empresas biofarmacêuticas se desenvolveu mais com investimento do governo do que das empresas. Essa base de conhecimento se expandiu com o investimento fundamental do governo no financiamento da ciência básica. Na linha de frente estão os Institutos Nacionais de Saúde (NIH) e outros programas governamentais que investiram em muitas das conquistas fundamentais sobre as quais a indústria construiu seu sucesso. Com base nos dados relativos aos gastos do NIH levantados por Lazonick e Tulum (2011), é fácil ver como esse financiamento foi crucial para a inovação biotecnológica. De 1978 a 2004, os gastos do NIH com pesquisas em ciências naturais chegaram a 365 bilhões de dólares. Entre 1970 e 2009, com exceção de uma pequena queda em 2006, o financiamento dos NIH cresceu ano a ano em termos nominais, ao contrário dos financiamentos flutuantes do capital de risco e do mercado de ações.

O gráfico 8 mostra que o gasto total dos NIH entre 1936 e 2011 (em dólares de 2011) foi de 792 bilhões de dólares. Só o orçamento para

2012 chegou a 30,9 bilhões de dólares. Assim, enquanto o empresariado continua a pressionar por cortes tributários e menos burocracia, no fim das contas ele se mostra bastante dependente do financiamento das receitas fiscais que tanto combate. E de fato, aqueles países, como o Reino Unido, que estão cada vez mais convencidos de que o que impulsiona os negócios são "impostos baixos e regulamentação fraca" estão sofrendo com a fuga de muitas empresas, como a Pfizer e a Sanofi.

O mais impressionante é que nos 35 anos desde a criação da Genentech como primeira empresa de biotecnologia, em 1976, os NIH financiaram o setor de farmabiotecnologia com 624 bilhões de dólares (números até 2010). Como esses dados indicam, Lazonick e Tulum (2011, p. 9) argumentam que o governo americano, através dos NIH e, por extensão, dos contribuintes americanos, "há muito tempo é o investidor mais importante do país (e do mundo) na criação de conhecimento na área médica". Essa base de conhecimento foi "indispensável" e sem ela, o capital de risco e os fundos de ações públicas não teriam se debandado para essa indústria. Eles "surfaram na onda" em vez de tê-la criado.

Através de um sistema de aproximadamente 50 mil bolsas competitivas, os NIH apoiam mais de 325 mil pesquisadores em mais de 3 mil universidades, faculdades de medicina e outras instituições de pesquisa em cada estado dos Estados Unidos e em todo o mundo. Essas subvenções representam 80% do orçamento da agência, e outros 10% são usados para empregar diretamente 6 mil pessoas em seus próprios laboratórios. Os 26 centros de pesquisa da agência em Maryland têm papel de destaque na indústria da biotecnologia — que está crescendo à medida que mais centros e institutos continuam a se desenvolver nos NIH. Além desses "programas de criação de conhecimento", vestígios do apoio governamental também podem ser vistos em quase todos os principais produtos biofarmacêuticos nos Estados Unidos (Vallas, Kleinman e Biscotti, 2009). Embora muitos estudiosos de biotecnologia reconheçam o imenso apoio governamental na base científica, no que se refere ao todo eles não conseguem perceber a relação causal entre o crescimento bem-sucedido dessa indústria, sua atratividade para os investidores e os esforços governamentais diuturnos que desenvolvem e sustentam a base substancial de conhecimento encontrada nos Estados Unidos.

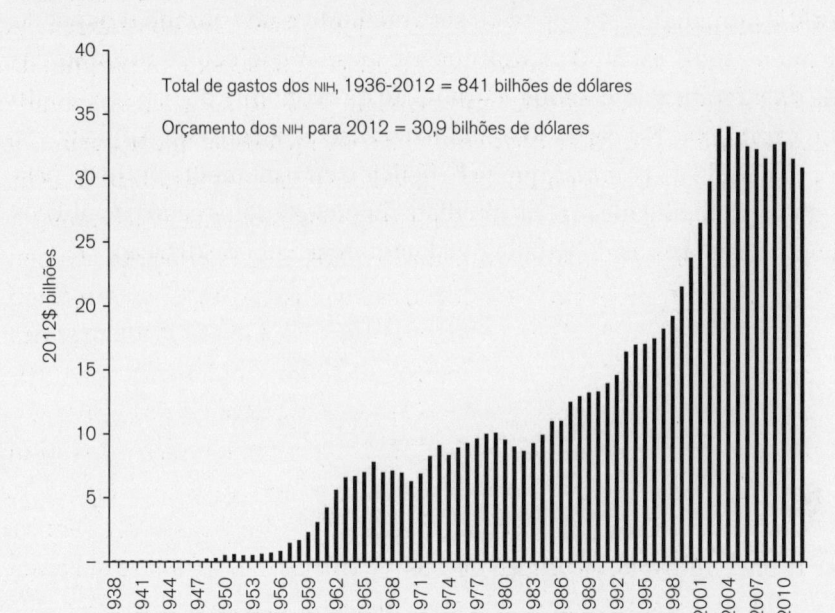

Gráfico 8. Orçamento dos Institutos Nacionais de Saúde (NIH), 1938-2012

Total de gastos dos NIH, 1936-2012 = 841 bilhões de dólares
Orçamento dos NIH para 2012 = 30,9 bilhões de dólares

FONTE: Departamento de Orçamento, Institutos Nacionais de Saúde (2011), p. 1176.

Por que então o capital de risco costuma receber tanto crédito pela criação da revolução biotecnológica? A história dos investimentos públicos e privados em biotecnologia é perfeitamente descrita na frase atribuída a Paul Berg (ganhador do Prêmio Nobel de Química em 1980) e citada no início deste capítulo. Berg tinha consciência de que o Estado abriu o caminho para o futuro desenvolvimento da indústria com a coragem, a visão e os financiamentos que faltavam ao setor privado. Ou talvez, para sermos mais justos, investindo em novas tecnologias até que a incerteza causadora do medo se transformasse em mero risco.

A questão central deste capítulo foi mostrar que o investimento do Estado vai além da pesquisa básica "sem objetivo definido". Na verdade, ele se aplica a todos os tipos de pesquisa "arriscada" e incerta, uma vez que o setor privado é, sob muitos aspectos, menos empreendedor do que o setor público: ele foge de produtos e processos radicalmente novos, deixando os investimentos mais incertos para o Estado. Assim, apesar de necessária para que ocorra a inovação, a pesquisa sem finalidade prática imediata está longe de ser suficiente e na verdade o papel do Estado é mais profundo. Continuo a examinar o fôlego e a profundidade da liderança do Estado na produção da economia do conhecimento no capítulo 4. No capítulo 5 analiso o caso específico da Apple como um exemplo de empresa que se beneficiou enormemente tanto da pesquisa sem finalidade prática imediata financiada com recursos públicos como das políticas do Estado que facilitam a comercialização.

4
O Estado empreendedor dos Estados Unidos

[...] desde sua fundação, os Estados Unidos sempre estiveram divididos entre duas tradições, as políticas ativistas de Alexander Hamilton (1755-1804) e a máxima de Thomas Jefferson (1743-1826), segundo a qual "o governo que governa menos, governa melhor!". Com o tempo e o costumeiro pragmatismo americano, essa rivalidade foi resolvida com os seguidores de Jefferson encarregando-se da retórica e os seguidores de Hamilton cuidando da política.
Erik Reinert (2007, p. 23)

APESAR DA PERCEPÇÃO DOS ESTADOS UNIDOS como o epítome da criação de riqueza liderada pelo setor privado, na verdade foi o Estado que se envolveu em escala maciça com os riscos do empreendedorismo para estimular a inovação. Neste capítulo são dados quatro importantes exemplos de sucesso: DARPA (a Agência de Projetos de Pesquisa Avançada de Defesa do governo americano), SBIR (Programa de Pesquisa para a Inovação em Pequenas Empresas), o Orphan Drug Act (a UE aprovou seu próprio Orphan Drug Act em 2001, imitando o decreto aprovado nos Estados Unidos em 1983) e a National Nanotechnology Initiative [Iniciativa Nacional de Nanotecnologia]. O que elas têm em comum é uma abordagem proativa do Estado para moldar um mercado a fim de impulsionar a inovação. O que se descobre é que, além de ser uma sociedade empreendedora, um lugar onde é culturalmente natural criar e expandir um negócio, os Estados Unidos são também um lugar onde o Estado desempenha um papel empreendedor, fazendo investimentos em áreas radicalmente novas. O Estado forneceu o financiamento em estágios iniciais onde o capital de risco fugiu, ao mesmo tempo em que comissionava no setor privado uma atividade altamente inovadora que não teria acontecido sem políticas públicas com visão e estratégia definidas.

Até aqui argumentei que, embora o nível de inovação tecnológica seja parte integrante do índice de crescimento econômico, não existe uma relação linear entre os gastos com P&D, o tamanho das empresas, o número de patentes e o nível de inovação em uma economia. O que parece estar claro, no entanto, é que a inovação pressupõe a existência de uma economia altamente interconectada, com *feedback loops* contínuos entre diferentes indivíduos e organizações que possibilitem o compartilhamento do conhecimento e a expansão de seus limites.

Este capítulo procura mostrar que, nas fronteiras do conhecimento, a simples existência de um sistema nacional de inovação não é suficiente. Ao longo do tempo, resultados mais expressivos podem ser alcançados quando o Estado atua como player importante desse sistema. Isso não precisa ocorrer necessariamente em nível nacional (embora possa) e não deve apenas envolver subsídios de longo prazo para certas empresas ("escolhendo vencedores"). Em vez disso, o Estado, através de suas inúmeras agências e laboratórios, tem potencial para disseminar novas ideias rapidamente. Também pode ser hábil, usando suas funções reguladoras e sua capacidade de comissionamento e aquisição para formar os mercados e impulsionar o desenvolvimento tecnológico. Dessa forma, ele atua como catalisador da mudança, a fagulha que acende o fogo.

A Agência de Projetos de Pesquisa Avançada de Defesa (DARPA)

O papel do engajamento militar para o desenvolvimento e o crescimento econômico não diferencia a história dos Estados Unidos da de outros países modernos. Mas nos Estados Unidos a experiência do desenvolvimento tecnológico necessário para vencer guerras proporcionou grandes lições para aqueles que estão procurando melhorar as políticas de inovação.

O papel do Estado na Agência de Projetos de Pesquisa Avançada de Defesa (DARPA) vai muito além do mero financiamento da ciência básica. Trata-se de direcionar recursos para áreas e orientações específicas; trata-se de abrir novas janelas de oportunidades; intermediar as interações ente os agentes públicos e privados envolvidos no desenvolvimento tecnológico, incluindo aqueles entre o capital de risco público e privado; e facilitar a comercialização (Block, 2008; Fuchs, 2010).

Ao contrário da ênfase dada pelos fundamentalistas do mercado ao New Deal de Franklin D. Roosevelt como o momento decisivo na história econômica americana, Block (2008) argumenta que a Segunda Guerra Mundial foi um período mais significativo para o desenvolvimento das políticas de inovação nos Estados Unidos. Foi durante o pós-guerra que o Pentágono trabalhou em estreita colaboração com outras agências de segurança nacional, como a Comissão de Energia Atômica e a Agência Espacial Americana (National Aeronautics and Space Agency — NASA). A colaboração entre as agências levou ao desenvolvimento de tecnologias como computadores, jatos, energia nuclear civil, lasers e biotecnologia (Block, 2008). Isso foi feito graças ao pioneirismo da Agência de Projetos de Pesquisa Avançada (ARPA), criada pelo Pentágono em 1958. Essa agência, também conhecida como Agência de Projetos de Pesquisa Avançada de Defesa (DARPA), e por isso o acrônimo usado neste livro, se ligou ao desenvolvimento de iniciativas fundamentais por intermédio de uma ampla gama de tecnologias.[1] Mas foi o apoio do governo para o avanço tecnológico no campo da informática que levou ao estabelecimento de um novo paradigma para as políticas de tecnologia.

A DARPA foi criada para dar aos Estados Unidos superioridade tecnológica em diferentes setores, principalmente (mas não apenas) naqueles relacionados à tecnologia, e sempre teve uma atuação bastante agressiva. Conta com um orçamento de mais de 3 bilhões de dólares anuais, 240 funcionários, opera de forma flexível com poucos custos operacionais e é ligada mas separada do governo. Conseguiu recrutar gestores de programas de alta qualidade que estão dispostos a correr riscos por causa de seus contratos de curto prazo, geralmente entre quatro e seis anos. Sua estrutura visa preencher a lacuna entre o trabalho acadêmico sem finalidade prática, com horizontes de longo prazo,

---

1. A literatura refere-se tanto à ARPA quanto à DARPA.

e o desenvolvimento tecnológico contínuo que ocorre no interior das Forças Armadas.

Depois de uma vitória na Segunda Guerra Mundial bastante dependente dos desenvolvimentos tecnológicos organizados e patrocinados pelo Estado, o governo federal implementou rapidamente as recomendações do relatório de Vannevar Bush, de 1945, que pedia o apoio público para a pesquisa básica e aplicada. A relação entre o governo e a ciência foi reforçada pelo Projeto Manhattan (o esforço científico mais importante conduzido pelos Estados Unidos, com o Reino Unido e o Canadá, que levou à invenção e ao uso da bomba atômica na Segunda Guerra Mundial), com os físicos orientando os formuladores de políticas sobre as implicações militares da nova tecnologia. Desse ponto de vista, tornou-se tarefa do governo entender quais tecnologias oferecem possíveis aplicações para fins militares e também para fins comerciais.

De acordo com Block (2011, p. 7), durante esse período um número cada vez maior de funcionários do governo assumiu um papel mais direto na promoção da inovação, procurando mais pesquisadores, encorajando-os a resolver problemas específicos e cobrando deles objetivos específicos. O que se descobriu foi que isso era algo que o governo poderia fazer para fins econômicos e civis, além da tradicional função militar.

O lançamento do Sputnik, em 1957, provocou pânico entre os formuladores de políticas americanos, receosos de estarem perdendo a batalha tecnológica para os soviéticos. A criação da DARPA, em 1958, foi consequência direta. Antes disso, os militares controlavam sozinhos todos os dólares investidos em P&D para fins militares. Com a criação da DARPA, uma parte desses recursos passou a ser usada para o "pensamento sem finalidade prática imediata" — ideias que iam além do horizonte, que talvez não produzissem resultados em menos de dez ou vinte anos. Com isso, a DARPA ficou livre para se concentrar no desenvolvimento da inovação tecnológica com novas estratégias. Isso abriu inúmeras perspectivas para cientistas e engenheiros, que propuseram ideias inovadoras e receberam financiamento e colaboração (Block, 2008).

Indo muito além do simples financiamento das pesquisas, a DARPA financiou a formação de departamentos de ciência da computação, deu apoio a start-ups com pesquisas iniciais, contribuiu para a pesquisa de semicondutores, apoiou a pesquisa da interface homem-computador e supervisionou os estágios iniciais da internet. Muitas dessas atividades foram executadas por seu Information Processing Techniques Office (IPTO) [Departamento de Técnicas de Processamento de Informação], criado originalmente em 1962. Essas estratégias contribuíram enormemente para o desenvolvimento da indústria da informática nas décadas de 1960 e 1970, e muitas das tecnologias incorporadas posteriormente ao projeto do computador pessoal foram desenvolvidas por pesquisadores financiados pela DARPA (Abbate, 1999).

Outro acontecimento fundamental desse período foi o novo ambiente de inovação que surgiu depois que um grupo de cientistas e engenheiros deixou, em 1957, a empresa criada por William Shockley (Block, 2011). Esse grupo rebelde, conhecido como Traitorous Eight [Oito Traidores], criou a Fairchild Semiconductor, uma nova empresa que desenvolveu a tecnologia dos semicondutores e deu continuidade a "um processo de fissão econômica que gerava constantemente novos concorrentes" (Block e Keller, 2011a, pp. 12-3). Lazonick (2009) acrescenta que a cultura *"spin-off"* [cisão, em oposição a fusão] começou com a Fairchild Semiconductor — e quase todo o crescimento da empresa ocorreu devido às compras do setor militar. O modelo de negócio *spin-off* tornou-se viável e se popularizou no setor de pesquisa tecnológica depois da revolta de 1957, ainda assim não teria sido possível sem o envolvimento do Estado e sua atuação como primeiro e principal cliente. Surgiu um novo paradigma que resultou em ideias inovadoras passando dos laboratórios para o mercado em quantidade muito maior.

Antes disso, as possibilidades de os funcionários do governo gerarem avanço tecnológico rápido eram limitadas, pois as grandes empresas de defesa tinham muito poder e driblavam a pressão e as demandas por inovação. Essas possibilidades também eram limitadas pelo pequeno número de empresas habilitadas. Unidas pelo interesse em evitar certos riscos inerentes a rotas tecnológicas incertas, elas resistiam às pressões governamentais por inovação. Entretanto, em um novo cenário com start-ups ambiciosas, aumentaram as oportunidades para gerar concorrência real entre essas empresas.

Os funcionários encarregados dos programas na DARPA reconheceram o potencial desse novo cenário e conseguiram tirar proveito da situação, focando nas empresas novas, pequenas, para as quais podiam fornecer fundos muito menores do que os oferecidos para as grandes companhias do setor de defesa. Essas empresas reconheceram a necessidade de inovação como parte de sua viabilidade futura. Com empresas novas e menores envolvidas na concorrência real e com a institucionalização do modelo *spin-off*, Block (2008) afirma que as grandes organizações também se engajaram nessa busca por rápidos avanços inovadores. Aproveitando esse novo cenário, o governo conseguiu assumir um papel de liderança na mobilização da inovação entre empresas grandes e pequenas e laboratórios de universidades e do governo. A estrutura dinâmica e flexível da DARPA, ao contrário da mais formal e burocrática de outros programas governamentais, permitiu que ela maximizasse seu poder crescente para gerar competição real por toda a rede. Usando suas redes de financiamento, a DARPA aumentou o fluxo de conhecimento entre os grupos de pesquisa concorrentes. Propiciou a realização de workshops para que os pesquisadores se reunissem e compartilhassem ideias, ao mesmo tempo em que ficavam sabendo de caminhos identificados como "becos sem saída" por outros. Os funcionários da DARPA se envolveram na intermediação comercial e tecnológica, ligando pesquisadores das universidades a empresários interessados em começar uma nova empresa, promovendo o contato de start-ups com investidores, encontrando empresas maiores para comercializar a tecnologia, ou ajudando a conseguir um contrato com o governo para auxiliar no processo de comercialização.

Com essa tarefa de intermediação, os funcionários da DARPA não apenas desenvolveram laços entre aqueles envolvidos no sistema de rede, como contribuíram para expandir o pool de cientistas e engenheiros trabalhando em áreas específicas. Um exemplo disso é o papel desempenhado pela DARPA na década de 1960, financiando a criação de departamentos de ciência da computação em várias universidades americanas. Aumentando o número de pesquisadores com a especialização necessária, a DARPA conseguiu, durante um longo período, acelerar as mudanças tecnológicas nessa área. Na fabricação dos chips de computador na década de 1970, a DARPA assumiu as despesas com o desenvolvimento de um protótipo financiando um laboratório ligado à Universidade do Sul da Califórnia. Qualquer pessoa que tivesse um bom projeto poderia ter os chips fabricados por esse laboratório, ampliando assim o grupo de participantes com projetos de microchips melhores e mais rápidos.

O computador pessoal surgiu nessa época, com a Apple introduzindo o primeiro em 1976. Depois disso, veio o boom da internet no Vale do Silício, e o papel fundamental da DARPA no crescimento maciço dos computadores pessoais recebeu grande atenção, mas depois foi esquecido por aqueles que alegam que o Vale do Silício é um exemplo do capitalismo do "livre mercado". Em um documentário de 2011, *Something Ventured, Something Gained*, por exemplo, o papel do Estado não é mencionado uma única vez nos 85 minutos que descrevem o desenvolvimento do Vale do Silício (Geller e Goldfine, 2012).

Além disso, o desenvolvimento significativo no setor de biotecnologia na década de 1970 mostrou que o papel da DARPA na indústria de computadores não era um caso de sucesso único ou isolado. O tipo de política industrial descentralizada que teve um papel tão crucial no contexto da dramática expansão da internet também foi fundamental para acelerar o crescimento e o desenvolvimento da biotecnologia.

Block (2008, p. 188) identifica as quatro principais características do modelo DARPA:[2]

- Uma série de escritórios relativamente pequenos, em geral formados por cientistas e engenheiros de ponta, com considerável autonomia para usar seu orçamento para apoiar ideias promissoras. Esses escritórios são proativos, em vez de reativos, e trabalham para definir uma agenda para os pesquisadores de campo. O objetivo é criar uma comunidade científica com presença em universidades, setor público e corporações voltadas para desafios tecnológicos específicos que precisam ser superados.

---

2. Block usa isto para caracterizar seu conceito de um "Estado de rede desenvolvimentista", que deriva do "Estado desenvolvimentista" discutido na nota da p. 68.

- O financiamento é dado a um mix de pesquisadores de universidades, start-ups, empresas estabelecidas e consórcios industriais. Não existe uma linha divisora entre "pesquisa básica" e "pesquisa aplicada", uma vez que as duas estão profundamente interligadas. Além disso, os funcionários da DARPA são estimulados a cortar o financiamento de grupos que não estão fazendo progresso e realocar os recursos para outros mais promissores.
- Como o objetivo é produzir avanços tecnológicos utilizáveis, as atribuições da agência se ampliam para ajudar as empresas a levar os produtos até o estágio da viabilidade comercial. A agência pode dar às empresas uma ajuda que vai muito além do financiamento da pesquisa.
- Parte da tarefa da agência é usar seu papel de supervisão para fazer a ligação de ideias, recursos e pessoas dos diferentes centros de P&D, sempre de forma construtiva.

O foco principal é ajudar as empresas a desenvolver inovações de produtos e processos. O fundamental é que o governo atua como líder a ser imitado pelas empresas, em uma abordagem que é muito mais "mão na massa", no sentido de que os funcionários do setor público trabalham diretamente com as empresas para identificar e seguir os caminhos inovadores mais promissores. Fazendo isso, o governo consegue atrair mentes brilhantes — exatamente o tipo de expertise que gera o dinamismo que o governo muitas vezes é acusado de não ter. Como mencionado mais à frente, essa é uma profecia autorrealizável, porque um governo sob ataque constante não ousará ser confiante e dinâmico.

No capítulo 6 veremos como a ARPA-E, a mais nova agência do Departamento de Energia dos Estados Unidos, está tentando fazer pelo "verde" o que a ARPA fez pela TI.

O Programa de Pesquisa para a Inovação em Pequenas Empresas (SBIR)

Ao contrário do senso comum sobre a dominação da ideologia do livre mercado durante a administração Reagan, na década de 1980 o governo americano tirou partido dos sucessos da política industrial descentralizada da DARPA. Um dos acontecimentos mais significativos desse período foi o Small Business Innovation Development Act, assinado por Reagan em 1982, que criou um consórcio entre a Small Business Association e diferentes agências governamentais, como o Departamento de Defesa, o Departamento de Energia e a Agência de Proteção Ambiental. O decreto se baseou em um programa-piloto da National Science Foundation (NSF) iniciado durante a administração Carter. De acordo com o programa SBIR, as agências governamentais com grandes orçamentos para pesquisa deveriam designar uma fração (originalmente 1,25%) dos recursos para apoiar empresas pequenas, independentes, com fins lucrativos. Por causa disso, o programa assegurou apoio para um número significativo de start-ups altamente inovadoras (Lerner, 1999; Audretsch, 2003).

Além disso, a rede de instituições estaduais e locais que trabalhavam em parceria com programas federais foi ampliada. Um exemplo disso é o desenvolvimento de organizações financiadas por governos estaduais e locais para ajudar empreendedores a apresentar petições ao programa SBIR a fim de garantir financiamento para seus projetos. O programa ocupa uma posição ímpar nesse novo sistema de inovação porque serve como o primeiro lugar onde muitos empreendedores envolvidos com inovação tecnológica buscam financiamento. Oferece mais de 2 bilhões de dólares por ano em apoio direto a empresas de alta tecnologia, promoveu o desenvolvimento de novas empresas e orientou a comercialização de centenas de novas tecnologias desde o laboratório até o mercado. Considerando o papel essencial do programa SBIR e seu sucesso, causa surpresa o fato de receber tão pouca atenção. Apesar de tentar copiá-lo desde 2001, o Reino Unido ainda não conseguiu ser bem-sucedido nessa empreitada, como veremos no próximo capítulo.

Block (2011, p. 14) destaca a falta de visibilidade do programa SBIR em um esforço para ilustrar o que ele descreve como "uma discrepância entre a crescente importância dessas iniciativas federais e a ausência de debate público a respeito delas". Como mostramos no início deste livro e também deste capítulo, essa discrepância representa um desafio excepcional para os formuladores de políticas e para o público, que estão envolvidos em debates econômicos e fazendo esforços para lidar

Gráfico 9. Número de concessões de financiamento no estágio embrionário e inicial, pelo SBIR e pelo capital de risco

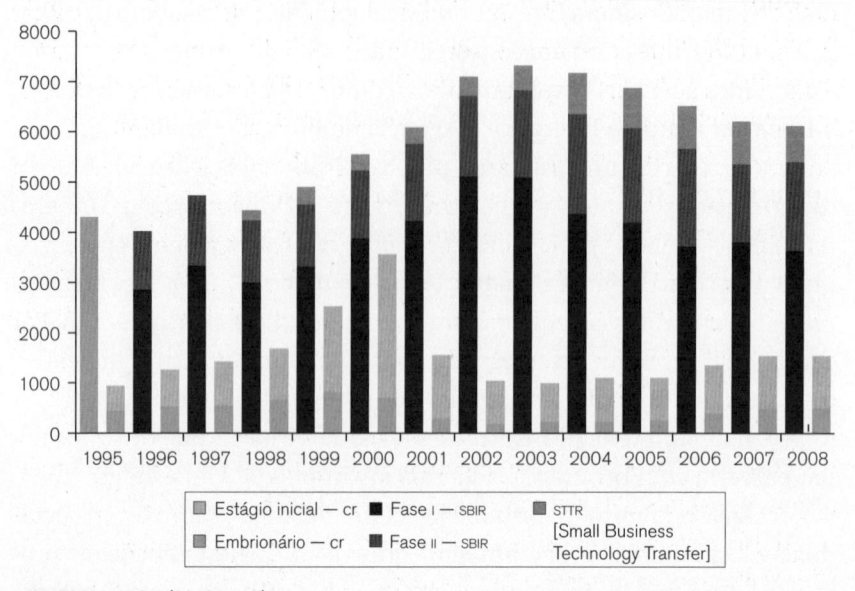

- Estágio inicial — cr
- Embrionário — cr
- Fase I — SBIR
- Fase II — SBIR
- STTR [Small Business Technology Transfer]

FONTE: Block e Keller (2012, p. 15).

com a atual crise econômica, e ao mesmo tempo abrindo caminho para o futuro da inovação e o desenvolvimento no mudo globalizado.

Como se pode ver no gráfico 9, o papel do programa SBIR não está diminuindo, mas crescendo. De fato, à medida que o capital de risco se torna cada vez mais imediatista, focado na busca por ganhos de capital, e procurando saídas rápidas através da abertura de capital, o programa SBIR teve de intensificar o financiamento de risco (Block e Keller, 2012).

Medicamentos órfãos

Um ano depois da criação do programa SBIR, surgiu outro incentivo do Poder Legislativo para a inovação no setor privado, dessa vez dirigido especificamente à indústria bioquímica. Em 1983, o Orphan Drug Act (ODA), decreto dos medicamentos órfãos, permitiu que empresas de biotecnologia pequenas, comprometidas, tirassem uma lasca do mercado de medicamentos. O decreto inclui incentivos fiscais, subsídios clínicos e também em P&D e direitos de comercialização para produtos desenvolvidos para o tratamento de doenças raras. Doença rara é definida como qualquer uma que afete menos de 200 mil pessoas e, considerando o tamanho potencialmente pequeno desse mercado, argumenta-se que sem incentivos financeiros esses medicamentos continuariam "órfãos". O que estimulou essa lei foi a promoção do investimento em empresas farmacêuticas para que desenvolvessem esses remédios.

Com a proteção da lei, essas empresas pequenas conseguem melhorar suas plataformas tecnológicas e ampliar suas operações, podendo avançar e ocupar posições importantes na indústria biofarmacêutica. Na verdade, os medicamentos órfãos tiveram um papel significativo para que a Genzyme, Biogen, Amgen e Genentech se transformassem no que são hoje (Lazonick e Tulum, 2011). Desde a introdução do ODA, um total de 2364 produtos recebeu a designação de medicamentos órfãos, dos quais 370 tiveram sua comercialização aprovada (FDA, n.d.).

Além de todas as condições delineadas pelo ODA, Lazonick e Tulum (2011) chamam a atenção para o fato de que inúmeras versões do mesmo medicamento podem ser designadas como "órfãs". O exemplo da Novartis ilustra esse ponto. Em maio de 2011, a empresa obteve da FDA aprovação para comercializar com exclusividade o Gleevec, medicamento para "leucemia mieloide crônica", nos termos do ODA. Em 2005, em um período de cinco meses, a Novartis solicitou e obteve a designação de medicamento órfão para cinco indicações diferentes desse mesmo medicamento. Segundo o relatório anual da empresa, em 2010 o Gleevec registrou vendas globais no valor de 4,3 bilhões de dólares, confirmando assim a questão levantada por Lazonick e Tulum (2011), segundo a qual até mesmo quando o mercado para um medicamento é pequeno, a receita pode ser considerável.

Quando se trata das receitas substanciais geradas pelos medicamentos chamados de "órfãos", não são apenas as pequenas empresas que parecem se beneficiar. Algumas das maiores companhias farmacêuticas do mundo, como Roche, Johnson & Johnson, GlaxoSmithKline e Pfizer, entre outras, entraram com pedido de designação de medicamento órfão para seus produtos. A National Organization for Rare Disorders [Organização Nacional para Doenças Raras], entidade sem fins lucrativos financiada pelo governo federal, tem estimulado grandes empresas farmacêuticas a compartilhar o conhecimento do qual são proprietárias com empresas de biotecnologia menores através de acordos de licenciamento, em um esforço para desenvolver medicamentos que possam ser indicados à designação de medicamentos órfãos. Lazonick e Tulum (2011) explicam a importância do Orphan Drug Act calculando a parcela de medicamentos órfãos como porcentagem do total da receita das principais empresas biofarmacêuticas. A história financeira das seis principais empresas biofarmacêuticas revela uma dependência dos medicamentos órfãos, que representam uma parcela significativa da receita global das empresas. Na verdade, 59% da receita total e 61% da receita dos produtos das seis principais empresas biofarmacêuticas provêm das vendas de medicamentos órfãos. Quando esse cálculo inclui também os derivados de última geração dos medicamentos com status de órfãos, esse percentual (calculado pelos valores de 2008) sobe para 74% da receita total e 74% da receita dos produtos das seis principais empresas biofarmacêuticas. Comparando a cronologia e o crescimento da receita dos "blockbusters" órfãos e não órfãos, Lazonick e Tulum (2011) mostram que os medicamentos órfãos são mais numerosos, o crescimento de sua receita começou antes, e muitos deles têm vendas maiores (em dólares) em 2007 do que os principais medicamentos não órfãos.

O papel fundamental dos medicamentos órfãos na liderança do desenvolvimento da indústria de biotecnologia é inegável, no entanto é apenas uma das muitas medidas fundamentais tomadas pelo governo dos Estados Unidos para apoiar a indústria biotecnológica. Também é evidente que as multinacionais farmacêuticas têm um papel significativo na indústria biofarmacêutica, como demonstrado em análises dos medicamentos órfãos. As multinacionais farmacêuticas e a indústria biotecnológica são altamente dependentes uma da outra nessa área, e a distinção entre as multinacionais desses dois setores tornou-se "turva". Mas o papel do governo nessas áreas foi fundamental para seu desenvolvimento e seu sucesso. Lazonick e Tulum resumiram o papel do governo em ambas nos anos 2000:

> O governo dos Estados Unidos ainda atua como investidor na criação de

conhecimento, subvencionador do desenvolvimento de medicamentos, protetor desses mercador e por último, mas não menos importante [...] como comprador dos medicamentos que as empresas biofarmacêuticas [BP] têm para vender. A indústria BP tornou-se um grande negócio por causa de um grande governo e [...] continua altamente dependente do grande governo para sustentar seu sucesso comercial. (2011, p. 18)

Podemos tirar uma conclusão geral a partir da análise breve desses três exemplos de apoio estatal para a inovação — DARPA, programa SBIR e criação de um mercado para medicamentos órfãos com o ODA —: os Estados Unidos passaram as últimas décadas usando políticas intervencionistas bastante ativas para estimular a inovação no setor privado visando objetivos mais amplos para as políticas públicas. O que essas três intervenções têm em comum é o fato de não comprometerem o governo com nenhuma empresa específica, embora ele continue a "escolher vencedores"; não existem acusações de políticas industriais ineficientes. Pelo contrário, trata-se de um governo hábil que recompensa a inovação e direciona os recursos em um horizonte relativamente breve para as empresas que prometem, seja por meio de políticas pelo lado da oferta (isto é, o apoio da DARPA com informação e intermediação, programas estratégicos e planejamento) ou por meio de políticas pelo lado da demanda e financiamento para intervenções de start-ups (programa SBIR e medicamentos órfãos). O governo não se limitou a criar as "condições para a inovação", mas financiou ativamente as pesquisas iniciais radicais e criou as redes necessárias entre as agências estatais e o setor privado para facilitar o desenvolvimento comercial. Isso está muito longe da abordagem das atuais políticas governamentais do Reino Unido, que imaginam que o Estado pode simplesmente dar um empurrãozinho no setor privado para que ele aja.

A National Nanotechnology Initiative

O papel empreendedor que o Estado pode desempenhar para estimular o desenvolvimento de novas tecnologias, que proporcionam a base para décadas de crescimento econômico, tem sido visto no desenvolvimento da nanotecnologia nos Estados Unidos. Os investimentos e decisões estratégicas feitas pelo Estado foram muito além da simples criação da infraestrutura correta, do financiamento da pesquisa básica e do estabelecimento de regras e normas (como em uma simples abordagem "falha do sistema").

É muito provável que a nanotecnologia seja a próxima tecnologia de uso geral, penetrando em diversos setores e se tornando a base de um novo crescimento econômico. Entretanto, apesar de isso ser amplamente aceito hoje, não era assim na década de 1990. Motoyama, Appelbaum e Parker (2011, pp. 109-19) descrevem em detalhes como o governo americano mostrou-se visionário ao engendrar a possibilidade de uma revolução nanotecnológica — ao fazer os investimentos iniciais, agindo "contra todas as probabilidades", e criando redes dinâmicas para reunir diferentes atores públicos (universidades, laboratórios nacionais, agências governamentais) e, quando disponível, o setor privado, para dar o pontapé inicial de uma grande revolução que muitos acreditam que será ainda mais importante do que a da informática. Ele foi inclusive o primeiro a "definir" o que é nanotecnologia. Fez isso por intermédio do desenvolvimento ativo da National Nanotechnology Initiative (NNI). Motoyama, Appelbaum e Parker (2011, p. 111) descrevem como ela foi formada:

> A criação e o posterior desenvolvimento da NNI não envolveram uma abordagem puramente de baixo para cima nem de cima para baixo: não surgiu de um movimento espontâneo do setor privado nem foi resultado de decisões estratégicas de funcionários do governo. Na verdade, foi o resultado da visão e dos esforços de um pequeno grupo de cientistas e engenheiros da National Science Foundation e da Casa Branca de Clinton no final da década de 1990 [...]. Parece claro que Washington pôs a nanotecnologia na linha de frente, iniciou a política e investiu em seu desenvolvimento em uma escala multibilionária.

O objetivo do governo era encontrar a "próxima grande coisa" após a internet. Depois de se deparar com "olhares inexpressivos" do setor privado, os principais atores (servidores civis) de Washington convenceram o governo americano a investir na criação de uma nova agenda de pesquisa, a preparar um conjunto de opções de orçamento e fazer uma clara divisão de trabalho entre as diferentes agências governamentais. Mas precisou primeiro definir a nanotecnologia. O President's Committee of Advisors on Science and Technology (PCAST) [Comitê de Consultores em Ciência e Tecnologia da Presidência] fez isso argumentando que o setor privado não poderia liderar o desenvolvimento das aplicações de nanotecnologia que ainda demorariam entre dez e vinte anos para ter alguma viabilidade comercial no mercado (Motoyama, Appelbaum e Parker, 2011, p. 113):

> Em geral, a indústria investe apenas no desenvolvimento de produtos competitivos no prazo de três a cinco anos. É difícil para os gestores industriais justificar para seus acionistas os grandes investimentos em pesquisa fundamental de longo prazo, necessária para viabilizar os produtos baseados em nanotecnologia. Além disso, a natureza altamente interdisciplinar dessa pesquisa é incompatível com muitas das estruturas corporativas atuais.

Esse trecho é fascinante porque destaca como o setor privado está focado demais no curto prazo (principalmente, mas não apenas, como resultado do efeito da revolução dos acionistas na década de 1980 sobre as estratégias dos negócios de longo prazo) e como suas estruturas rígidas não favorecem a realização de P&D. Longe de ser menos inovador do que o setor privado, o governo tem se mostrado mais flexível e dinâmico na compreensão das conexões existentes entre as diferentes disciplinas importantes para a revolução da nanotecnologia (que se baseia na física, química, ciência dos materiais, biologia, medicina, engenharia e simulação em computador). Como argumentam Block e Keller (2011a), as ações do governo em relação a novas tecnologias de ponta muitas vezes tiveram de permanecer encobertas por uma política industrial "oculta". Os ativistas do setor público ligados à nanotecnologia foram obrigados a falar de uma abordagem de "baixo para cima" para que não parecesse um caso de "escolha de vencedores" ou de campeões nacionais. Mesmo que no final, "embora a maior parte do processo de elaboração de políticas tenha envolvido a consulta a acadêmicos e especialistas de corporações, é evidente que o impulso e a direção — de relatórios circunstanciados a esquemas de orçamento — vieram de cima" (Motoyama, Appelbaum e Parker, 2011, p. 112). Essa abordagem conseguiu convencer Clinton, e depois Bush, de que os investimentos em nanotecnologia teriam potencial para "gerar o crescimento da futura produtividade industrial" e de que "o país que detiver a liderança na descoberta e implementação da nanotecnologia terá grande vantagem no cenário econômico e militar nas próximas décadas" (Motoyama, Appelbaum e Parker, 2011, p. 113).

No final, o governo americano agiu. Não apenas escolheu a nanotecnologia como o setor a ser apoiado com mais força ("escolhendo-o" como um setor vencedor), mas também lançou a NNI, revisou leis e normas relativas à nanotecnologia estudando os vários riscos envolvidos, e tornou-se o maior investidor, indo além do que já fizera pela biotecnologia e pelas ciências naturais. Embora a ação mais forte tenha sido executada de cima para baixo por funcionários graduados da NSF e da Casa Branca, a verdadeira atividade por trás da nanotecnologia foi, como no caso da internet e dos computadores, altamente descentralizada através de várias agências do Estado (um total de treze, lideradas pela NSF, mas envolvendo também a NIH, o Departamento de Defesa e o programa SBIR). Por meio dessas agências, o governo americano gasta atualmente cerca de 1,8 bilhão de dólares por ano na NNI.

A nanotecnologia ainda não causou um grande impacto econômico devido à falta de comercialização de novas tecnologias. Motoyama, Appelbaum e Parker (2011) alegam que isso se deve ao excesso de investimentos em pesquisa comparados aos investimentos em comercialização. Eles pedem mais investimentos governamentais na comercialização. Entretanto, isso levanta a questão: se o governo tem de fazer a pesquisa, custear os principais investimentos em infraestrutura e assumir também o esforço de comercialização, qual é exatamente o papel do setor privado?

Este capítulo destacou o importante papel exercido pelo governo na liderança da inovação e do crescimento econômico. Longe de sufocar a inovação e ser um obstáculo ao sistema econômico, fomentou a inovação e o dinamismo em diversas indústrias importantes, com o setor privado muitas vezes desempenhando um papel secundário. Ironicamente, o Estado tem feito isso nos Estados Unidos, que nos círculos políticos costuma ser apontado como seguidor de um modelo mais voltado para o mercado (liberal) do que a Europa. Isso não tem acontecido no que diz respeito à inovação.

5
O Estado por trás do iPhone

Continue faminto, continue louco.
Steve Jobs (2005)

EM SEU CONHECIDO DISCURSO NA UNIVERSIDADE DE STANFORD, proferido em 12 de junho de 2005, Steve Jobs, então CEO da Apple Computer e da Pixar Animation Studios, incentivou os formandos a serem inovadores, "indo atrás do que vocês amam" e "continuando loucos". O discurso foi citado em todo o mundo como epítome da cultura da economia do "conhecimento", na qual o que se considera importante para a inovação não são apenas grandes laboratórios de P&D, mas também uma "cultura" de inovação e a capacidade dos principais players de mudarem "as regras do jogo". Enfatizando a parte "tola" da inovação, Jobs destaca o fato de que na base do sucesso de uma empresa como a Apple — no centro da revolução do Vale do Silício — não está (apenas) a experiência e expertise técnica de sua equipe, mas (também) sua capacidade de ser um pouco "maluca", arriscar e dar ao "design" tanta importância quanto à tecnologia hard-core. O fato de Jobs ter abandonado a escola, estudado caligrafia e de estar sempre vestido como se fosse um universitário simboliza um estilo pessoal para permanecer jovem e "louco".

Embora o discurso seja inspirador e apesar de Jobs ter sido corretamente chamado de "gênio" pelos produtos visionários que concebeu e comercializou, essa história cria um mito em relação à origem do sucesso da Apple. A genialidade individual, a atenção ao design, o gosto pelo jogo e a loucura foram sem dúvida características importantes. Mas sem o maciço investimento público por trás das revoluções da informática e da internet, esses atributos poderiam ter levado apenas à invenção de um novo brinquedo — e não a produtos revolucionários como o iPad e o iPhone, que mudaram a maneira como as pessoas trabalham e se comunicam. Como discutimos no capítulo 2, em que o capital de risco entrou nas indústrias como a biotecnológica só depois de o Estado ter realizado o atribulado trabalho de base, a genialidade e o "espírito louco" de Steve Jobs só produziram sucesso e lucros maciços porque a Apple conseguiu surfar na onda de investimentos enormes feitos pelo Estado em tecnologias "revolucionárias" que deram sustentação ao iPhone e ao iPad: a internet, o GPS, telas sensíveis ao toque [*touch-screen*] e tecnologias de comunicação. Sem essas tecnologias financiadas com recursos públicos, não teria havido nenhuma onda para surfar tolamente.

Este capítulo é dedicado à Apple e, enquanto conta essa história, faz perguntas que desafiam provocativamente a maneira como são vistos o papel do Estado e o sucesso da Apple. No capítulo 8, perguntamos se o público dos Estados Unidos se beneficiou, em termos de emprego e receitas fiscais, com esses grandes riscos assumidos em investimentos feitos com dólares dos impostos americanos. Ou os lucros foram desviados e os impostos evitados? Por que o Estado é tão avidamente responsabilizado por investimentos fracassados, em empreendimentos como o projeto Supersonic Transport (SST) americano, o Concorde (quando "escolhe perdedores"), e não é elogiado pelos investimentos nos estágios iniciais em empresas bem-sucedidas como a Apple (quando "escolhe vencedores")? E por que o Estado não é recompensado pelos investimentos diretos em pesquisa básica e aplicada que levam a tecnologias bem-sucedidas e servem de base para produtos comerciais revolucionários como o iPod, o iPhone e o iPad?

O "Estado" da inovação da Apple

A Apple tem estado na vanguarda do lançamento dos produtos eletrônicos mais populares do mundo, uma vez que continua a navegar nas fronteiras aparentemente infinitas da revolução digital e da indústria eletrônica de consumo. A popularidade e o sucesso de produtos como o iPod, o iPhone e o iPad alteraram o cenário das tecnologias de comunicação e da computação móvel. Em menos de uma década, os produtos eletrônicos da Apple ajudaram a garantir seu lugar entre as empresas mais valiosas do mundo, alcançando lucros recordes de 26 bilhões de dólares em 2011 para seus proprietários. A família de produtos ios da Apple trouxe grande sucesso para a empresa, mas o que permanece relativamente desconhecido do consumidor médio é que as tecnologias básicas incorporadas aos produtos inovadores da Apple são na verdade resultado de décadas de apoio federal em inovação. Embora os produtos devam seu belo design e integração ágil ao gênio de Jobs e sua grande equipe, praticamente toda a tecnologia de ponta encontrada no iPod, iPhone e iPad é uma conquista muitas vezes esquecida e ignorada dos esforços de pesquisa e apoio financeiro do governo e das Forças Armadas.

Tabela 3. Vendas líquidas, receita e valores de P&D da Apple entre 1999 e 2011 (em milhões de dólares)

	Vendas líquidas					Receita líquida	P&D	Vendas/ P&D (%)
Ano	Mundial	Américas	iPod	iPhone	iPad			
2011	108.249	8.315	7.453	47.057	20.358	25.922	2.429	2,24
2010	65.225	24.498	8.274	25.179	4.958	14.013	1.782	2,73
2009	36.537	16.142	8.091	6.754	n/a	5.704	1.333	3,65
2008	32.479	14.573	9.153	1.844	n/a	4.834	1.109	3,41
2007	24.006	11.596	8.305	123	n/a	3.495	782	3,26
2006	19.315	9.307	7.676	n/a	n/a	1.989	712	3,69
2005	13.931	6.590	4.540	n/a	n/a	1.335	534	3,83
2004	8.279	4.019	1.306	n/a	n/a	276	489	5,91

	Vendas líquidas							
Ano	Mundial	Américas	iPod	iPhone	iPad	Receita líquida	P&D	Vendas/ P&D (%)
2003	6.207	3.181	345	n/a	n/a	69	471	7,59
2002	5.742	3.088	143	n/a	n/a	65	430	7,49
2001	5.363	2.996	n/a	n/a	n/a	(25)	430	8,02
2000	7.983	4.298	n/a	n/a	n/a	786	380	4,76
1999	6.134	3.527	n/a	n/a	n/a	601	314	5,12

NOTA: As vendas líquidas anuais, receita e valores de P&D da Apple foram obtidos por meio do relatório anual da empresa (10-K) para a SEC [Securities and Exchange Commission].

Há cerca de uma década apenas, a Apple era mais conhecida pela produção e design inovador de seu computador pessoal. Fundada em 1º de abril de 1976 em Cupertino, Califórnia, por Steve Jobs, Steve Wozniak e Ronald Wayne, a Apple foi legalmente constituída em 1977 por Jobs e Wozniak para vender o computador pessoal Apple I.[1] O nome original da empresa era Apple Computer, Inc. e durante trinta anos esteve focada na produção de computadores pessoais. No dia 9 de janeiro de 2007, a empresa anunciou que estava retirando o "Computer" de seu nome, refletindo uma mudança no foco, dos computadores pessoais para os produtos eletrônicos. Nesse mesmo ano, a Apple lançou o iPhone e o iPod Touch, com seu novo sistema operacional móvel, o ios, que agora é usado em outros produtos da Apple, como o iPad e a Apple TV. Baseando-se em muitas das capacidades tecnológicas das gerações anteriores do iPod, o iPhone e o iPod Touch apresentavam uma revolucionária tela multitoque com um teclado virtual como parte de seu novo sistema operacional.

Embora a Apple tenha conquistado um sucesso notável ao longo de sua história de trinta anos focada nos computadores pessoais, o sucesso e a popularidade de seus produtos ios excederam em muito todas as suas conquistas anteriores com computadores pessoais.[2] No período

---

1. Em 1977, na época da incorporação, Ronald Wayne vendeu sua parte na empresa para Jobs e Wozniak por oitocentos dólares.
2. Quando a Apple abriu seu capital em 1980, sua oferta pública de ações gerou mais capital do que qualquer outra desde o IPO da Ford Motor Company em 1956. Isso

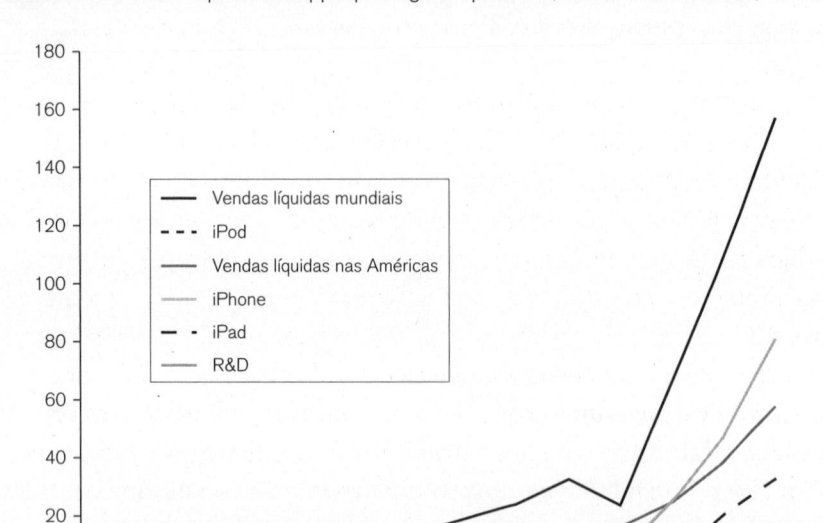

Gráfico 10. Vendas líquidas da Apple por região e produto (em bilhões de dólares)

de cinco anos posterior ao lançamento do iPhone e do iPod Touch, em 2007, as vendas líquidas mundiais da Apple aumentaram em quase 460%. Como mostra a tabela 3, a nova linha de produtos ios representou praticamente 70% do total de vendas líquidas da Apple em 2011.

O sucesso e a popularidade dos novos produtos da Apple se refletiram rapidamente na receita da empresa. Em 2011, a receita da Apple (76,4 bilhões) foi tão alta que superou o saldo de caixa operacional do governo americano (73,7 bilhões de dólares), segundo os dados do Departamento do Tesouro americano disponíveis na época (BBC NEWS, 2011). Esse crescimento da receita da Apple se traduziu rapidamente em melhores avaliações do mercado e aumento da popularidade das ações da Apple listadas no NASDAQ. Como mostra o gráfico 11, o preço de cada ação da Apple passou de oito dólares para setecentos dólares desde que o iPod foi lançado por Steve Jobs em 23 de outubro

criou mais milionários instantâneos (cerca de trezentos) do que qualquer outra empresa na história (Malone, 1999).

de 2001. O lançamento dos produtos ios em 2007 permitiu que a Apple garantisse um lugar entre as empresas mais valiosas dos Estados Unidos.[3]

Como indicado pelo gráfico 10 e documentado em relatórios financeiros da empresa, o crescimento excessivo nas vendas depois do lançamento dos produtos da família ios abriu o caminho para o retorno bem-sucedido da Apple após enfrentar uma situação instável no final da década de 1980. O fato interessante é que, enquanto a empresa lançava um novo produto atrás do outro com sucesso cada vez maior, os relatórios financeiros revelam uma queda constante na relação P&D/vendas globais, o que indica que a parcela de fundos alocados para atividades de P&D em comparação com as vendas globais de seus produtos foi diminuindo com o tempo (ver tabela 3). Pode-se argumentar que isso apenas comprova que o crescimento exponencial e sem precedentes na venda de produtos era relativo para o crescimento anual dos gastos com P&D. Também pode ser interpretado como resultado esperado do investimento constante em esforços de P&D. Entretanto, no contexto da acirrada competitividade do mercado de produtos eletrônicos, esses números pouco expressivos de P&D chamam a atenção. Um antigo analista da Apple, Horace Schmidt, aborda a questão de um ângulo diferente, comparando os dados da Apple em P&D com o de suas concorrentes. Segundo os dados reunidos por Schmidt (2012) e apresentados no gráfico 12, a Apple está entre as três últimas em termos de parcela das vendas alocada para apoiar as atividades de P&D entre treze de suas principais concorrentes.

---

3. Quando as ações da Apple foram negociadas no pico, em 10 de abril de 2012, o aumento do preço das ações empurrou o valor de mercado global da empresa para 600 bilhões de dólares. Somente algumas empresas dos Estados Unidos, como a GE (600 bilhões de dólares em agosto de 2000) e a Microsoft (619 bilhões de dólares, em 30 de dezembro de 1999), conseguiram atingir esse incrível nível de valorização (Svensson, 2012). Na época da elaboração deste livro, o valor de mercado da Apple ultrapassou o recorde (nominal) de sua antiga concorrente, a Microsoft, de 619 bilhões de dólares, com as ações da Apple atingindo um novo pico, cada uma sendo comercializada por aproximadamente setecentos dólares entre 18 e 19 de setembro de 2012.

Gráfico 11. Preço das ações da Apple entre 1990 e 2012

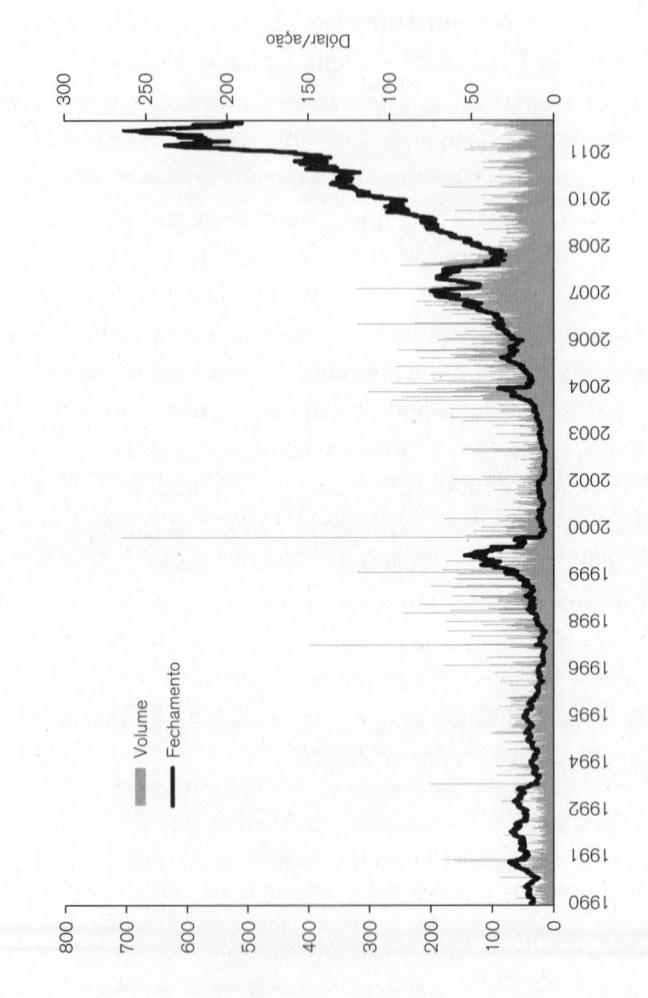

FONTE: Yahoo! Finance, disponível na internet em: <http://finance.yahoo.com/charts?s=AAPL#symbol=aapl;range=19900102,20121231;compare=;indicator=split+volume;charttype=area;crosshair=on;ohlcvalues=0;logscale=off;source=undefined;Charts/Interactive> (de 1º de janeiro de 1990 a 31 de dezembro de 2012).

Gráfico 12. P&D produtivos ou boca-livre?

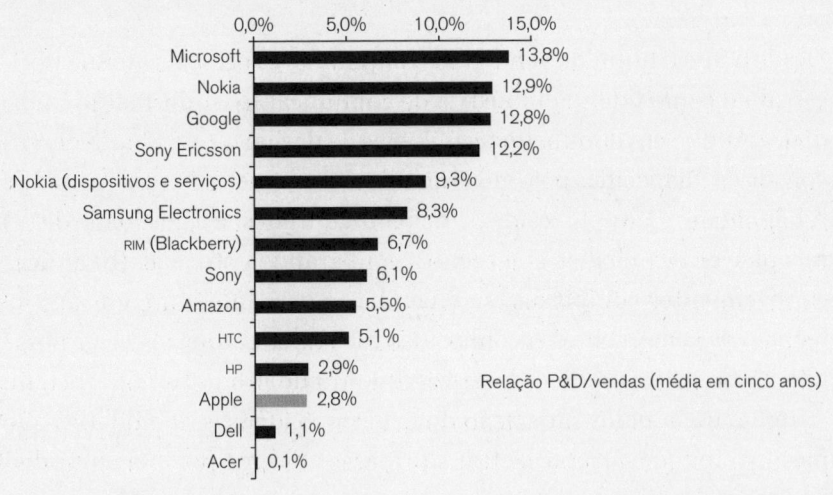

Empresa	Relação P&D/vendas (média em cinco anos)
Microsoft	13,8%
Nokia	12,9%
Google	12,8%
Sony Ericsson	12,2%
Nokia (dispositivos e serviços)	9,3%
Samsung Electronics	8,3%
RIM (Blackberry)	6,7%
Sony	6,1%
Amazon	5,5%
HTC	5,1%
HP	2,9%
Apple	2,8%
Dell	1,1%
Acer	0,1%

FONTE: Retirado do artigo de Dediu e Schmidt (2012) "You Cannot Buy Innovation", Asymco, 30 de janeiro. Nota: os cálculos do autor são baseados nos dados médios de P&D em um período de cinco anos, entre 2006 e 2011, dos principais desenvolvedores de smartphones.

Por isso, Schmidt pergunta como a Apple consegue se manter com uma taxa relativamente baixa de P&D (como uma porcentagem da proporção de vendas) em comparação com suas concorrentes e ainda continuar superando-as em vendas de produtos. Muitos especialistas explicam essa produtividade marginal de P&D como o sucesso da empresa na implementação de programas de P&D eficazes de uma forma que só pode ser vista em pequenas start-ups de tecnologia. Não há dúvida de que o talento da Apple em projeto de engenharia aliado ao compromisso com a simplicidade de Steve Jobs com certeza contribuiu para sua eficiência. No entanto, uma questão absolutamente crucial foi omitida na explicação desse dado, e é o fato de que a Apple concentra seu talento não no *desenvolvimento* de novas tecnologias e componentes, mas em sua *integração* em uma arquitetura inovadora: seus grandes projetos de produtos inovadores, desenvolvidos internamente, são, como os de muitos fabricantes de "smartphones", baseados em tecnologias na maior parte inventadas em outro lugar, muitas vezes com o apoio do dinheiro dos impostos. Na seção seguinte mostraremos o contexto histórico de tecnologias que possibilitaram a glória futura da empresa.

Surfando nas ondas dos avanços tecnológicos

Desde o início humilde vendendo computadores pessoais até sua posição atual como líder da indústria de comunicação e informação mundial, a Apple tem dominado tecnologias de design e engenharia desenvolvidas e financiadas pelo governo americano e pelas Forças Armadas. A habilidade da Apple reside principalmente em sua capacidade de (a) reconhecer tecnologias emergentes com grande potencial, (b) aplicar conhecimentos complexos em engenharia para integrar com sucesso tecnologias emergentes reconhecidas e (c) manter uma visão corporativa clara, priorizando o desenvolvimento de produtos com foco no design para a maior satisfação do usuário. São essas habilidades que permitiram que a Apple se transformasse em uma potência mundial da indústria de eletrônicos e computadores. Durante o período que antecedeu o lançamento de seus produtos mais populares da plataforma ios, a Apple recebeu enorme apoio direto e/ou indireto do governo proveniente de três áreas principais:

1. Investimento direto de capital nos estágios iniciais de criação e crescimento.
2. Acesso a tecnologias resultantes de programas de pesquisa governamentais, iniciativas militares e contratos públicos, ou desenvolvidas por instituições de pesquisa públicas, todas financiadas com recursos federais ou estaduais.
3. Criação de políticas fiscais, comerciais ou de tecnologia que apoiavam empresas americanas como a Apple, permitindo que elas mantivessem seus esforços voltados para a inovação em períodos nos quais os desafios nacionais e/ou mundiais impediam que as empresas norte-americanas continuassem à frente, ou faziam com que ficassem atrás na corrida pelos mercados mundiais.

Cada um desses pontos é elaborado a seguir, ao mesmo tempo em que são rastreadas as histórias e os recursos tecnológicos fundamentais subjacentes ao sucesso da Apple.

DO APPLE I AO IPAD: A MÃO BASTANTE INVISÍVEL DO ESTADO

Desde o início, Jobs e Wozniak procuraram o apoio de inúmeras fontes de financiamento públicas e privadas em seu esforço para formar e desenvolver a Apple. Ambos acreditavam na ideia que tinham em mente: que havia um enorme valor a ser aproveitado nas tecnologias disponíveis devido principalmente a esforços anteriores do governo. Pioneiros do capital de risco e lendas do Vale do Silício como Don Valentine, fundador da Sequoia; Arthur Rock, fundador da Arthur Rock & Company; Venrock, empresa de capital de risco da família Rockefeller; e Mike Markkula, veterano da Fairchild e da Intel, estiveram entre os primeiros investidores que acreditaram nessa ideia (Rao e Scaruffi, 2011). Além das tecnologias que ajudariam a Apple a revolucionar a indústria da informática, a empresa também recebeu apoio financeiro do governo para implementar suas ideias visionárias. Antes de sua primeira oferta pública em 1980, a Apple havia garantido um investimento acionário de 500 mil dólares da Continental Illinois Venture Corp. (CIVC), uma pequena companhia de investimentos (SBIC) licenciada pela Small Business Administration (agência federal criada em 1953) para investir em empresas pequenas (Slater, 1983; Audretsch, 1995).

Como vimos no capítulo 4, o surgimento dos computadores pessoais foi possível graças aos avanços tecnológicos alcançados por meio de várias parcerias público-privadas implantadas em grande parte por agências militares e governamentais (Markusen et al., 1991; Lazonick, 2008; Block, 2008; Breakthrough Institute, 2010). Quando a Apple foi criada para vender o Apple I em 1976, as tecnologias básicas do produto estavam fundamentadas em técnicas desenvolvidas com investimentos públicos feitos nas décadas de 1960 e 1970 na indústria de computadores. A introdução do silício nesse período revolucionou a indústria de semicondutores e anunciou o início de uma nova era em que o acesso a computadores pessoais para mercados consumidores mais amplos tornou-se possível. Essas inovações resultaram de pesquisas realizadas por várias parcerias público-privadas em inúmeros laboratórios, incluindo o da DARPA, AT&T Bell Labs, Xerox PARC, Shockley e Fairchild, para citar alguns. O Vale do Silício se transformou rapidamente no "centro da inovação do computador" e o clima resultante, estimulado e alimentado pelo papel de liderança do governo no financiamento e pesquisa (básica e aplicada), foi aproveitado por empresas e empreendedores inovadores no que muitos observadores chamaram de "Corrida do Ouro da Internet" ou "Corrida do Ouro do Silício" (Kenney, 2003; Southwick, 1999).

Existem doze tecnologias principais integradas no iPod, iPhone e iPad que se destacam como características que são "facilitadoras" ou que diferenciam esses produtos de seus rivais no mercado. Incluem dispositivos semicondutores, tais como (1) *microprocessadores* ou *unidades de processamento centrais* (CPU); (2) *memória de acesso aleatório dinâmico* (memória RAM); assim como (3) *microarmazenamento do disco rígido* ou *discos rígidos* (HD); (4) *telas de cristal líquido* (LCDS); (5) *baterias de lítio*; (6) *processamento digital de sinais* (PDS), com base nos avanços dos algoritmos da *transformada rápida de Fourier* (TRF); (7) a *internet*; (8) o *Protocolo de Transferência de Hipertexto* (HTTP) e a *Linguagem de Marcação de Hipertexto* (HTML); (9) e *tecnologia de celular e redes* — que podem ser consideradas tecnologias habilitadoras fundamentais para produtos como o iPod, iPhone e iPad. Por outro lado, (10) *sistemas de posicionamento global* (GPS), (11) a *navegação* click wheel e as *telas multitoque*, e (12) *inteligência artificial com um programa de interface com voz do usuário* (conhecida como SIRI da Apple) são características inovadoras que tiveram um forte impacto sobre as expectativas dos consumidores e experiências dos usuários, aumentando ainda mais a popularidade e o sucesso desses produtos. Examinaremos a seguir as características e tecnologias fundamentais que a Apple conseguiu integrar engenhosamente, a princípio no iPod, e depois no iPhone e no iPad.

COMO A PESQUISA FINANCIADA PELO ESTADO POSSIBILITOU A "INVENÇÃO" DO IPOD DA APPLE

Pouco depois de introduzir a primeira geração do iPod, em 2001, a Apple começou a criar ondas de novos produtos inovadores (como o iPhone e o iPad) que acabariam revolucionando toda a indústria do entretenimento móvel. O iPod, um novo disposto portátil, permitia que os consumidores armazenassem milhares de músicas sem usar fitas cassete ou CDs. No início dos anos 2000, esse novo dispositivo da Apple foi se tornando muito popular entre os consumidores e começou a substituir dispositivos portáteis no mercado, como o Walkman e o Discman da Sony. Essa nova aplicação da tecnologia de armazenamento magnético já existente permitiu que a Apple enfrentasse uma rival histórica como a Sony e acabasse ascendendo ao topo do mercado de música e entretenimento (Adner, 2012). O sucesso do iPod nesse mercado competitivo foi importante em dois aspectos principais: (1) esse sucesso iria definir o cenário para o regresso da Apple depois de anos de estagnação, se não de queda no crescimento; e (2) a popularidade desse novo produto abriria o caminho para a família dos inovadores Apple ios. Embora esse aspecto seja conhecido e bastante lembrado, o fato de que boa parte do sucesso da Apple está calcada em tecnologias desenvolvidas por meio de pesquisas realizadas com o apoio e o financiamento do governo é o lado da história muitas vezes esquecido para o qual me volto agora.

MAGNETORRESISTÊNCIA GIGANTE (MRG), PROGRAMA SPINTRÔNICA E DISCOS RÍGIDOS (HDs)

Um raro exemplo de reconhecimento público de como a pesquisa tecnológica apoiada pelo Estado abriu caminho para os produtos da Apple ocorreu durante a cerimônia de entrega do Prêmio Nobel de 2007. O francês Albert Fert e o alemão Peter Grünberg receberam o Nobel de Física por seu trabalho no desenvolvimento da magnorresistência gigante (MRG). A MRG é um efeito mecânico quântico observado em estruturas de filmes finos em camadas, cuja aplicação principal tem sido em sensores magnéticos usados em unidades de discos rígidos (HDs) e outros mecanismos. Em seu discurso, Börje Johannson (2007), membro da Academia Real das Ciências da Suécia, explicou o que a invenção da MRG representava para a sociedade, atribuindo a existência do iPod a esse grande avanço científico.

A invenção e a comercialização dos microdiscos rígidos são especialmente interessantes, uma vez que o processo de desenvolvimento da tecnologia desde sua origem até sua forma atual ilustra o papel do governo não apenas implantando a base científica para a inovação, como também facilitando o avanço de ideias abstratas até a transformação em produtos manufaturados e comercialmente viáveis (McCray, 2009). O que começou como dois projetos de pesquisa acadêmicos, separados e independentes, com apoio e financiamento do Estado na Alemanha e na França, culminou em um dos mais bem-sucedidos avanços tecnológicos dos últimos anos, digno de um Prêmio Nobel. Na esteira das descobertas científicas feitas pelos drs. Fert e Grünberg, outros pesquisadores conseguiram expandir o tamanho do armazenamento de dados em discos rígidos convencionais durante as décadas de 1980 e 1990, desbravando novos caminhos para futuras pesquisas e avanços tecnológicos (Overbye, 2007). Embora o grande avanço científico da MRG tenha sido realizado na Europa, o governo americano teve um papel fundamental na pesquisa básica e na comercialização dessa tecnologia. O laboratório do dr. Peter Grünberg era afiliado do Argonne National Laboratory (maior laboratório de P&D do Departamento de Energia dos Estados Unidos, situado em Illinois) e recebeu apoio crucial do Departamento de Energia (DoE) antes de sua descoberta (DoE, 2007). Com base nos desenvolvimentos na tecnologia do disco rígido, empresas como a IBM e a Seagate se movimentaram para traduzir esse novo conhecimento em produtos comerciais bem-sucedidos (McCray, 2009). Apesar dos avanços que estavam ocorrendo na indústria do disco rígido na época, eles enfrentariam desafios competitivos semelhantes àqueles enfrentados pela indústria de semicondutores no final da década de 1980, que discuto a seguir.

Em seu estudo de 2009, McCray detalha como as metas relacionadas à guerra atribuídas à DARPA, para criar e manter um ecossistema de inovação a fim de produzir tecnologias de defesa, foram alteradas no período de paz pela nova meta de transformar os investimentos anteriores em tecnologias de apoio à competitividade econômica. McCray mostra que o Departamento de Defesa (DoD) iniciou o Programa de Reinvestimento de Tecnologia (PRT) e destinou 800 milhões de dólares à atualização das capacidades tecnológicas existentes no país depois da Guerra Fria. Por intermédio do PRT, a DARPA se voltou para as tecnologias de uso duplo, que beneficiariam os militares e também produziriam tecnologias comercialmente viáveis, como a spintrônica.[4] McCray documenta especialmente o aumento de publicações e esforços científicos específicos durante a década de 1990, época em que a ARPA apoiava o projeto da spintrônica. McCray (2009, p. 74) também afirma que o papel desempenhado pela ARPA no avanço dessa tecnologia não foi "insignificante", simplesmente porque o programa foi iniciado durante o período em que a concorrência com o Japão no setor de eletrônicos estava forçando gigantes da informática como a IBM e o Bell Labs a reduzir os gastos com pesquisa básica.

QUÍMICA DO ESTADO SÓLIDO E DISPOSITIVOS SEMICONDUTORES DE SILÍCIO

Desde o lançamento do iPod, o primeiro grande produto da Apple já evoluiu muito e inspirou o design do iPad e do iPhone. Entre os fatores que viabilizaram o iPod, o iPhone e o iPad estão pequenos microchips que possibilitaram o armazenamento de muita informação em dispositivos portáteis e a passagem pela memória em um instante virtual. Hoje, as unidades centrais de processamento (CPUS) dependem de circuitos integrados consideravelmente menores e que apresentam uma capacidade de memória muito maior em comparação com os circuitos integrados usados para o processamento na época em que foram criados por Jack Kilby e Robert Noyce, na década de 1950. A invenção dos novos circuitos integrados de silício levou ao desenvolvimento tecnológico em vários campos da eletrônica. Os computadores pessoais (PCS),

---

4. Chamada inicialmente de projeto de "dispositivos e materiais magnéticos", spintrônica (em inglês, SPINTRANSPORT ELECTRONICS — *spintronics*) foi o nome dado a um consórcio público-privado. Foi formado pela DARPA e por líderes da indústria, mas criado (e financiado) pela DARPA em 1995, com um investimento total do governo de 100 milhões de dólares durante sua existência.

celulares, internet e a maioria dos aparelhos eletrônicos encontrados no mercado atualmente usam esses dispositivos minúsculos. O caminho trilhado pelos circuitos integrados entre Bell Labs, Fairchild Semiconductor e Intel até chegar a dispositivos como o iPhone ou iPad teve a ajuda de contratos públicos da Força Aérea americana e da NASA. Como únicos consumidores dessas primeiras unidades de processamento baseadas nesse novo projeto de circuito, os Departamentos de Defesa ajudaram a financiar o desenvolvimento da nascente indústria de microprocessadores e de outras indústrias que estavam introduzindo equipamentos e dispositivos eletrônicos complementares simplesmente inacessíveis nos mercados comerciais regulares. A demanda em larga escala pelos microprocessadores foi gerada pelo programa de mísseis Minuteman II da Força Aérea americana. A missão Apolo da NASA desafiou os limites tecnológicos, exigindo avanços significativos no processo de produção dos microprocessadores e também no aumento da capacidade de memória. Em contrapartida, as agências governamentais ajudaram a baixar significativamente os custos dos circuitos integrados em questão de anos.[5]

Apesar de os Estados Unidos terem sido o berço das primeiras inovações em semicondutores, na década de 1980 o Japão estava desenvolvendo sua capacidade industrial e produtos competitivos em ritmo mais acelerado.[6] Considerando o papel significativo dos semicondutores nas tecnologias de defesa, o Departamento de Defesa considerava a indústria vital para seu potencial militar e para a segurança nacional. O receio crescente de que o equipamento essencial para a produção dessas tecnologias, agora vitais para a defesa nacional, tivesse de ser importado de países como o Japão levou o DoD a agir. O resultado disso foi a Strategic Computing Initiative (SCI), que alocou mais de 1

---

5. A redução dos custos ficou evidente quando o preço de um microchip do programa Apolo caiu de mil dólares para cerca de vinte a trinta dólares por unidade em poucos anos (Breakthrough, 2010).
6. Roland e Shiman (2002, p. 153) documentam o significativo progresso japonês no mercado global de chips, passando de 0% contra 100% dos Estados Unidos na década de 1970 para 80% do mercado global em 1986.

bilhão de dólares para apoiar os esforços de pesquisa em tecnologia de informática avançada entre 1983 e 1998 (Roland e Shiman, 2002). Além disso, a produção de tecnologias muito avançadas como os microprocessadores teve implicações econômicas significativas que exigiram esforços de colaboração entre o governo e a indústria. Reconhecendo a oportunidade única proporcionada pela fabricação de semicondutores e temeroso das possíveis consequências caso ficasse para trás dos novos concorrentes dessa indústria, como o Japão, o governo federal reuniu produtores competitivos e universidades para formar uma nova parceria, o consórcio Semiconductor Manufacturing Technology (SEMATECH).

Essa ação para estimular a produção e o potencial da tecnologia de semicondutores produzidos nos Estados Unidos em patamares mais elevados do que os de seus concorrentes integrou um esforço mais amplo para promover mundialmente a competitividade econômica e tecnológica americana. O processo de organizar o esforço de colaboração entre as empresas de semicondutores por meio do SEMATECH foi um desafio para o governo. Para tornar a parceria mais atraente, o governo americano subsidiou a P&D da SEMATECH com 100 milhões de dólares anuais. Com o tempo, os membros do consórcio reconheceram os benefícios da parceria em P&D patrocinada pela SEMATECH; o compartilhamento de conhecimento evitou a duplicação de pesquisas e se traduziu em menos gastos com P&D. O desempenho avançado e o preço acessível dos microprocessadores e dos chips de memória atuais são em grande medida resultado de anos de intervenção e supervisão governamental (Irwin e Klenow, 1996).

DO SENSOR CAPACITIVO À *CLICK WHEEL*

Como pioneiro dos computadores pessoais, a segunda meta de Steve Jobs foi revolucioná-los. Sua ideia era preparar a Apple para a era pós-computadores, que ele imaginava, e muitas vezes reconheceu em entrevistas e aparições na mídia, como a nova era do relacionamento consumidor-computador. Em uma entrevista na Conferência D8 de

2010, Steve Jobs explicou sua visão para o futuro da informática usando a analogia da urbanização rápida e seus efeitos sobre a mudança da visão e das necessidades dos consumidores em relação ao transporte (Jobs, 2010). Em sua fala, Jobs redefiniu a estratégia global da Apple como a construção de uma família de produtos em torno do conceito de necessidades fragmentadas por diferentes usos. Jobs sempre reconheceu sua confiança nas tecnologias de processamento de dados que haviam permitido à Apple criar dispositivos portáteis compactos. Foram essas tecnologias que levaram aos produtos ios que acabaram substituindo os desktops. Para isso, a Apple começou a trabalhar na construção de periféricos, com o Mac transformando-se no centro digital que integraria toda a família de produtos (Walker, 2003).

Apesar de ser totalmente contrário aos tablets nas décadas de 1980 e 1990, depois de retornar para a Apple no final dos anos 1990, Jobs decidiu que estava na hora de voltar a focar neles. Por trás dessa mudança na perspectiva estava o fato de que a tecnologia dos semicondutores, baterias e telas havia avançado significativamente. No entanto, ainda restava um desafio devido à falta de tecnologia sofisticada para substituir com sucesso a caneta Stylus, que Jobs sempre desprezara e considerava um incômodo (Isaacson, 2011, p. 490). O surgimento de aplicações mais sofisticadas para as telas de toque, como a rolagem inercial, o rastreamento dos dedos e o reconhecimento de gestos, mostrou a Jobs e sua equipe que era possível avançar (e ir muito além da caneta Stylus). Por isso, Jobs e sua equipe reuniram especialistas que poderiam integrar essas novas tecnologias. O resultado final incluiu a substituição dos botões e bolas de rolagem dos dispositivos, o desenvolvimento de um novo sistema de navegação e a melhora das técnicas de input nas telas de toque.[7]

A *click wheel* do iPod, que possibilitou a navegação rápida dos usuários pelas músicas arquivadas, foi uma das primeiras tentativas da

---

7. Em uma entrevista para a TV no dia 30 de abril de 2012, Tony Fadell, que fez parte da equipe original que projetou o iPod, falou dos desafios que a Apple estava enfrentando para encontrar formas de substituir os botões nos novos aparelhos. Disponível em: <http://www.theverge.com/2012/4/30/2988484/on-the-verge-005-tony-fadell-interview>. Acesso em: 12 abr. 2013.

Apple de implementar recursos baseados na rolagem através do toque. Além da microunidade de disco rígido para o armazenamento de documentos digitais que consomem muita memória, a *click wheel* também diferenciou o iPod da maioria dos outros leitores de música portáteis. Embora a rolagem com o dedo fosse novidade na época, a tecnologia por trás desse recurso existia havia décadas. A *click wheel* se beneficiou enormemente da tecnologia dos sensores capacitivos, usada em larga escala no projeto de muitos outros produtos.[8] De fato, a *click wheel* não foi o único recurso dos produtos Apple que se beneficiou da tecnologia dos sensores capacitivos. A tela multitoque do iPod Touch, do iPhone e do iPad também incorporou os mesmos princípios da rolagem com o dedo em uma tela de vidro.

E. A. Johnson, considerado o inventor das telas capacitivas sensíveis ao toque, publicou seus primeiros estudos na década de 1960, quando trabalhava para a Royal Radar Establishment (RRE), agência do governo britânico criada para realizar P&D em tecnologias relacionadas com a área de defesa (Buxton, 2012). Um dos primeiros desenvolvimentos notáveis da tela de toque foi realizado na Organização Europeia para a Pesquisa Nuclear (CERN — Conseil Europèen pour la Recherche Nucléaire) por Bent Stumpe e seu colega Frank Beck em 1973 (CERN, 2010). A invenção das telas resistivas foi outra inovação importante. A criação de Hurst apareceu quando ele deixou o Oak Ridge National Laboratory (laboratório nacional de pesquisas criado em 1943, no Tennessee, onde foi desenvolvido o Projeto Manhattan e o primeiro reator nuclear funcional) por dois anos para lecionar na Universidade do Kentucky (Brown et al., s.d.). Enquanto estava na Universidade do Kentucky, Hurst e seus colegas desenvolveram as primeiras telas de toque resistivas. Ao voltar para Oak Ridge, criaram uma nova empresa em 1971 para comercializar a nova tecnologia e produziram a primeira versão funcional em 1983 (Brown et al.). O trabalho inicial com telas de toque, nas décadas de 1970 e 1980, como o que foi realizado por Johnson, Stumpe, Hurst e outros, foi levado adiante em diferentes laboratórios de pesquisa, pú-

---

8. Os *sensores capacitivos* são uma tecnologia que se baseia na capacidade do ser humano de funcionar como capacitor e armazenar uma carga elétrica.

blicos e privados, criando as bases para importantes aplicações usadas atualmente (Buxton, 2012). Entre muitos outros fatores, a passagem dos *touch pads* com funcionalidades limitadas para as telas multitoque representou um avanço importante para a Apple na corrida do smartphone. Junto com outros avanços tecnológicos explorados por eles, a Apple não apenas ajudou a redefinir os mercados em que compete de dentro para fora, como ajudou também a definir um novo caminho para o crescimento.

O nascimento dos irmãos do iPod: o iPhone e o iPad

A nova visão da Apple incluiu redefinições radicais de produtos de consumo convencionais e foi um grande sucesso. A introdução do iPod gerou mais de 22 bilhões de dólares em receita para a Apple. Foi o produto mais importante para a empresa em termos globais até a introdução do iPhone, em 2007. A coesão da concepção estética, com a engenharia do sistema e a experiência do usuário, aliada a um marketing poderoso, ajudou a Apple a penetrar e capturar rapidamente uma parcela do mercado em diferentes mercados de consumo de eletrônicos. A nova geração de iPods, iPhones e iPads da Apple foi construída segundo a concepção de que as novas necessidades e preferências dos consumidores podem ser inventadas com o cruzamento de tecnologias existentes, desenvolvidas depois de décadas de apoio do governo. Como pioneira da revolução do "smartphone", a Apple abriu o caminho para a integração bem-sucedida da comunicação por celular, computação móvel e tecnologias de entretenimento digital em um único dispositivo. O icônico iPhone alterou profundamente as expectativas do consumidor em relação ao que era e ao que pode fazer um telefone celular. Com a introdução do iPad, a Apple transformou a indústria dos computadores portáteis, dominada havia décadas por laptops, notebooks e outros dispositivos. Ao oferecer um aparelho portátil mais fino, com uma grande tela de toque e teclado virtual, com navegação consistente pela internet e recursos multimídia, com ampla compatibilidade com outros produtos e aplicativos Apple, o iPad virtualmente criou e conquistou um novo nicho. Em menos de uma década, a Apple passou a dominar sozinha a indústria de eletrônicos, prova de sua engenhosidade em marketing e design de produtos voltados para o consumidor final, assim como de sua capacidade organizacional na gestão de uma complexa "integração de sistemas" (Lazonick, 2011).

DAS *CLICK WHEELS* ÀS TELAS MULTITOQUE

O desenvolvimento de telas de toque com reconhecimento de múltiplos toques foi uma das tecnologias mais importantes integradas aos dispositivos da Apple e importantíssima para a introdução bem-sucedida de dispositivos pequenos como o iPod. Essa tecnologia permitiu a interação homem-máquina por meio de uma nova interface que possibilitou a navegação com a ponta dos dedos pela superfície de vidro das telas de LCD desses dispositivos portáteis. Como no caso das *click wheels*, a tecnologia por trás dessa inovação remonta a pesquisas básicas e aplicadas realizadas anteriormente com o apoio do Estado. Na década de 1990, a tecnologia da tela de toque foi incorporada a uma grande variedade de produtos por inúmeros fabricantes de computadores, incluindo a Apple, porém a maior parte das tecnologias disponíveis nesse período inicial só conseguia lidar com um único toque.[9] A introdução da rolagem multitoque foi desenvolvida por Wayne Westerman e John Elias na Universidade de Delaware (Westerman, 1999).

Wayne Westerman era um doutorando sob a supervisão do professor John Elias, e estudava sistemas neuromórficos na Universidade (pública) de Delaware como parte do programa de bolsa pós-doutorado da National Science Foundation (NSF) e da Agência Central de In-

---

9. Como especialista em tecnologia de telas sensíveis ao toque [*touch-screen*], Bill Buxton oferece um extenso arquivo de dispositivos eletrônicos com aplicações de telas de toque. A lista de produtos Apple com função *touch pad* pode ser vista em: <http://research.microsoft.com/en-us/um/people/bibuxton/buxtoncollection/>. Acesso em: 12 abr. 2013.

teligência/Diretor de Inteligência Nacional (CIA/DCI) (Westerman, 1999). Depois de obter seu título de ph.D., Westerman se uniu a Elias e os dois fundaram a FingerWorks para comercializar essa nova tecnologia. Esse novo produto, chamado "iGesture Numpad", permitia que os usuários inserissem dados aplicando pressão com "força zero" em uma tela eletrônica sem necessidade de dispositivos adicionais, como um teclado ou mouse. A base científica subjacente e a aplicação evidente do novo sistema de rastreamento de dedo e identificação de gesto foram construídas a partir dos primeiros estudos sobre *sensores capacitivos* e tecnologias *touch-screen*. A tentativa bem-sucedida da FingerWorks de traduzir a pesquisa anterior sobre a tela sensível ao toque para um produto comercial foi rapidamente reconhecida pela Apple, interessada em desenvolver a capacidade de navegação multitoque em uma tela de LCD para a nova geração de produtos ios. A FingerWorks foi adquirida pela Apple em 2005, antes do lançamento da primeira geração do iPhone, em 2007, e atualmente essa tecnologia está no cerne da cobiçada tela multitoque dos produtos ios da Apple. Assim, Westerman e Elias, com financiamento das agências do governo, produziram uma tecnologia que revolucionou a indústria multibilionária dos dispositivos eletrônicos móveis. O altamente abrangente portfólio de propriedade intelectual da Apple se beneficiou, mais uma vez, da tecnologia originalmente subscrita pelo Estado.

INTERNET E HTTP/HTML

Embora o iPhone pareça ser um aparelho *cool* com sua tecnologia de ponta, o que o torna um telefone *"smart"* [esperto] é sua capacidade de conectar o usuário com o mundo virtual a qualquer momento. Com o aplicativo de inteligência artificial chamado SIRI a bordo, o iPhone parece estar tentando ser mais esperto do que seus usuários. Depois de substituir o teclado-padrão da indústria pela tela de toque, o SIRI é a tentativa da Apple de transformar as interfaces de inserção de dados e navegação. Enquanto o "smartphone" da Apple continua a evoluir para um dispositivo ainda mais esperto, é importante reconhecer e valorizar a inteligência subjacente e necessária e as capacidades tecnológicas que tornaram inteligente esse dispositivo. Se o hardware, software, memória e processador fossem o corpo, a alma e o cérebro de um computador, o que significam a internet, o protocolo de transferência de hipertexto (HTTP) ou a linguagem de marcação de hipertexto (HTML) para qualquer computador ou mecanismo inteligente? Ou, então, de que valeriam um computador ou um mecanismo inteligente sem a internet ou sem a comunicação por celular? As respostas a essas perguntas podem nos ajudar a entender o valor dos recursos de rede dos dispositivos inteligentes. O mais importante, porém, é que podem nos ajudar a entender o valor dos esforços empreendidos pelo governo no processo de invenção e desenvolvimento da tecnologia celular, da internet e dos satélites.

Durante o período da Guerra Fria, as autoridades americanas estavam preocupadas com possíveis ataques nucleares e o estado das redes de comunicação depois deles. Paul Baran, pesquisador da RAND — organização originária de um projeto da Força Aérea americana para "Research and Development" [Pesquisa e Desenvolvimento], ou RAND —, recomendou uma solução que previa uma rede de estações de comunicação em vez de instalações centralizadas. Com um sistema de comunicações descentralizado, o comando e o sistema de rede sobreviveriam durante e depois dos ataques nucleares (Research and Development, 2011).[10] Os desafios tecnológicos para a criação dessa rede foram superados graças às várias equipes montadas pela DARPA para trabalhar em estações da rede e na transmissão de informações. Embora a DARPA tenha procurado a AT&T e a IBM para construírem essa rede, ambas as empresas declinaram do pedido por acreditarem que uma rede desse tipo seria uma ameaça para seus negócios; com a ajuda do British Post Office, serviço postal do governo inglês, a DARPA conseguiu ligar várias estações da costa oeste à

---

10. Outros objetivos do novo projeto de rede eram (a) reduzir os custos de computação, pois os fornecedores do governo em todo o país poderiam compartilhar recursos; e (b) fazer avançar a comunicação de dados "de ponta" para permitir a transferência de informação entre as máquinas por longas distâncias. Um outro objetivo (c) era estimular a colaboração entre pesquisadores contratados em lugares diferentes.

costa leste (Abbate, 1999). Entre as décadas de 1970 e 1990, a DARPA financiou o conjunto de protocolos de comunicação (TCP/IP), o sistema operacional (UNIX) e os programas de e-mail necessários para o sistema de comunicação, enquanto a NSF iniciava o desenvolvimento das primeiras redes digitais de alta velocidade dos Estados Unidos (Kenney, 2003).

Entrementes, no final da década de 1980, o cientista britânico Tim Berners-Lee estava desenvolvendo a Linguagem de Marcação de Hipertexto (HTML), o localizador-padrão de recursos (URL) e o Protocolo de Transferência de Hipertexto (HTTP) (Wright, 1997). Berners-Lee, com a ajuda de outro cientista, Robert Cailliau, implementou com sucesso o primeiro HTTP nos computadores do CERN. O manifesto redigido por Berners-Lee e Cailliau em 1989, descrevendo a construção da World Wide Web, acabou se tornando o padrão internacional de conexão para os computadores de todo o mundo. O financiamento público teve um papel importante para a internet desde sua concepção até sua aplicação em todo o mundo. Sob muitos aspectos, a internet é hoje uma tecnologia fundamental que afetou o curso da história mundial ao permitir que usuários de todos os cantos do planeta se comuniquem usando computadores e dispositivos inteligentes como o iPhone, o iPod ou o iPad.

GPS E SIRI

Outro grande recurso oferecido pelo iPod, iPhone ou iPad é o sistema de posicionamento global (GPS). O GPS foi uma tentativa do Departamento de Defesa de digitalizar o posicionamento geográfico mundial para melhorar a coordenação e precisão de posicionamento dos ativos militares (Breakthrough Institute, 2010). O que começou em 1970 como uma tecnologia de uso estritamente militar hoje está amplamente disponível para uso de civis. Na verdade, a utilização do GPS por civis superou rapidamente o uso para fins militares depois da liberação do GPS para aplicações públicas em meados da década de 1990. Mas até hoje a Força Aérea americana continua na vanguarda do desenvolvimento e manutenção do sistema, que custa ao governo cerca de 705 milhões de dólares anuais.[11] O usuário do iPhone pode procurar um restaurante ou um endereço baseado no sistema NAVSTAR GPS, formado por uma constelação de 24 satélites que permitem a navegação e fornecem os dados para os usuários. Essa tecnologia, assim como a infraestrutura do sistema, teria sido impossível se o governo não tomasse a iniciativa e não assumisse o necessário compromisso financeiro.

O recurso mais recente do iPhone é um assistente pessoal virtual conhecido como SIRI. E, como a maioria dos outros recursos tecnológicos dos produtos ios da Apple, o SIRI tem sua origem na pesquisa e no financiamento federal. O SIRI é um programa de inteligência artificial que consiste em aprendizagem de máquina, processamento de linguagem natural e um algoritmo de busca na web (Roush, 2010). Em 2000, a DARPA pediu ao Stanford Research Institute (SRI) para assumir a liderança em um projeto para desenvolver uma espécie de "assistente virtual" para auxiliar o pessoal militar. O SRI ficou encarregado de coordenar o projeto "Cognitive Assistant that Learns and Organizes" (CALO) [Assistente Cognitivo que Aprende e Organiza], que incluía vinte universidades americanas trabalhando para o desenvolvimento da tecnologia básica. Quando o iPhone foi lançado em 2007, o SRI reconheceu uma oportunidade para que o CALO fosse usado como um aplicativo de smartphone e decidiu comercializar a tecnologia criando uma start-up financiada com capital de risco nesse mesmo ano, a SIRI. Em 2010 a SIRI foi adquirida pela Apple por uma quantia não revelada.

A mudança em padrões da indústria, passando do teclado para o *touch pad* e acrescentando a navegação por GPS, foi um grande feito quando o iPhone foi lançado. Uma segunda reviravolta para os celulares, media players e tablets foi a introdução de tela multitoque e o reconhecimento de gestos. Com o SIRI, a Apple introduziu outra ideia radical para um dispositivo de entrada integrado a vários recursos e aplicativos ios, iniciando uma nova rodada de redefinição de padrões

---

11. O Departamento de Defesa calcula que, em dólares de 2000, o desenvolvimento e os procedimentos dos sistema custaram 5,6 bilhões de dólares à Força Aérea entre 1973 e 2000 (DoD, 2011). Esse valor não inclui o equipamento de uso militar.

para a interação homem-máquina e criando uma nova forma de interação entre o usuário e a máquina. Steve Jobs reconheceu inúmeras vezes o potencial da inteligência artificial e seu interesse no futuro da tecnologia. Em uma entrevista de 2010 para Walt Mossberg e Kara Swisher, na Conferência D8 na Califórnia, Jobs compartilhou seu entusiasmo com a recente aquisição do SIRI e falou sobre o grande potencial oferecido pela tecnologia. Mais uma vez, a Apple está prestes a construir o futuro da indústria da comunicação e informação baseada em ideias radicalmente complexas e tecnologias concebidas e pacientemente mantidas pelo governo.

BATERIAS, TELAS E OUTRAS TECNOLOGIAS

A história da tela de cristal líquido (LCD) tem grandes semelhanças com a história do disco rígido, do microprocessador e do chip de memória (entre outras tecnologias importantes) que surgiram durante a Guerra Fria: está enraizada na necessidade militar americana de reforçar sua capacidade tecnológica como questão de segurança nacional. A concorrência crescente da indústria de telas planas do Japão preocupava o Departamento de Defesa porque a futura demanda dos militares americanos não poderia ser suprida exclusivamente por fornecedores japoneses. Por causa disso, o DoD começou a implementar inúmeros programas visando reforçar a competitividade dessa indústria, incluindo a formação de um consórcio industrial e alocação de novos recursos para melhorar a capacidade de produção e desenvolvimento de produtos comerciais.

A grande inovação em tecnologia LCD surgiu na década de 1970, quando o transistor de película fina (TFT) estava sendo desenvolvido no laboratório da Westinghouse sob a direção de Peter Brody. A pesquisa realizada na Westinghouse foi quase toda financiada pelo Exército americano (Hart e Borrus, 1992). Entretanto, quando a direção da Westinghouse decidiu encerrar a pesquisa, Brody saiu em busca de possíveis fontes de financiamento para poder comercializar a tecnologia. Nesse processo para tentar retomar a produção das telas TFT, Brody fez contato com grandes empresas de eletrônicos e computadores, incluindo a Apple, Xerox, 3M, IBM, DEC e Compaq. Todas essas empresas privadas se recusaram a assinar um contrato com Brody em grande parte porque duvidavam que ele pudesse oferecer a capacidade de produção necessária para fornecer o produto com preço competitivo em relação ao dos japoneses (Florida e Browdy, 1991, p. 51). Em 1988, depois de firmar um contrato de 7,8 milhões de dólares com a DARPA, Brody criou a Magnascreen para desenvolver a TFT-LCD. Esse avanço na tecnologia LCD tornou-se a base para a nova geração de telas para dispositivos eletrônicos portáteis, como microcomputadores, telefones etc.

Segundo Florida e Browdy, esse padrão de incapacidade dos atores do setor privado para construir ou sustentar o potencial produtivo em diversas áreas de alta tecnologia representou um problema mais amplo para o sistema de inovação do país:

> A perda da tecnologia dessa tela [TFT-LCD] revela fraquezas fundamentais do sistema de alta tecnologia dos Estados Unidos. Faltou às nossas grandes corporações visão e persistência para transformar essa invenção em um produto comercializável, e o capital financeiro, que viabilizou indústrias de alta tecnologia como semicondutores e computadores, também falhou. Nem grandes nem pequenas empresas se mostraram capazes de corresponder a uma inovação fantástica com a musculatura necessária para a produção comercial. (1991, p. 43)

Em uma tentativa para reter a produção das telas TFT-LCD nos Estados Unidos, foi criado o Advanced Display Manufacturers of America Research Consortium (ADMARC) pelos principais fabricantes de telas com financiamento inicial do Advanced Technology Program (ATP) do National Institute of Standards and Technology (NIST) (Florida e Browdy, 1991). A indústria também recebeu ajuda adicional do governo americano na forma de tarifas antidumping (enquanto fazia o discurso da "livre concorrência"), além de financiamento e contratos de várias agências civis e militares que apoiaram muitas start-ups nos Estados Unidos como parte de um esforço para desenvolver a capacidade de produção das telas TFT-LCD na década de 1990 (OTA, 1995).

A bateria de lítio é outro exemplo de invenção americana aperfeiçoada e produzida em grande volume pelos japoneses. John B. Goodenough, pioneiro na pesquisa da tecnologia de bateria de lítio, recebeu seu principal financiamento do Departamento de Energia (DoE) e da National Science Foundation (NSF) no final da década de 1980 (Henderson, 2004; OSTI, 2009). Importantes descobertas científicas realizadas na Universidade do Texas em Austin foram rapidamente comercializadas e lançadas em 1991 pela Sony, gigante japonesa de produtos eletrônicos. Em um documento de trabalho de 2005 para o National Institute of Standards and Technology (NIST), Ralph J. Brodd identificou problemas com o modelo de inovação da indústria de baterias avançadas semelhantes aos existentes na indústria TFT-LCD. Outro grande sucesso científico desaparecido sem receber o devido valor na forma de produção em grande escala nos Estados Unidos. O estudo de Brodd identifica os fatores que impedem a produção em larga escala das baterias de lítio nos Estados Unidos, mas enfatiza especialmente a abordagem imediatista do capital de risco e das corporações americanas. Brodd (2005, p. 22) afirmou que esse imediatismo visava retornos financeiros rápidos (em relação aos concorrentes japoneses, focados em maximizar sua parcela do mercado no longo prazo), o que desestimulava o interesse na construção de um potencial de produção doméstico ao mesmo tempo em que incentivava a terceirização da produção como alternativa.

A ausência de uma tecnologia de bateria que atendesse às necessidades de capacidade de armazenamento de dispositivos eletrônicos cada vez mais potentes representou um dos maiores desafios enfrentados pela indústria eletrônica depois da revolução dos dispositivos semicondutores. A invenção da tecnologia do lítio permitiu que os dispositivos portáteis ficassem muito mais finos e leves, pois a capacidade da bateria aumentou em relação ao tamanho. Mais uma vez, o governo federal ajudou as empresas fabricantes de baterias pequenas através de inúmeras agências e programas que investiram na indústria em um esforço para desenvolver o potencial de produção necessário (Brodd, 2005) — não apenas para dispositivos eletrônicos mas também, e talvez ainda mais importante, para veículos elétricos com "emissão zero". O governo americano tem se envolvido ativamente com a indústria da energia há décadas, em um esforço mais amplo para atender às necessidades econômicas e sociais, que examinamos amplamente nos capítulos 6 e 7.

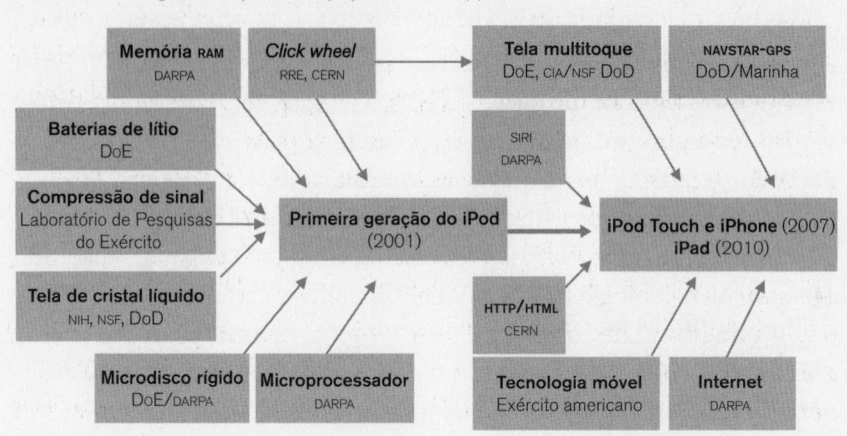

Gráfico 13. Origem dos produtos populares da Apple

Memória RAM	DARPA
Click wheel	RRE, CERN
Tela multitoque	DoE, CIA/NSF DoD
NAVSTAR-GPS	DoD/Marinha
Baterias de lítio	DoE
SIRI	DARPA
Compressão de sinal	Laboratório de Pesquisas do Exército
Tela de cristal líquido	NIH, NSF, DoD
HTTP/HTML	CERN
Microdisco rígido	DoE/DARPA
Microprocessador	DARPA
Tecnologia móvel	Exército americano
Internet	DARPA

Primeira geração do iPod (2001) → iPod Touch e iPhone (2007), iPad (2010)

FONTE: Gráfico feito pela própria autora baseado em diagrama do OSTP, "Impact of Basic Research on Innovation" [Impacto da pesquisa básica sobre a inovação], que mostra os benefícios da pesquisa básica para a inovação (2006, p. 8).

Os produtos ios são dispositivos eletrônicos extremamente complexos. Apesar das diferenças fundamentais, cada dispositivo possui inúmeras tecnologias que estão presentes em todos. A tecnologia móvel está disponível na maioria dos dispositivos Apple, com exceção do iPod. A tecnologia da comunicação móvel recebeu enorme apoio do governo em seus primeiros dias. Um relatório do Breakthrough Institute (2010, p. 5) examina o papel das Forças Armadas americanas no avanço da tecnologia da radiotelefonia no século XX. O Office of Science and Technology Policy (OSTP, 2006, p. 8) também documentou o apoio do Estado à tecnologia do processamento de sinais (DSP) que surgiu depois dos avanços científicos na aplicação do algoritmo da transformada rápida de Fourier (FFT) durante a década de 1980. Essa nova abordagem do processamento de sinais permitiu o processamento do som em tempo real (como em um telefonema), bem como o processamento em tempo real de grandes arquivos de áudio ou multimídia que podem melhorar a qualidade de sua reprodução. A DSP é tida como um recurso fundamental dos produtos ios com função media player (Devlin, 2002).

O governo americano "escolheu" o iPod?

Em um documento de 2006, em que o ex-presidente George W. Bush expôs a estratégia de inovação do país, as várias tecnologias presentes na primeira geração do iPod foram vinculadas às suas origens como parte da pesquisa básica e aplicada financiada pelo dinheiro dos impostos americanos (OSTP, 2006). Apesar de carecer de contexto substancial e/ou números exatos, o relatório inclui um diagrama ilustrando a origem da tecnologia dos componentes do iPod como seu disco rígido, bateria de lítio, LCD, memória RAM, processamento de sinais etc. O gráfico 13 amplia o diagrama do OSTP mapeando também os componentes tecnológicos dos produtos posteriores da Apple, como o iPod Touch, o iPhone e o iPad.

Estimulando setores locais

Além dos esforços governamentais para alimentar a base científica e fomentar a inovação nos Estados Unidos, o governo americano também desempenhou um papel fundamental na proteção da "propriedade" intelectual de empresas como a Apple e garantiu sua segurança contra outras violações comerciais. O governo federal tem lutado ativamente em nome de empresas como a Apple para permitir seu acesso seguro ao mercado de consumo mundial e é parceiro fundamental para estabelecer e manter vantagens competitivas globais para elas (Prestowitz, 2012). Embora as corporações americanas se definam como entidades multinacionais cuja existência transcende fronteiras políticas, Washington é o primeiro lugar a que recorrem quando surgem conflitos no mercado global. O acesso a mercados estrangeiros protegidos por restrições comerciais só foi possível graças à atuação dos Estados Unidos na vanguarda e no apoio. Na década de 1980, por exemplo, a Apple teve dificuldades para entrar no mercado japonês. Ela pediu auxílio ao governo americano argumentando que ele tinha a obrigação de ajudá-la a abrir o mercado japonês para os produtos americanos apelando para o governo do país oriental (Lyons, 2012). Quando a competição global irrestrita chegou ao mercado doméstico, empresas como a Apple tiveram o apoio do governo para garantir que as leis de propriedade intelectual fossem aplicadas em todo o mundo. A proteção adicional oferecida à Apple por autoridades locais e federais continua a manter esse tipo de subsídio, o que permite que a empresa siga inovando.

Além disso, o governo americano continua a oferecer muitas outras formas de apoio tributário e contratos públicos que beneficiam enormemente empresas americanas como a Apple. Segundo um documento do Tesouro americano, as empresas em geral (incluindo a Apple) requisitaram 8,3 bilhões de dólares em créditos fiscais em pesquisa e experiência (P&E) em 2008 (Office of Tax Policy, 2011). Além disso, a Califórnia oferece generosos pacotes tributários em P&D, aos quais recorrem empresas de eletrônicos e computadores (Ibele, 2003).[12] Desde 1996, a Apple teria solicitado 412 milhões de dólares em créditos tributários de todos os tipos para P&D (Duhigg e Kocieniewski, 2012).

As políticas de contratos públicos ajudaram a Apple em vários estágios críticos, permitindo que a empresa sobrevivesse em meio à disputa feroz com seus concorrentes. As escolas públicas dos Estados Unidos têm sido clientes leais, comprando computadores e software todos os anos desde 1990.[13] Klooster (2009) afirma que as escolas públicas

---

12. Segundo um relatório legislativo de 2003 do estado da Califórnia avaliando os resultados do programa de créditos tributários em pesquisa e desenvolvimento (RDC), as pequenas e médias empresas são as que mais se candidatam em números de solicitações (mais de 60% das solicitações), enquanto as empresas maiores são as que têm a parcela maior em termos de valor (mais de 60% do valor total dos créditos tributários solicitados).
13. A parcela da Apple na compra total de computadores para escolas de ensino fundamental e médio nos Estados Unidos chegou a 58% em 1994 (Flynn, 1995). Os educadores também deram as boas-vindas à iniciativa do "livro escolar" da Apple, que deveria reduzir significativamente o preço dos didáticos com o aumento do

foram um mercado fundamental para a Apple, que no final da década de 1980 amargou os fracassos do Apple III e Lisa. As disposições do American Recovery and Reinvestment Act (ARRA) de 2009 (pós-crise financeira) garantiram incentivos que beneficiaram as empresas de eletrônicos e computadores nos Estados Unidos. Entre outras coisas, com uma pequena alteração no âmbito do plano 529 do IRS americano, a compra de "tecnologia e equipamento de informática" foi definida como despesa com educação, o que deverá impulsionar as vendas de computadores, tablets e softwares Apple.[14]

Em suma, "descobrir o que você gosta" enquanto continua sendo "louco" é muito mais fácil em um país em que o Estado desempenha um papel fundamental, assumindo o desenvolvimento das tecnologias de alto risco, fazendo os investimentos iniciais, maiores, mais arriscados e depois sustentando-os até que os atores do setor privado, em um estágio muito mais adiantado, apareçam "para brincar e se divertir". Assim, enquanto os especialistas do "livre mercado" continuam a alertar para o perigo de o governo "escolher vencedores", pode-se dizer que várias políticas governamentais americanas lançaram as bases que deram à Apple os instrumentos para se tornar um dos principais integrantes de uma das indústrias mais dinâmicas do século XXI. Sem os investimentos e intervenções do governo americano, é bem provável que muitos dos produtos que viriam a se tornar "Apples" se transformassem em perdedores na corrida global pelo domínio da era da computação e das comunicações. O sucesso organizacional da empresa na integração de tecnologias complexas em dispositivos atraentes e de fácil manuseio complementadas por softwares potentes não deve ser minimizado, no entanto é incontestável o fato de que a maioria das

---

uso de livros virtuais nas escolas. Isso exigiria o uso do iPad, contribuindo para o aumento de suas vendas.

14. O artigo 529 do Internal Revenue System (IR americano) inclui certos benefícios fiscais, também conhecidos como *qualified tuition programs* ou *college savings plans*. Uma emenda legislativa de 2011 permitiu que pais e alunos usem os recursos da poupança para a faculdade para comprar computadores, além de equipamentos e acessórios para computadores (incluindo iPads). Antes, nenhuma dessas compras era considerada despesa escolar que permitisse o saque (Ebeling, 2011).

melhores tecnologias da Apple existe devido aos esforços coletivos e cumulativos conduzidos anteriormente pelo Estado, mesmo em face da incerteza e muitas vezes em nome, se não da segurança nacional, da competitividade econômica.

No capítulo 8 voltarei a falar da Apple para perguntar o que o Estado recebeu em troca dos investimentos arriscados que fez tanto na empresa quanto nas tecnologias "revolucionárias" que tornaram o iPhone tão *"smart"*. Como veremos, esta talvez seja a questão mais crucial que os formuladores de políticas deveriam se fazer no século XXI: quando, por um lado, queremos um Estado "ativo" com coragem para liderar a próxima revolução tecnológica, a "revolução verde"; enquanto, por outro lado, o Estado tem de criar uma revolução com orçamentos limitados e a pressão por medidas de autoridade. Encontrar uma solução para a "relação risco-recompensa" será o segredo desse dilema.

6
Empurrão vs. empurrãozinho para a revolução industrial verde

> *Os primeiros dias na ARPA-E foram uma loucura. A primeira meia dúzia de funcionários teve de expedir o primeiro pedido e foi inundada com 3700 pedidos para suas 37 primeiras dotações, que derrubaram o sistema de computadores. Mas eles atraíram uma equipe absurdamente genial: um especialista em termodinâmica da Intel, um professor de engenharia elétrica do MIT, um investidor em energia limpa que também era professor do MIT. O diretor, Arun Majundar, tinha dirigido o instituto de nanotecnologia de Berkeley. Seu adjunto, Eric Toone, era professor de bioquímica da Duke e empreendedor. Arun gostava de dizer que aquilo era uma família; prefiro pensar que era um Projeto Manhattan de 400 milhões de dólares enfiado em um estímulo de 800 bilhões de dólares.*
> Michael Grunwald (in Andersen, 2012)

O SUCESSO DA APPLE AJUDA A ILUSTRAR como a revolução da tecnologia da comunicação e informação foi resultado dos investimentos do Estado e criou uma nova infraestrutura global de alta tecnologia e muitas das tecnologias fundamentais que puderam estimular o sucesso de empresas como a Apple. Em compensação, a "revolução industrial verde" impulsionada pelos esforços do Estado em todo o mundo deveria ser vista como uma tentativa de transformar uma das maiores infraestruturas já existentes: a infraestrutura energética. Os enormes custos irrecuperáveis da infraestrutura energética requerem não apenas suporte para novas tecnologias e empresas inovadoras, mas também apoio constante para os mercados nos quais essas tecnologias competem (Hopkins e Lazonick, 2012).

Não podemos influenciar o surgimento de empresas e tecnologias "verdes" inovadoras ou transformar os mercados de energia sem políticas dirigidas tanto para o lado da demanda quanto da oferta, uma vez que elas influenciam tanto a estrutura quanto a função dos mercados ou o investimento de empresas que estão tentando crescer ou fazer a transição para setores de tecnologia verde. Em termos gerais, as políticas voltadas para o lado da demanda são normas ambientais com impacto sobre os padrões de consumo de energia. As políticas voltadas para o lado da oferta são focadas no modo como a energia é gerada e distribuída, e influenciam a inovação em tecnologia e sua rápida adoção. Esses dois pontos são críticos, pois a política voltada para o lado da demanda pode ajudar a estabelecer uma direção tecnológica (para o que serve a tecnologia?) que também inclui apoio para soluções (baixos teores de carbono/sem carbono e renováveis). Exemplos de políticas voltadas para o lado da demanda incluem Renewable Portfolio Standards [Normas de Energia Renovável], metas de redução de gases de efeito estufa, metas de intensidade de energia (uma medida de uso de energia por unidade do PIB), novos padrões de construção ou até mesmo um "imposto de carbono". Cada uma delas visa padrões de consumo de energia e estabelece uma demanda pela redução da poluição, aumento da energia limpa ou melhora da eficiência do sistema de energia. As políticas voltadas para o lado da oferta poderiam incluir créditos fiscais, subsídios, empréstimos, concessões ou outros benefícios financeiros para tecnologias específicas, esquemas de preço favoráveis (como as tarifas "*feed-in*"), contratos de P&D e financiamento para descoberta e desenvolvimento de inovações etc. Tais políticas dão sustentação às tecnologias complementares e oferecem uma solução para as políticas do lado da demanda.

No entanto, há centenas, se não milhares, de políticas energéticas relevantes sendo implantadas atualmente em todo o mundo, algumas das quais existem há décadas. Elas ocorrem em nível internacional, nacional, estatal e local. Mas todos os países mencionados neste capítulo têm contado com políticas voltadas para demanda e suprimento para turbinar o desenvolvimento da indústria verde (com resultados bastante diferentes). Muitos dos que escrevem a respeito de política energética esquecem que até que turbinas eólicas e painéis solares fotovoltaicos (foco do capítulo 7) possam produzir energia a um custo igual ou inferior ao dos combustíveis fósseis, provavelmente continuarão a ser tecnologias marginais que não conseguem acelerar a transição tão necessária para aliviar a mudança do clima. Entender como as empresas transformam os mecanismos de apoio do governo em produtos de baixo custo e alto desempenho por meio do processo de inovação normalmente é o "elo perdido" nas discussões de política energética, e esse elo perdido pode acabar não só com nosso desejo de promover uma transição energética — mas fazê-lo com investimentos *high-road* em inovação. O apoio do Estado para as energias limpas deve continuar até que elas superem a vantagem dos custos irrecuperáveis das tecnologias existentes, e em alguns casos esses custos irrecuperáveis levam um século.

É por isso que grande parte deste capítulo se concentra nos mecanismos de apoio do lado da oferta (embora eu examine também políticas cruciais do lado da demanda). No ambiente das políticas atuais, muitos países vêm implementando as finanças públicas agressivamente com o objetivo de promover a indústria verde — e esse é o apoio mais direto possível para o desenvolvimento dos negócios. É também um "impulso" melhor para o desenvolvimento industrial verde, considerando que as políticas atuais voltadas para o lado da demanda pressupõem, em última análise, que um "setor privado dinâmico" irá responder prontamente a um pedido para a redução da poluição ou mais energias renováveis. Não apenas isso, mas as políticas do lado da demanda não incluem necessariamente disposições para o cumprimento de metas com "recursos domésticos" ou desenvolvimento econômico local.[1] As políticas do lado da demanda são cruciais e sua importância é real — especialmente para sinalizar o potencial do futuro mercado —, porém muitas vezes elas se tornam apelos para a mudança e, como as políticas do lado da oferta, são vulneráveis às mudanças nas admi-

---

1. Os estados americanos, por exemplo, muitas vezes conseguem "negociar" créditos de energia renovável (RECs) ou converter benefícios ambientais em valores negociáveis. Os RECs permitem que os estados atinjam suas metas por meio da compra de RECs, e não com a mudança efetiva da infraestrutura energética. Apesar de ser bom para atingir as metas, não há garantia de que isso será alcançado com as empresas ou cadeias de fornecimento do Estado, deixando de lado muitos dos benefícios econômicos de "tornar-se verde".

nistrações políticas. Para ser bem-sucedidas, elas precisam enfrentar a incerteza e o custo das inovações exigidas para atingir as metas.²

Políticas do lado da oferta são importantes para pôr o discurso em prática, financiando as empresas direta ou indiretamente por meio do subsídio do crescimento do mercado de longo prazo, esperando que ele acelere a formação de empresas inovadoras que possam fazer a revolução industrial verde. Dado o sucesso dessas políticas e, além disso, o sucesso e ampliação das fontes de energia renováveis, como a energia eólica e a solar, a oportunidade para que "redes elétricas inteligentes" organizem redes de fornecimento de energia é criada e estabilizada. Digo criada porque a natureza intermitente da energia renovável terá de ser gerenciada mais de perto. Digo estabilizada porque a necessidade ("demanda") de tecnologia de redes elétricas inteligentes será maior nos países que mais avançarem na integração da energia renovável em suas redes elétricas. Em outras palavras, o sucesso na transformação de nosso sistema de energia está repleto de mudanças industriais coletivas e complementares, mas tratar com seriedade a energia renovável é um passo importante e necessário para trazer a tecnologia da energia para o século XXI.

Assim, este capítulo examina as perspectivas de uma nova revolução tecnológica baseada em inovações que enfrentam as mudanças climáticas. Começo com uma breve discussão sobre os fatores que atraem o interesse para o desenvolvimento de uma economia verde. A segunda parte introduz abordagens adotadas por diferentes países para construir uma economia "verde", com o duplo objetivo de recuperação quanto a atual recessão econômica e de minimização dos problemas ambientais. Alguns países, como China e Alemanha, estão avançando em setores de tecnologia limpa com estruturas políticas coerentes que incluem medidas ligadas à demanda e à oferta coordenadas por uma

---

2. Martinot (2013, p. 9) mostra que as metas de desenvolvimento sustentável são um indicador útil para localizar os países que buscam mais agressivamente uma agenda de energia renovável/redução de carbono: "Cento e vinte países têm vários tipos de metas políticas para ações de longo prazo de energia renovável, incluindo uma meta vinculativa de 20% para a União Europeia", enquanto países como "a Dinamarca (100%), a Alemanha (60%)" e a China estão indo mais longe no sentido de uma transição verde, para o mais tardar em "2030 ou 2050".

visão "verde" abrangente. Outros países, como os Estados Unidos, Reino Unido e alguns retardatários europeus estão implantando estratégias desiguais com uma abordagem "começa-para" em relação a iniciativas verdes que produzem quando muito resultados duvidosos.

A abordagem ambivalente adotada pelos Estados Unidos é examinada em detalhes na terceira parte, que mostra como iniciativas governamentais contraditórias impedem o pleno desenvolvimento de um setor de energia limpa, restringindo os investimentos e protelando a implantação de novas tecnologias energéticas. A abordagem americana é importante porque representa um caso paradigmático, em que o compromisso financeiro histórico do setor público é desafiado por iniciativas governamentais ambíguas: por um lado, está tentando dar um "pequeno empurrão" no desenvolvimento de tecnologias verdes estimulando o capital de risco a assumir o papel de liderança; por outro, os Estados Unidos também estão tentando "abrir caminho" financiando projetos de P&D e iniciativas de implantação. Enquanto isso, os atuais esforços para apoiar o crescimento da produção se transformaram em um argumento clássico contrário à "escolha de vencedores" em vez de um exame de como o Estado pode financiar mais ativamente o necessário desenvolvimento da cadeia de suprimentos. Os Estados Unidos adotaram uma abordagem "financiar tudo", com a esperança de que uma inovação energética disruptiva, que também pode ser "verde", surja mais cedo ou mais tarde nos laboratórios, e que o capital financeiro decida financiar start-ups para viabilizar comercialmente e difundir amplamente essas tecnologias inovadoras. Isso não tem acontecido porque o desenvolvimento de muitas tecnologias limpas exige compromissos financeiros de longo prazo, do tipo que o capital de risco não está disposto ou não é capaz de assumir. A quarta parte encerra com a análise das diferentes abordagens nacionais discutidas na segunda e na terceira parte.

Financiando uma revolução industrial verde

Em primeiro lugar, o que é uma "revolução industrial verde"? Existem muitas formas de conceituar uma revolução industrial verde, mas a premissa básica é que o atual sistema industrial global deve ser radicalmente transformado em um outro que seja ambientalmente sustentável. A sustentabilidade exigirá uma transição energética que coloque tecnologias de energia limpa não poluentes na linha de frente. Ela nos afasta da dependência dos combustíveis fósseis e nucleares, que são finitos, favorecendo fontes de combustíveis "infinitos" — os combustíveis "renováveis" originários do sol. A construção de um sistema industrial sustentável também requer tecnologias para materiais recicláveis, técnicas avançadas de gestão de resíduos, aprimoramento das práticas agrícolas, medidas de eficiência energética mais fortes em todos os setores e infraestruturas de dessalinização da água (para lidar com escassez de água e recursos hídricos, por exemplo). Sem dúvida, qualquer revolução industrial verde terá de transformar os setores econômicos existentes atualmente e criar novos. É uma direção que continua sem um ponto de parada muito claro, mas com um benefício público crescente, na medida em que evita a destruição do planeta. Essa é uma questão complementar ao trabalho de Perez (2002, 2012), no qual se argumenta que o "verde" não é uma revolução, mas a "implementação" integral da revolução de TI em todos os setores da economia — transformando áreas como a obsolescência de produtos, tornando a "manutenção" em uma área de alta tecnologia em vez de área periférica de baixa tecnologia.

Intimamente associado à necessidade de uma revolução industrial verde está o problema da mudança do clima, uma crise ambiental global que afeta todos nós e que é resultado direto dos atuais centros das principais atividades econômicas. A mudança do clima é causada pela emissão de gases de efeito estufa, e a maior parte desses gases é um subproduto das tecnologias de produção de energia dominantes (alimentadas principalmente por carvão, cada vez mais por gás natural, mas também por petróleo) que movem as economias modernas. Sendo assim, a geração de energia é um setor no qual a inovação e a mudança são urgentemente necessárias para que se possa evitar os piores impactos da mudança do clima. O leque de opções disponíveis para os formuladores de políticas é amplo, dado que a emissão de gases de efeito estufa pode ser administrada ou evitada com tecnologia, decreto, ou por meio de regulamentações econômicas complexas que incentivam ou desestimulam decisões no nível individual ou empresarial.

Dado que as infraestruturas e tecnologias de combustíveis fósseis foram incorporadas às sociedades modernas, criando um efeito "*carbon lock-in*" (Unruh, 2000), este capítulo usa a tecnologia limpa como exemplo paradigmático de tecnologia que precisa ser amplamente implantada para que a revolução industrial verde tenha sucesso. As energias solar e eólica, que não emitem poluentes durante sua operação, são duas tecnologias exemplares de energia limpa com anos de história e que são examinadas cuidadosamente no próximo capítulo. As energias eólica e solar são tecnologias que oferecem amplas oportunidades para o inovador setor de TI. A TI também se beneficia com a "direção" proporcionada pelas iniciativas de energia limpa. Como fontes de energia tipicamente "difusas" e "intermitentes", as energias solar e eólica se beneficiaram com o que Madrigal (2011, p. 263) descreve como "jogar software no problema": aumentar a produtividade e a confiabilidade dos projetos de energia eólica e solar com modelagem computacional avançada, gestão da produção de energia e monitoramento remoto. Os investimentos em uma "rede elétrica inteligente" são feitos para digitalizar sistemas de energia modernos a fim de otimizar a flexibilidade, o desempenho e a eficiência das tecnologias limpas e ao mesmo tempo oferecer opções de gerenciamento avançado para os operadores da rede elétrica e usuários finais. Essa flexibilidade e controle não são diferentes do tipo que surgiu com as redes de comunicação digitalizadas. A revolução das tecnologias de informação e comunicação que criou a comunicação digital não apenas gerou novas oportunidades comerciais (por meio da internet, por exemplo), como também forneceu uma plataforma valiosa para a produção, reunião, acesso e disseminação de conhecimento de todas as formas. Com tempo e ampla implantação, a rede elétrica inteligente poderia mudar a maneira como pensamos a respeito da energia, criar novas oportunidades comerciais e melhorar a economia da energia renovável gerando novas ferramentas para otimizar o gerenciamento da oferta de energia e a resposta à demanda.

Para começar a revolução industrial verde e lidar com a questão da mudança do clima precisamos mais uma vez de um Estado ativo que assuma a grande incerteza dos estágios iniciais, temida pelo setor empresarial. Ainda assim, apesar do burburinho que cerca a "tecnologia limpa" como se fosse a "nova fronteira econômica", e a "revolução verde" como se fosse a terceira "Revolução Industrial", existe pouca coisa realmente nova no que diz respeito às tecnologias limpas. A história das energias eólica e solar, por exemplo, remonta a muito mais de cem anos (e pode ir ainda mais longe se considerarmos a exploração não elétrica das fontes de energia). Embora a Revolução Industrial muitas vezes seja resumida à história da máquina a vapor e dos combustíveis fósseis (Barca, 2011), no passado contamos com o que hoje seria considerada energia hidrelétrica, eólica e de biomassa.[3] Apesar de nossa experiência passada e do conhecimento atual das tecnologias de energia "limpa", o apoio do governo para fazer com que a energia limpa seja parte dominante do mix energético tem sido historicamente inexistente ou oscilante. A falta de foco e de comprometimento com um futuro de tecnologia limpa é o que impede uma transformação mais rápida da infraestrutura de combustíveis fósseis em infraestrutura de energia limpa.

Mas existe uma luz no fim do túnel. Neste início do século XXI, inúmeros governos ao redor do mundo assumiram mais uma vez a liderança para aumentar o volume de P&D de muitas tecnologias limpas, como as energias eólica e solar, e têm sido grandes os esforços para montar redes elétricas inteligentes. Eles também subsidiam e apoiam o crescimento dos principais fabricantes que concorrem pela liderança do mercado nacional e mundial. Por fim, esses governos implantam políticas e instrumentos financeiros para estimular o desenvolvimento estável de mercados competitivos para a energia renovável. Como aconteceu com o desenvolvimento de outras indústrias, tais como a biotecnologia e TI, o setor privado só tem entrado no jogo depois que iniciativas governamentais bem-sucedidas absorveram a

---

3. Alguns exemplos incluem os moinhos de água, os moinhos de vento, as velas, a queima da madeira para aquecimento ou máquina a vapor. A força animal é outra importante fonte de energia usada pelos humanos no passado, ajudando a produção agrícola e fornecendo o principal meio de transporte.

maior parcela de incerteza e não há risco algum no desenvolvimento de novas energias.

A indústria "verde" ainda está em seus estágios iniciais: caracteriza-se tanto pela incerteza tecnológica quanto de mercado. Ela não se desenvolverá "naturalmente" por meio das forças do mercado, em parte devido à infraestrutura energética incrustada, mas também devido a uma falha dos mercados no sentido de valorizar a sustentabilidade ou punir o desperdício e a poluição. Diante de tantas incertezas, o setor empresarial permanecerá distante até que os investimentos mais arriscados e de capital mais intensivo sejam feitos, ou até que surjam políticas sistemáticas e coerentes. Como aconteceu nos estágios iniciais das indústrias de TI, biotecnologia e nanotecnologia, existem poucas indicações de que o setor empresarial sozinho entraria no novo setor "verde" e promoveria seu avanço sem uma política governamental forte e ativa. Assim, enquanto um "pequeno empurrão" talvez incentive alguns empreendedores a agir, a maioria dos empresários precisará de sinais mais fortes para justificar seu envolvimento com a inovação da tecnologia limpa. Somente políticas de longo prazo podem diminuir a incerteza da transformação de uma atividade essencial em tecnologia limpa. Na verdade, nenhuma outra indústria high-tech foi criada ou transformada com um "empurrãozinho". O mais provável é que seja necessário um empurrão bem forte.

Perspectivas nacionais para o desenvolvimento econômico verde

Existem diferenças na maneira como os países estão reagindo ao desafio de desenvolver uma economia verde. Esta parte do capítulo mostra como algumas nações estão usando os gastos com estímulos pós-crise como forma de direcionar os investimentos governamentais para indústrias de tecnologia limpa mundiais com dois objetivos: (a) proporcionar crescimento econômico e (b) minimizar as mudanças do clima. Enquanto alguns países assumem a liderança, outros vão ficando para trás. Como os investimentos em inovação são cumulativos e os resultados "dependem do histórico" (as inovações de hoje dependem das inovações de ontem), é provável que os líderes que estão surgindo dessa corrida continuem a ser líderes por muitos anos ainda. Em outras palavras, os que agirem primeiro desfrutarão de uma vantagem inédita.

Gráfico 14. Investimento global em energia renovável (em bilhões de dólares)

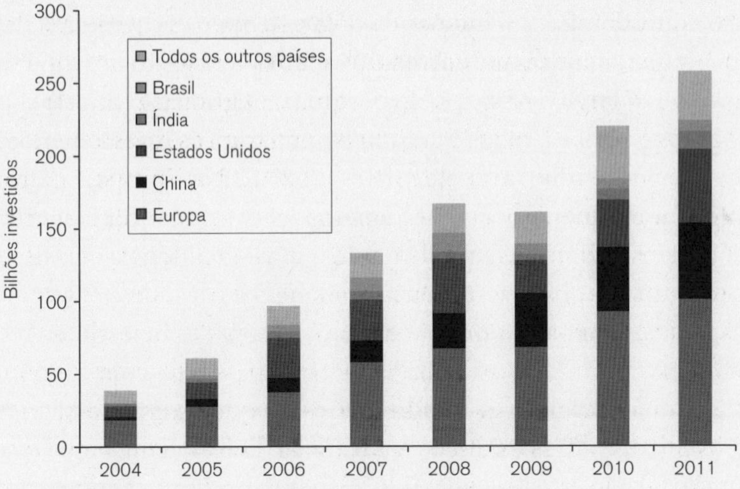

FONTE: Frankfurt School of Finance and Management (2012).

Entretanto, o fracasso de alguns governos em transmitir uma "visão" e realmente "impulsionar" a tecnologia limpa está afetando a quantidade de investimentos feitos. Países que adotam uma política "irregular" em relação à tecnologia limpa não conseguirão estimular investimentos suficientes para alterar suas "pegadas de carbono", nem devem esperar gestar os líderes da tecnologia limpa do futuro. Um exemplo de país que caminha para um "grande empurrão" é a China; a Alemanha também é pioneira entre os países europeus. Os Estados Unidos têm mostrado tendências contraditórias, com o Estado fazendo grandes investimentos iniciais em tecnologias verdes. No entanto, agindo sem uma visão e objetivos claros, e sem um comprometimento de longo prazo com várias tecnologias fundamentais, os americanos não conseguiram fazer mudanças significativas em seu mix energético. O Reino Unido também está ficando para trás.[4]

Nos Estados Unidos, o pacote de estímulos de 2009 — American Recovery and Reinvestment Act — reservou 11,5% de seu orçamento para investimentos em tecnologia limpa, menos do que a China (34,3%), França (21%) ou Coreia do Sul (80,5%), porém mais do que o Reino Unido (6,9%). Em julho de 2010 o governo da Coreia do Sul anunciou que dobraria seus gastos com pesquisas em tecnologia verde para o equivalente a 2,9 bilhões de dólares em 2013 (quase 2% do PIB anual), o que significa que entre 2009 e 2013 terá gasto um total de 59 bilhões de dólares nesse tipo de pesquisa. O gráfico 14 mostra que a Europa, os Estados Unidos e a China dominaram os investimentos globais em energia renovável entre 2004 e 2011. Na Europa, os investimentos foram liderados pela Alemanha. Não se sabe como a crise da zona do euro afetará os investimentos, mas a tendência recente tem sido de aumentar os investimentos globais.

O gráfico 15 mostra também que, na Europa, os investimentos governamentais em P&D em energia diferem bastante, com Reino Unido, Espanha e Irlanda gastando menos do que os Estados Unidos e muitos outros países asiáticos e europeus. O problema é que o setor empresarial não está preenchendo a lacuna. No Reino Unido, o investimento total de 12,6 bilhões de libras em 2009-10 é, segundo o Public Interest Research Centre (2011, p. 5), "menos de 1% do PIB do Reino Unido; metade do que a Coreia do Sul investe anualmente em tecnologia verde e menos do que o Reino Unido gasta atualmente em móveis em um ano".

Além dos gastos com P&D, os bancos de investimento estatais estão assumindo um papel de liderança no desenvolvimento de tecnologia verde em alguns países emergentes. Na China, os investimentos feitos pelo Banco de Desenvolvimento Chinês (BDC) são fundamentais para seu sucesso em energia solar. Depois de 2010, o BDC ofereceu 47 bilhões

---

4. Outros países da União Europeia que parecem estar avançando são Finlândia, França, Dinamarca e Noruega, enquanto a Irlanda e a Espanha parecem estar ficando para trás na promoção do desenvolvimento econômico verde.

Gráfico 15. Gastos governamentais com P&D em energia em % do PIB em treze países, 2007

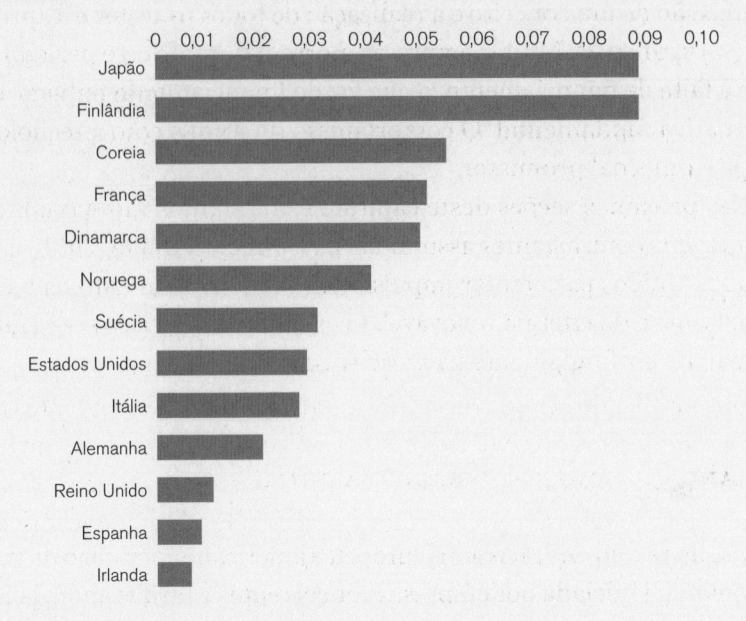

País	Valor (aprox.)
Japão	0,09
Finlândia	0,09
Coreia	0,055
França	0,05
Dinamarca	0,05
Noruega	0,04
Suécia	0,035
Estados Unidos	0,035
Itália	0,03
Alemanha	0,025
Reino Unido	0,015
Espanha	0,015
Irlanda	0,005

FONTE: UK Committee on Climate Change (2010, p. 22).

de dólares para cerca de quinze dos principais fabricantes de painéis solares voltaicos para financiar suas necessidades de expansão atuais e futuras, embora as empresas tenham sacado aproximadamente 866 milhões de dólares em 2011 (Bakewell, 2011). A pronta expansão das empresas fabricantes de painéis solares, viabilizada pelo financiamento público, consolidou de maneira veloz os fabricantes chineses como importantes atores da cena internacional. Com isso, eles conseguiram reduzir o custo dos painéis solares fotovoltaicos tão rapidamente que muitos responsabilizam os chineses pelas inúmeras falências dos fabricantes americanos e europeus (no caso da Solyndra, examinado a seguir, a situação foi exacerbada pela saída do capital de risco original).

O Banco Nacional de Desenvolvimento Econômico (BNDES) brasileiro aprovou um crédito de mais de 4,23 bilhões de dólares em 2011 para o financiamento de tecnologia limpa (Fried, Shukla e Sawyer, 2012, p. 5). Na área de biotecnologia, o BNDES tem se concentrado no financiamento de empresas que passaram pelo estágio do "Vale da Morte". O Vale da Morte é a fase do processo de inovação que ocorre entre a validação de um conceito e a realização de todos os testes e a aprovação (ver gráfico 2). Muitas empresas morrem durante esse período devido à falta de financiamento, o que faz do financiamento público uma alternativa fundamental. O compromisso do BNDES com a tecnologia limpa é um sinal promissor.

Nas próximas seções deste capítulo examinamos rapidamente as abordagens contrastantes assumidas na China, no Reino Unido e nos Estados Unidos para tentar impulsionar o desenvolvimento da tecnologia limpa e da energia renovável. O exemplo americano será examinado mais profundamente na seção seguinte.

O PLANO QUINQUENAL "VERDE" DA CHINA

Diante da reação dos mercados europeu e americano (por meio da guerra comercial iniciada por empresas concorrentes e tarifas apoiada pelo governo) ao sucesso de sua nascente indústria de painéis solares na redução de preços, a China optou por rever sua meta *doméstica* de desenvolvimento de energia solar para 20 GW até 2015 — em uma época em que existem apenas 3 GWS no país (Patton, 2012). Se conseguir atingir a meta dentro do cronograma, a China provavelmente se tornará o segundo maior mercado de energia solar do mundo, desenvolvendo tanta em três anos quanto a Alemanha em uma década. Complementando essas metas estão as tarifas *feed-in* regionais, que fixam o preço da energia produzida por meio de projetos de energia eólica e solar em termos mais favoráveis (Landberg, 2012). Outros incentivos asseguram aos desenvolvedores de energia chineses a recuperação dos custos das tecnologias atuais em sete anos, e a geração de retornos por décadas, enquanto os fabricantes continuam a melhorar as tecnologias (C. Liu, 2011). A meta chinesa de 100 GW de energia eólica até 2015 e de 1000 GW até 2050 é outro objetivo agressivo para promover o desenvolvimento econômico e reduzir as emissões de carbono (Y. Liu, 2012). É como uma "viagem à Lua" na comparação com outros países, pois 1000 GW de energia eólica equivaleria a aproximadamente *toda* a capacidade das redes elétricas inteligentes dos Estados Unidos ou da Europa atualmente, que estão entre as maiores da Terra. Até agora, as metas chinesas só têm sido revistas para cima, sugerindo que amplas oportunidades para a indústria doméstica continuarão a existir no futuro próximo.

O 12º plano quinquenal chinês (2011-5) é visionário e ambicioso, e seu objetivo é investir 1,5 trilhão de dólares (ou 5% do PIB) em várias indústrias: tecnologias eficientes e ecológicas, biotecnologia, nova geração de TIS, produção avançada, novos materiais, combustíveis alternativos e carros elétricos. A estratégia mais abrangente desses investimentos é adotar uma abordagem "circular" do desenvolvimento econômico que coloque a sustentabilidade em primeiro lugar, diretriz que define o controle da poluição e do desperdício como formas de vantagem competitiva (Mathews et al., 2011). Acompanhando os investimentos no desenvolvimento industrial estão metas de redução da intensidade da energia, controle de emissões e desenvolvimento renovável (uma combinação de políticas do lado da demanda e da oferta). Martinot e Junfeng (2007, p. 11) destacaram as metas para uma redução de 30% na intensidade energética chinesa entre 1995 e 2004, e a meta adicional para reduzir em mais 20% até 2010. A China continuará com políticas para reduzir a poluição energética, pois é o maior emissor de CO_2 do mundo (Hopkins e Lazonick, 2012).[5] Segundo a Climate Works, o 12º plano quinquenal "marca a primeira vez em que a China incorporou formalmente o abrandamento das mudanças climáticas em sua estratégia econômica fundamental" (2011, pp. 2-4), apesar de também ter buscado reduzir a poluição e as emissões em seu 11º plano quinquenal.

Reconhecendo que a vantagem competitiva do futuro depende tanto da gestão eficiente dos recursos como da redução do desperdício e da poluição, a estratégia de "desenvolvimento verde" chinês está redefinindo a noção de como o desenvolvimento econômico "ideal" transcorre com medidas agressivas do lado da demanda e da oferta. Os pla-

---

5. A China també assinou o Protocolo de Kyoto em 1998 e o ratificou em 2002. Os Estados Unidos são o único país que assinou (em 1998), mas nunca ratificou o protocolo.

nos chineses, favoráveis para ambas as partes, fazem do "lucro" e do "ambiente" objetivos complementares em vez de compensações (como geralmente são tratados em muitas economias ocidentais). O resultado é que a China continua a dominar o setor de aquecimento de água com energia solar, energia eólica, e está preparada para continuar não apenas a ser o principal fabricante de painéis solares fotovoltaicos, mas também a se tornar seu principal mercado.

Em resumo, a China agora prioriza as tecnologias limpas como parte de uma visão estratégica e compromisso de longo prazo com o crescimento econômico. Apesar de já fornecer bilhões de dólares para o financiamento de novos projetos de energia renovável, ela está na verdade apenas *começando* a investir seriamente em tecnologia eólica e solar (Lim e Rabinovitch, 2010).

A ABORDAGEM "COMEÇA-PARA" DO REINO UNIDO EM RELAÇÃO ÀS INICIATIVAS VERDES

A fraqueza da abordagem do Reino Unido em relação aos investimentos verdes é condizente com o padrão mais amplo fixado pelos países da UE em relação aos desafios econômicos atuais. Um relatório da Ernst & Young (2011, p. 2) descreveu um investimento mundial recorde de 243 bilhões de dólares em 2010 em "tecnologia limpa" (incluindo investimentos públicos e privados como tarifas *feed-in* para projetos de energia solar), mas observa que o "mercado está em fluxo" (ou seja: os sinais não são claros) diante das condições financeiras desafiadoras, com grandes variações de investimento pelas várias geografias e tecnologias.[6]

Apesar da promessa feita pelo primeiro-ministro britânico em 2010 de chefiar "o governo mais verde de todos os tempos" (Rander-

---

6. O relatório mostra que a China recebe a maioria dos investimentos, seguida pelos Estados Unidos, com países da Europa lutando para equilibrar os compromissos financeiros com tecnologias limpas de desenvolvimento contra o gerenciamento dos déficits nacionais.

son, 2010), o Reino Unido na verdade cortou os gastos de programas implantados, recuando nos investimentos em tecnologias verdes. Em 2010-1, foram cortados 85 milhões de libras do orçamento do Departamento de Energia e Mudança Climática, incluindo 34 milhões de libras de programas de apoio às energias renováveis. Além disso, foi feito um corte de 40% no orçamento de 2011 da Carbon Trust e uma redução de 50% para a Energy Saving Trust. Somando-se a isso a relutância em garantir fontes de financiamento para o desenvolvimento de tecnologia verde no longo prazo — incluindo o não cumprimento da garantia de subsídios para os carros elétricos além de um ano e prometendo rever a estrutura da tarifa *feed-in* em 2012 —, o Reino Unido não criou um ambiente ideal para o investimento verde (uma revisão de abril de 2011 já havia cortado pela metade a tarifa *feed-in* de instalações comerciais acima de 50 kw a fim de financiar o prometido apoio a pequenas instalações residenciais). Também não foram comprovados os efeitos de iniciativas anteriores: o orçamento do Reino Unido de abril de 2009 tentou acelerar a redução de emissões na geração de energia exigindo que a captura e armazenamento de carbono fosse instalada em todas as novas usinas movidas a carvão (e instalada em todas as usinas existentes até 2014); mas segundo o House of Commons Energy and Climate Change Committee, isso poderia resultar em novo aumento da geração de energia a gás em vez de investimentos substanciais na tecnologia de captura e armazenamento de carbono. Esse exemplo mostra como políticas equivocadas não conseguem estimular a inovação, neste caso, em tecnologias de captura e armazenamento de carbono. Essa situação é ainda mais problemática por favorecer as centrais elétricas a gás, aprofundando a dependência de combustíveis fósseis da matriz energética no Reino Unido.

O fato de o empresariado investir apenas quando existem sinais evidentes de retornos futuros indica que esses países que embaralham demais esses sinais desestimulam o investimento ou o deixam escapar. Tanto a Vestas (da Dinamarca) quanto a General Electric (GE, dos Estados Unidos) aludiram à falta de sinais políticos claros no Reino Unido como razão para cancelar seus planos de desenvolvimento e produção de energia eólica em terra e no mar.[7] Sarah Merrick, da Vestas (Bakewell, 2012), comentou que "é bastante difícil ver se há muita visibilidade em termos do que poderá acontecer além do final da OR [obrigação renovável]", o que torna "muito difícil para os investidores tomar decisões [sic] de longo prazo". Os investidores não podem tomar decisões comerciais de longo prazo baseados em políticas governamentais de curto prazo.

A principal iniciativa da coalizão governamental do Reino Unido foi criar um banco de investimento verde para oferecer financiamento do tipo Seedcorn para tecnologias verdes, com base na noção de que a revolução verde pode ser comandada pelo setor empresarial. Basta um empurrãozinho ou incentivos do Estado. Isso está errado (nenhuma outra revolução tecnológica ocorreu dessa forma), e os níveis atuais de financiamento são muito insignificantes para causar qualquer impacto. A iniciativa do banco de investimento verde mostra que não aprenderam as lições das revoluções tecnológicas anteriores: investimentos *ativos* comandados pelo Estado deixam o país em "primeiro lugar" e colhem retornos futuros crescentes. Enquanto a China disponibiliza 47 vezes mais dinheiro do que as empresas de energia solar conseguem usar, a Grã-Bretanha está às voltas com "dinheiro de mentira".

O governo do Reino Unido costuma apresentar os investimentos "verdes" como uma concessão do crescimento, com o argumento de que durante uma crise econômica os formuladores de políticas devem se concentrar em estratégias claras de investimento, e não nas arriscadas. Ainda assim, o ritmo lento do desenvolvimento verde em todo o mundo é precisamente o que poderia torná-lo um catalisador do crescimento econômico. Dado que a inovação significa ter as conexões certas na economia e depois comissionar tecnologias específicas, poder-se-ia argumentar contra subvenções e subsídios diretos do gover-

---

7. Os sinais obscuros incluem as reiteradas mudanças nas políticas de tarifas *feed-in*, que minaram a confiança e o crescimento da indústria solar, e a decisão de criar um Banco de Investimentos Verde com capital limitado e sem planos de financiamento até 2015.

no, independentemente de sua finalidade. A falta de apoio governamental, nesse sentido, não seria problemática se houvesse forças inovadoras surgindo em outro lugar, como no setor privado. Mas isso não está acontecendo.

Nações como o Reino Unido, que chegou a ser visto como um país que estava compensando o atraso na última década, correm o risco de ficar para trás na questão das tecnologias verdes. No futuro, se o padrão atual persistir, o Reino Unido provavelmente importará esse tipo de tecnologia em vez de produzi-la.

ESTADOS UNIDOS: UMA ABORDAGEM AMBÍGUA EM RELAÇÃO ÀS TECNOLOGIAS VERDES

Podemos encontrar uma pista do que é necessário para acelerar a "revolução" verde nos Estados Unidos, onde as iniciativas financiadas pelo governo estão ocupadas tentando entender o que funcionou nas revoluções tecnológicas anteriores. Mas apesar de os Estados Unidos terem conseguido conectar e alavancar a academia, a indústria e o empresariado no empurrão que deu para as tecnologias verdes (historicamente com o Departamento de Energia e mais recentemente com a Agência de Projetos de Pesquisa Avançada em Energia, ou ARPA-E), seu desempenho tem sido irregular. Como um dos "primeiros" países a incentivar seriamente as energias solar e eólica na década de 1980 (as primeiras células solares de silício cristalino foram inventadas pelos americanos na década de 1950), os Estados Unidos não conseguiram manter seu apoio e viram a Europa, o Japão e agora a China assumirem a liderança. Pior, os Estados Unidos não conseguiram alterar seu mix energético de forma significativa, consolidando sua posição há décadas como líder mundial na emissão de CO_2. Com capacidade inovadora de altíssimo nível, a maior economia do mundo e uma rede elétrica inteligente gigantesca, os Estados Unidos têm tudo para puxar uma revolução da tecnologia limpa, mas não fazem isso. No contexto da campanha eleitoral de 2012, o desenvolvimento da energia limpa estava mais uma vez enfrentando grande incerteza e a possibilidade real de perder o apoio governamental em um momento crítico.[8] Jeffrey Immelt, CEO da GE, descreve a atual estrutura da indústria de energia americana e a falta de uma política energética como "estupidez", calculando que outros países já estão dez anos à frente em termos de economia verde (Glader, 2010).

PRÓS E CONTRAS DO MODELO AMERICANO

Empurrãozinho com o capital de risco

Uma das principais razões para o desenvolvimento irregular dos Estados Unidos tem sido a grande dependência do capital de risco (CR) para "dar um empurrãozinho" no desenvolvimento de tecnologias verdes. O país é o capital do CR do mundo da tecnologia limpa, com 7 bilhões de dólares investidos em 2011 contra 9 bilhões investidos mundialmente. O Jumpstart Our Business Startups Act (JOBS Act) de 2012 tenta oferecer ao CR riscos de investimento ainda menores, relaxando as exigências de relatórios financeiros das empresas "menores" (aquelas com receita anual inferior a 1 bilhão de dólares). Também legaliza o *"crowd funding"*, o que significa que os investidores podem recrutar uma gama mais ampla de investidores (e pessoas físicas) quando tornam as empresas públicas. Como isso pode gerar crescimento do nível de emprego — quando parece feito para garantir que os investidores possam colher retornos substanciais em pequenas empresas que agenciam tecnologias do governo — é difícil saber. Por um lado, menos transparência e "informação" sobre as jovens empresas aumentam os riscos dos investidores de todos os demais tipos. Por outro lado, poderia melhorar o comprometimento do capital de risco com pequenas

---

8. Uma questão polêmica para a indústria eólica foi, por exemplo, o vencimento do crédito fiscal de produção. Prorrogado até 2013, venceu no final desse ano. Apesar de ter sido criado em 1992, as ameaças frequentes de vencimento do crédito fiscal de produção têm contribuído para os altos e baixos em seus ciclos de desenvolvimento, em vez de permitir que funcione como sinal de compromisso de longo prazo com a energia eólica.

empresas, dado que o risco se estende por uma gama mais variada de investidores. Mas se a luta das empresas de tecnologia limpa atuais é evidente, o crescimento da empresa no longo prazo e consequentemente o crescimento do nível de emprego são muito mais sensíveis ao apoio governamental de longo prazo do que os retornos da oferta pública inicial [IPO] (o alvo habitual do CR). Além disso — como no caso da energia solar, por exemplo —, o CR já mostrou que os investidores do capital de risco são "capitalistas impacientes": eles não estão interessados em bancar os riscos e os custos do desenvolvimento tecnológico por um longo período. Os recursos financeiros que o capital de risco pode alocar também têm limites.

Como algumas tecnologias limpas ainda estão em estágios muito iniciais, quando a "incerteza knightiana" é a mais alta, o financiamento do capital de risco se dirige às apostas mais seguras, e não à inovação radical necessária para que o setor transforme a sociedade e atinja o duplo objetivo de promover o crescimento econômico e abrandar a mudança climática. Ghosh e Nanda (2010, p. 9) afirmam que só o dinheiro do setor público está financiando atualmente os projetos de tecnologia limpa mais arriscados e de capital mais intensivo — aqueles que estão no canto superior direito do gráfico 16. O financiamento do capital de risco está concentrado principalmente nas áreas mostradas no canto inferior esquerdo do gráfico. Isso é muito problemático, uma vez que mostra que o capital de risco não busca os setores de tecnologia limpa que são ao mesmo tempo inovadores e necessitam de capital intensivo. A menos que o governo amenize as restrições aos investidores ou faça seus próprios investimentos, essas áreas importantes continuarão a sofrer com a falta de investimento e de desenvolvimento.

As empresas de tecnologia limpa, como as de biotecnologia, podem enfrentar inúmeros desafios enquanto tentam fazer a transição do resultado do estágio de P&D para a produção comercial. Além disso, a quantidade de capital necessário para atingir a economia de escala geralmente é mais alta do que a dos setores de TI (origem da riqueza do capital de risco). Na verdade, o capital de risco foi atraído para a tecnologia limpa por causa do apoio do governo e praticamente todos os seus investimentos têm sido feitos em tecnologias *consolidadas*, algu-

Gráfico 16. Subsetores do capital de risco dentro da energia limpa

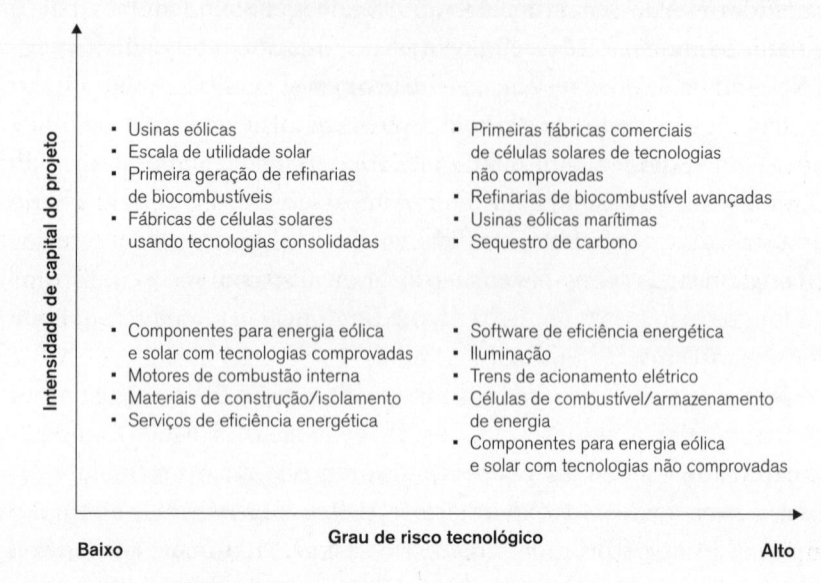

Intensidade de capital do projeto		
Alta	• Usinas eólicas • Escala de utilidade solar • Primeira geração de refinarias de biocombustíveis • Fábricas de células solares usando tecnologias consolidadas	• Primeiras fábricas comerciais de células solares de tecnologias não comprovadas • Refinarias de biocombustível avançadas • Usinas eólicas marítimas • Sequestro de carbono
Baixa	• Componentes para energia eólica e solar com tecnologias comprovadas • Motores de combustão interna • Materiais de construção/isolamento • Serviços de eficiência energética	• Software de eficiência energética • Iluminação • Trens de acionamento elétrico • Células de combustível/armazenamento de energia • Componentes para energia eólica e solar com tecnologias não comprovadas
	Baixo — Grau de risco tecnológico — **Alto**	

FONTE: Ghosh e Nanda (2010, p. 9).

mas das quais já estavam colhendo os benefícios de décadas de desenvolvimento (Bullis, 2011).[9]

O sucesso de empresas como a First Solar (ver o próximo capítulo) nos Estados Unidos, por exemplo, foi construído ao longo de várias décadas, nas quais o capital de risco entrou em um estágio relativamente tardio e saiu logo depois de concluída a primeira oferta pública inicial (IPO) das ações. A maior parte do risco do investimento na First Solar foi bancada pelo governo americano, que apoiou o desenvolvimento e a comercialização de sua inovadora tecnologia solar de película fina, chegando a ponto de ajudar no desenvolvimento do processo de fabricação.

---

9. Inovações mais graduais em eficiência energética parecem ter prioridade sobre os biocombustíveis de ponta ou tecnologias de energia solar avançadas. No caso das turbinas eólicas, o capital de risco tem ignorado completamente essa tecnologia, dando a entender que nem sempre se identifica ou se interessa por tecnologias que, já em 2012, se tornaram importantes líderes do setor energético e primeira escolha de muitos países interessados no desenvolvimento de energia renovável.

Além disso, incentivos estatais e federais dão bilhões para apoiar o estabelecimento e o crescimento de um mercado doméstico para os painéis solares fotovoltaicos para que empresas como a First Solar possam conquistar uma parcela do mercado e atingir economias de escala. A combinação de apoio público e a posição atual da First Solar como principal fabricante de películas finas e painéis solares fotovoltaicos faz com que seu sucesso esteja praticamente garantido, e é difícil imaginar como uma companhia dessas possa falir, desde que o investimento público continue.

A impaciência do capital de risco: como a Solyndra se queimou com seus investidores[10]

O exemplo da Solyndra ilustra como a súbita saída do capital de risco pode arruinar as perspectivas de desenvolvimento de tecnologias inovadoras de empresas que também tiveram o apoio dos contribuintes. A Solyndra era a queridinha entre as empresas de tecnologia limpa e foi a primeira a obter uma garantia de empréstimo como parte do programa de empréstimos de 37 bilhões garantido pelo ARRA. A gestão do programa ficou a cargo do diretor executivo do Loan Programs Office do Departamento de Energia, Jonathan Silver, ex-investidor e ex-gerente de fundos de hedge, que começou a trabalhar no Departamento de Energia em 2009. A Solyndra, fabricante de painéis solares CIGS (seleneto de cobre, índio e gálio), recebeu 527 milhões de dólares do programa e investiu em uma nova fábrica, mais automatizada, que iria aumentar a produção e a economia de escala. A empresa acreditava que sua tecnologia de painéis solares fotovoltaicos CIGS representaria uma economia significativa depois da explosão do preço do silício em 2008, ingrediente básico dos painéis solares de silício cristalino (C-Si) que dominavam o mercado.

---

10. Esta seção se baseia no texto de William Lazonick e Matt Hopkins, "There Went the Sun: Renewable Energy Needs Patient Capital". Huffingtonpost.com (2011). Disponível em: <http://www.huffingtonpost.com/william-lazonick/there-went-the-sun-renewa_b_978572.html> . Acesso em: 12 abr. 2013.

Mudanças no mercado global de energia solar impediram que a Solyndra capitalizasse seus investimentos. Antes que a empresa pudesse explorar a economia de escala gerada pelo aumento da capacidade de produção, o preço do silício bruto despencou. O custo dos painéis solares fotovoltaicos C-Si também caiu ainda mais drasticamente do que o previsto, como resultado do desenvolvimento e do investimento por parte dos chineses nessa tecnologia. A despeito do apoio do governo e do 1,1 bilhão de dólares dos investidores, a Solyndra foi à falência no outono de 2011. Todos as partes interessadas estavam apostando no sucesso da empresa, não no fracasso, e ainda assim, para os críticos, a Solyndra se tornou um símbolo da ineficiência do governo em termos de investimento em tecnologia arriscada e incompetência para "escolher vencedores".

Os investidores do capital de risco foram os principais financiadores da Solyndra e, como todos os investidores desse tipo, aguardavam ansiosamente a oferta pública inicial (IPO), uma fusão ou aquisição para lhes fornecer a "saída" para seu investimento. Qualquer uma dessas "saídas" permite que eles convertam em dinheiro as ações que recebem em troca do investimento em determinada empresa. O melhor cenário é o que traz retornos financeiros vultosos obtidos por meio dos ganhos de capital com a venda das ações em vez de um retorno para o investimento criado pelo fluxo de caixa das operações. Mas uma "saída" bem-sucedida nem sempre é possível em mercados cercados pela incerteza, como provou a Solyndra. Quando os principais investidores abandonaram seu investimento de 1,1 bilhão de dólares, mil empregos desapareceram, e um empréstimo governamental garantido de 535 milhões de dólares foi desperdiçado. Em vez de manter o curso, os investidores da Solyndra abandonaram o navio.[11]

---

11. A Solyndra não é a única empresa a falir quando a comunidade empresarial perde a paciência ou tolerância ao risco. A Intel criou a Spectrawatt, sua divisão de painéis solares, em 2008, e investiu 50 milhões de dólares na empresa. Depois a Spectrawatt recebeu 32 milhões de dólares em financiamento estatal e federal para incentivar seu crescimento em Nova York. A Spectrawatt deveria começar a fabricar células solares fotovoltaicas C-Si e multi-C-Si em 2010 (Anderson, 2011). A empresa foi prejudicada por um lote de componentes defeituosos, pelo aumento da concorrência

EMPURRÃO VS. EMPURRÃOZINHO PARA A REVOLUÇÃO INDUSTRIAL VERDE

A ironia é que o apoio do governo sempre torna empresas como a Solyndra mais atraentes para os investidores, que andam atrás do "capital paciente" do Estado e reagem aos seus sinais. A conclusão que podemos tirar é que o governo deveria se concentrar exclusivamente no desenvolvimento das tecnologias mais arriscadas ou, como argumentam alguns (Kho, 2011), que o capital de risco "não é para fábricas" (mesmo com uma garantia de empréstimo do governo). Mas isso também não está acontecendo. Com efeito, os Estados Unidos enfrentam a reação dos republicanos contra o programa de garantia de empréstimos, dando a entender que acreditam que o governo não deveria fazer nada para promover a comercialização das tecnologias limpas.[12]

Agora falida, segundo Bathon (2012), a Solyndra só conseguirá reembolsar todos os que investiram na empresa se ganhar o processo de 1,5 bilhão que moveu contra as empresas chinesas que responsabiliza por seu fracasso. A Solyndra alega que os chineses baixaram os preços dos painéis solares a patamares prejudiciais para eles mesmos e para seus concorrentes, e também que as empresas chinesas se beneficiaram injustamente da ajuda do governo. A gritante hipocrisia da ação judicial não pareceria ofensiva se fosse uma oportunidade, para o público americano, de comparar o fracasso da política de energia solar americana ao sucesso das políticas chinesas. Em vez de se

---

dos chineses e pela recusa de seus investidores em injetar mais 40 milhões de dólares para manter seu funcionamento (Chu, 2011).

12. As questões levantadas pelo capital impaciente no financiamento de empresa de tecnologia limpa não são intransponíveis, mas a resposta cínica dos formuladores de políticas conservadoras tem sido a H. R. 6213, ou "No More Solyndras Act", patrocinada por Fred Upton (representante de Michigan) e outros 21 congressistas republicanos. A lei, aprovada pelo Congresso em setembro de 2012, por 245 a 161 votos, ainda não foi levada adiante; seu objetivo é acabar com o programa de empréstimo garantido do Departamento de Defesa, eliminado qualquer apoio desse tipo no futuro para tecnologias limpas. Essa lei também ignora a falta de comprometimento da comunidade empresarial com recursos para a tecnologia limpa nas últimas décadas. A "investigação" liderada pelos republicanos no caso da Solyndra tem sido usada como justificativa para um ataque aos investimentos em energia limpa de maneira mais ampla, pois o programa prevê apoio para usinas nucleares, fabricantes de automóveis, projetos de energia renovável etc.

ocupar com os meandros da política e a dinâmica do setor, os analistas da indústria têm preferido salientar os esforços americanos para proteger suas empresas de painéis solares criando uma guerra comercial contra os chineses.

Mesmo depois da venda de seus principais ativos, incluindo as instalações de sua sede e fábrica (construída em 2010) no valor de 300 milhões de dólares, restaram apenas cerca de 71 milhões de dólares para os investidores da empresa — incluindo os contribuintes (ver Wood, 2012). Os empregados demitidos receberão 3,5 milhões e o governo, 27 milhões de dólares pelo empréstimo inadimplente. Enquanto isso, a empresa controladora da Solyndra, a 360 Degree Solar Holdings (criada pelos investidores e pelo Departamento de Defesa durante uma reestruturação financeira em fevereiro de 2011), poderá embolsar 341 milhões em créditos tributários futuros caso encontre investimentos rentáveis. Em outras palavras, os contribuintes continuam a subsidiar os investidores até muito tempo depois de a empresa fechar suas portas.

O capital impaciente pode destruir companhias que prometem oferecer às massas tecnologia financiada pelo governo, mas os críticos sempre se voltam para o governo como origem do fracasso em vez de examinarem o comportamento da esperta comunidade empresarial, sempre ávida por lucros, levando a esse fracasso ao pular do navio, limitar seu comprometimento total ou exigir retornos financeiros acima de todas as considerações. Se o capital de risco não está interessado em indústrias de capital intensivo, ou em construir fábricas, o que exatamente está oferecendo em termos de desenvolvimento econômico? Seu papel deveria ser visto pelo que é: limitado. E, o mais importante, as dificuldades enfrentadas pela crescente indústria da tecnologia limpa deveriam chamar a atenção para a necessidade de maior apoio político, e não menos, dado que os modelos de financiamento existentes favorecem os investidores, e não o interesse público.

Empurrando com o DoE e a ARPA-E

A incapacidade do capital de risco para oferecer o necessário apoio de longo prazo para o desenvolvimento de inovações radicais vem sendo compensada há décadas pelos programas governamentais. O Departamento de Energia foi criado em 1978 para unir várias agências governamentais e dezessete laboratórios nacionais, formalizando a inovação energética como busca permanente do governo em resposta às constantes crises mundiais nesse setor. Por meio dessa rede ampla, o DoE financiou inúmeras iniciativas de apoio às tecnologias limpas, tanto no lado da demanda quanto da oferta, com seus orçamentos anuais de vários bilhões de dólares.[13] Isso inclui 3,4 bilhões e 1,2 bilhão de dólares em financiamento de P&D para energia solar e eólica entre 1992 e 2012 (dólar de 2011). Embora se possa argumentar que os Estados Unidos financiaram a energia nuclear e os combustíveis fósseis em patamares muito mais elevados, para nosso propósito é mais importante reconhecer que a influência do DoE pode ser vista na história das principais empresas de energia eólica e solar americanas. A colaboração com a indústria é frequente nos Estados Unidos, e a gama de apoio oferecido pelo DoE inclui subvenções, contratos e empréstimos, P&D e acesso a uma vasta base de conhecimento por meio do financiamento de pesquisas universitárias e colaborações público-privadas em todo o país.

O apoio do DoE para a pesquisa em energia limpa se expandiu consideravelmente durante a administração Obama. Com a aprovação

---

13. É preciso observar que existem muitas outras agências federais que afetam a inovação energética nos Estados Unidos. Uma delas é o Departamento de Defesa (DoD), que gastará anualmente 10 bilhões de dólares em energia renovável até 2030 segundo estimativas recentes (ver Korosec, 2011). Como acontece com muitas outras agências federais, está comprometido com exigências cada vez mais rigorosas em relação à eficiência energética e distribuirá os recursos entre inúmeros setores de tecnologia limpa, como a energia eólica, solar e hidrelétrica, biocombustível e armazenamento de energia. Um projeto de painéis fotovoltaicos com 2 bilhões de dólares do DoD já está em andamento em Fort Irwin, Califórnia (Proebstel e Wheelock, 2011). A Defense Logistics Agency, ligada ao DoD e à DARPA, alocou 100 milhões de dólares do orçamento de 3 bilhões da agência para inúmeras aplicações da energia limpa na área militar (ver Levine, 2009). Como um dos maiores consumidores de energia do governo, gastando aproximadamente 4 bilhões de dólares anuais com sua necessidade energética, e com várias vezes a metragem quadrada combinada do Walmart, a influência do DoD sobre o desenvolvimento e a penetração de muitas tecnologias limpas terá um impacto de longo prazo sobre seu sucesso (ver serdp.org).

do ARRA, o DoE alocou mais de 13 bilhões de dólares para o desenvolvimento de tecnologias de energia limpa e modernização da infraestrutura energética, reduzindo ao mesmo tempo o desperdício e facilitando a transição para maior sustentabilidade. Em 2009, o DoE destinou 377 milhões de dólares em financiamento para 46 novos centros de pesquisa ligados ao departamento, chamados Energy Frontier Research Center (EFRC), em universidades, laboratórios nacionais, organizações sem fins lucrativos e empresas privadas de todo o país. Em um período de cinco anos, o DoE comprometeu um total de 777 milhões de dólares nessa iniciativa. A escala do financiamento mostra o comprometimento do DoE para fazer com que invenções variadas alcancem a maturidade tecnológica, passando depois ao estágio de produção e ampla implantação. Além disso, centenas de milhões de dólares estão sendo alocados para empresas (por meio de financiamentos e programas de empréstimo) para auxiliar a expansão das instalações de produção de painéis solares, baterias para carros elétricos e projetos de biocombustível, junto com programas voltados especificamente para o avanço da implantação de painéis solares fotovoltaicos em casas e empresas. Essas iniciativas recentes representam uma enorme expansão do gasto do governo para adaptar a inovação à economia civil.

ARPA-E — inovação revolucionária

A Agência de Projetos de Pesquisa Avançada — Energia (ARPA-E) foi criada com o America Competes Act de 2007 e financiada pelo ARRA de 2009. Calcada no modelo da Agência de Projetos de Pesquisa Avançada de Defesa (DARPA) do Departamento de Defesa, sua diretriz era "focar na indústria transformadora 'não convencional' que a indústria não apoiaria devido aos altos riscos, mas cujo sucesso poderia trazer grandes benefícios para o país" (Advanced Research Projects Agency — Energy, "About", s.d.). Como já dissemos, a DARPA é hoje um programa multibilionário, descrito como um força inovadora há mais de cinquenta anos, realizando pesquisas fundamentais que criaram as bases da internet, do Windows da Microsoft, dos aviões Stealth e do GPS, usando o que Erica Fuchs descreve como um sistema baseado na governança de baixo para cima (Fuchs, 2009, p. 65; ver também o capítulo 5, sobre os produtos da família ios da Apple).

Uma ideia radical por trás da DARPA é o fato de que a agência não apenas conta, como tolera o fracasso. Fuchs atribui o sucesso da DARPA às suas características organizacionais. Os gestores do programa — pesquisadores de nível internacional — têm total autonomia e liberdade para assumir os riscos do desenvolvimento tecnológico. As atividades dos pesquisadores ocorrem paralelamente às atividades regulares de pesquisa governamental, acadêmica ou industrial. Isso não tem nada a ver com "escolher vencedores e perdedores"; trata-se do governo assumindo a liderança em P&D que não são encampados pelos setores empresariais avessos ao risco ou por agências como o DoE, muito pressionadas para produzir resultados. No entanto, as atividades da DARPA visam atender às necessidades de segurança nacional, que não são tão questionadas quanto as da DARPA-E, cuja missão é investir em tecnologias energéticas de alto risco que são muito incipientes para atrair o investimento do setor privado. Com efeito, a necessidade da agência e as divergências a respeito do que é "muito incipiente" continuarão a ser tema de debate. Também é interessante analisar até onde o fato de a DARPA atuar sob a bandeira da "segurança nacional" em vez do "desempenho econômico" contribui para o encobrimento do Estado como um ator-chave da economia. Pode ser que uma solução para a ARPA-E seja atuar sob a bandeira da "segurança energética".

Como a DARPA, a ARPA-E não cria sua própria agenda de pesquisa; em vez disso, convida pesquisadores da academia e da indústria a explorar ideias de alto risco, estabelecendo uma agenda por meio da colaboração e do conhecimento coletivo de possibilidades e tecnologia de ponta. O financiamento dos projetos vem do governo e do empresariado, indicando que sua agenda de P&D atrai inúmeros investidores (Hourihan e Stepp, 2011). A expectativa é que a oportunidade de realizar pesquisas de alto risco e altamente inovadoras "atrairá muitas das mentes mais brilhantes dos Estados Unidos — cientistas e engenheiros experientes, principalmente estudantes e jovens pesquisadores, incluindo empreendedores". O site da ARPA-E afirma que sua organização "deve ser horizontal, ágil e enxuta, capaz de manter por longos períodos aqueles projetos cuja promessa permanece real, e eliminar os programas que não se mostrem tão promissores quanto se imaginava". Com foco na expansão da rede, a agência também foi criada para desenvolver "uma nova ferramenta que preencha a lacuna entre a pesquisa básica em energia e o desenvolvimento/inovação industrial". Em 2012 ela gastará 270 milhões de dólares em projetos de energia de alto nível. Mas esse valor é inferior aos 400 milhões de dólares recebidos em 2010 e está muito longe do bilhão de dólares destinado à DARPA (Malakoff, 2012).

A lista de projetos atuais da ARPA-E inclui a produção de protótipos de tecnologia elétrica potencialmente inovadora, ou tecnologia que permite a "transformação" da infraestrutura energética (Advanced Research Projects Agency — Energy, "Mission Statement", s.d.). Os cientistas são livres para explorar as inovações em energia sem a expectativa de que todas as ideias funcionem ou produzam valor comercial imediato. Em suma, ela preenche a lacuna criada pelos interesses comerciais muito avessos ao risco para investir em tecnologias energéticas de amanhã dadas as incertezas de hoje.

Embora os investimentos ativos, no estilo DARPA, conduzam mais rapidamente ao crescimento do que as políticas de "não ingerência", o problema é escolher a "direção" dos investimentos, pois elas podem ser determinadas por agendas criadas pela indústria ou pela academia. O risco é ter uma predisposição no sentido de uma trajetória de qualidade inferior ("dependência do caminho") em vez de uma trajetória radicalmente nova baseada no verdadeiro gosto pelo risco, em tecnologias revolucionárias e um comportamento de "cientista maluco". Fazer P&D de produto para os militares também é diferente de fazer P&D de produto para o mercado de energia, dominado por algumas das maiores e mais poderosas empresas do planeta, pouco voltadas para a inovação, principalmente porque sua matéria-prima (gás e eletricidade) não tem uma verdadeira diferenciação de produto, apesar de gerada por diferentes tecnologias. Por isso, o preço é fator decisivo na maioria dos casos. As empresas que desenvolveram e que controlam as tecnologias de energia existentes têm enormes custos irrecuperáveis, que aumentam o risco representado pela inovação. Por fim, a indústria de energia tende a se desenvolver privilegiando a estabilidade e a confiabilidade do sistema energético em detrimento da rápida adoção de novas tecnologias (Chazan, 2013).

As novas tecnologias energéticas alteram os meios pelos quais a energia é produzida, e o custo da energia que produzem costuma ser mais alto do que o das tecnologias tradicionais quando outros fatores (como o impacto ambiental) não são calculados ou custeados pelos produtores de energia. Os pesquisadores militares recebem uma "incumbência" clara que precisam cumprir sem se preocupar muito ou quase nada com os custos, já que o governo "não se importa" com preços e pode agir como o líder em aquisição de inovação. No campo energético, o conflito continuará centrado no que cada país prevê como estratégia para atender às suas necessidades energéticas futuras, bem como objetivos sociais e econômicos antagônicos, tais como maximizar o potencial exportador ou priorizar a emissão zero de carbono.

Os Estados Unidos adotaram uma abordagem do tipo "financiar tudo" com a esperança de que mais cedo ou mais tarde surjam tecnologias energéticas inovadoras e economicamente viáveis. O problema de usar a mudança do clima como justificativa básica para investir em tecnologias energéticas é que essa não é a única questão ambiental importante hoje. É também uma questão que pode ser parcialmente "resolvida" com a ajuda de tecnologias não renováveis, como a energia nuclear e o sequestro de carbono. É realmente isso que desejamos? A implantação de recursos destinados a facilitar o processo de inovação deve ocorrer aliada à coragem de fixar uma direção tecnológica e segui-la. Deixar que o "mercado" fixe essa direção só garante que a transição energética será adiada até que o preço dos combustíveis fósseis atinjam preço estratosféricos.

Impulsionando — não adiando — o desenvolvimento verde

A história dos investimentos americanos em inovação, da internet à nanotecnologia, mostra que foi fundamental para o governo ter os pés tanto na pesquisa básica quanto na aplicada. Os laboratórios do National Institute of Health (NIH), responsável por 75% dos medicamentos mais radicais, realizam pesquisas aplicadas. Em ambos os casos, o governo faz o que o setor privado não está disposto a fazer. O financiamento do Estado faz as coisas acontecerem. Os 10 bilhões de dólares injetados no NIH pelo ARRA estão, segundo Michael Grunwald, "impulsionando descobertas fantásticas na pesquisa do câncer, Alzheimer, em genômica e muito mais" (Andersen, 2012). Por isso, a suposição de que se pode deixar a pesquisa aplicada para o setor empresarial e que isso irá gerar inovação não tem muita base de sustentação (e pode inclusive privar alguns países de descobertas importantes). A questão é: *qual* pesquisa aplicada será feita e *quem* irá fazer?

Um "empurrãozinho" nas economias não irá favorecer a explosão de uma "revolução verde". Os países que se agarram à falsa ideia de que o investimento do governo tem uma espécie de ponto de equilíbrio natural com o setor empresarial perderão a oportunidade de aproveitar uma transição energética histórica ou serão obrigados a importá-la. Na verdade, as atividades governamentais e empresariais costumam se sobrepor. Os negócios de tecnologia limpa, como a maioria dos negócios, estão propensos a requerer subsídios e P&D realizado pelo governo em seus respectivos setores. Já disse que o capital de risco e os "empreendedores" respondem ao apoio governamental, que escolhe as tecnologias nas quais vai investir, mas raramente focam no longo prazo.

A tão necessária revolução verde apresenta um sério problema: dada a aversão ao risco do setor empresarial, os governos precisam manter o financiamento da pesquisa por ideias radicais que levem à revolução industrial verde. Os governos têm um papel de liderança a desempenhar no apoio ao desenvolvimento de tecnologias limpas além dos estágios de protótipos até sua viabilização comercial. Para alcançar a "maturidade" tecnológica é preciso mais apoio para preparar, organizar e estabilizar um "mercado" saudável, em que o investimento tenha uma margem de risco razoavelmente baixa e o lucro seja possível. Muitas das ferramentas para que isso seja feito já estão implantadas em todo o mundo, mas onde a estratégia, as ferramentas e os impostos são abundantes, a vontade política costuma ser o recurso crítico mais escasso. Sem a coragem e o comprometimento das economias mais ricas, que são também algumas das maiores poluidoras, a retirada do apoio a tecnologias fundamentais em períodos economicamente difíceis talvez seja uma receita para o desastre.

A verdadeira coragem está naqueles países que usam os recursos do governo para dar um "empurrão" sério nas tecnologias limpas, comprometendo-se com objetivos e financiamento para a realização de tarefas aparentemente impossíveis. Coragem é a tentativa da China de construir um mercado do tamanho da rede elétrica dos Estados Unidos e Europa para as turbinas eólicas até 2050 e aumentar seu mercado de painéis solares fotovoltaicos em 700% em apenas três anos. Coragem é também a entrada dos bancos de desenvolvimento nos setores em que os bancos comerciais têm dúvidas, promovendo o desenvolvimento, o crescimento das empresas e um retorno do investimento para os contribuintes que é mais fácil de rastrear. É importante que o dinheiro dos impostos seja rastreável na promoção de tecnologias e geração de retornos. O sucesso aumenta as probabilidades de apoio a outra rodada de investimentos arriscados e gera mais visibilidade para o papel positivo que o governo pode ter ao promover a inovação.

Se alguns governos europeus deixaram claro o valor das políticas de longo prazo no apoio a P&D e implantação de mercados, os Estados Unidos por sua vez mostraram como a manutenção de um estado de incerteza pode levar à perda de oportunidades (no próximo capítulo damos exemplos de tecnologias de energia solar e eólica). Os Estados Unidos chegaram até aqui sem adotar um plano nacional energético de longo prazo que priorize a energia renovável, recusando-se também a reduzir ou deixar de apoiar tecnologias energéticas mais maduras, delegando a tarefa de determinar o rumo com os estados. Empresas como a Vestas e a GE não se furtam a apontar como mudanças na política, tais como o vencimento de subsídios fundamentais para a energia renovável nos Estados Unidos ou a "falta de visão" no Reino Unido, irão alterar suas decisões de investimento em detrimento dos países anfitriões. Os planos para novas fábricas e atividades de desenvolvimento são cancelados ou transferidos para outros países nos quais as perspectivas são mais promissoras. A liderança do Estado nesses países que "oscilam" acaba limitando os recursos disponíveis para tecnologias limpas até o surgimento de uma nova crise de energia quando o governo federal resolve agir.

Os Estados Unidos (e outros) talvez aprendam com o exemplo de outros países que criaram bancos de desenvolvimento que podem ter maior controle sobre atividades de desenvolvimento e crescimento das empresas em estágios mais avançados. Voltados em grande medida para o financiamento de projetos de energia renovável, alguns bancos de desenvolvimento também usam sua influência para dar oportunidades aos fabricantes de investir no crescimento das cadeias de abastecimento interno. O retorno desses empréstimos fornece um benefício mais visível para os contribuintes e promove o crescimento do emprego com maior segurança, principalmente porque os bancos de desenvolvimento podem atender aos interesses do público.

A importância do capital paciente: financiamento público e bancos de desenvolvimento estatais

As tecnologias limpas avançadas (como todas as tecnologias radicais) têm muitos obstáculos a superar. Alguns deles podem estar relacionados ao desenvolvimento técnico (como melhorar ou inventar técnicas de produção), outros se devem às condições do mercado ou da concorrência. No caso das fontes de energia renovável, como a eólica e solar, a ampla aceitação social ou a necessidade de fornecer energia por um preço inferior ao que é possível para outras empresas e tecnologias também é um grande obstáculo (Hopkins e Lazonick, 2012). Os mercados de energia residencial, comercial e de rede elétrica em que elas competem estão sujeitos ao apoio governamental instável ou inadequado. Considerando esses desafios, o risco financeiro do apoio a uma empresa até que ela consiga chegar ao estágio da produção em massa, dominar uma fatia do mercado e atingir a economia de escala, reduzindo o custo unitário, é grande demais para a maioria dos fundos de capital de risco (ver

Hopkins e Lazonick, 2012, p. 7). Os investidores do capital de risco também não se dispõem a participar de desenvolvimentos tecnológicos que não levem à bem-sucedida oferta pública de ações (IPO), fusão ou aquisição. Dessas possibilidades de "saída" é que eles tiram seus lucros. Apesar de haver muita especulação por trás de todas as decisões de investimento do capital de risco, eles não investem nada sem um forte empurrão do governo na forma de um desenvolvimento tecnológico específico. Na verdade, na falta de um modelo de investimento apropriado, o capital de risco relutará para fornecer o "capital paciente" necessário para o pleno desenvolvimento de inovações radicais.

No jogo da inovação, é essencial que o financiamento seja "paciente" e consiga aceitar o fato de que a inovação tem um alto grau de incerteza e demora bastante (Mazzucato, 2010). O capital paciente pode adotar várias formas. A política alemã de tarifa *feed-in* é uma boa forma de "capital paciente público" apoiando o crescimento de longo prazo dos mercados de energia renovável. Em compensação, a disponibilidade mas também incerteza frequente que cerca os créditos fiscais nos Estados Unidos e no Reino Unido são uma forma de "capital impaciente", que não ajudou a indústria a decolar. O capital paciente mais visível disponibilizado para os desenvolvedores e fabricantes de tecnologia renovável veio dos investimentos financiados pelo Estado ou "bancos de desenvolvimento". Segundo o Global Wind Energy Council (GWEC):

> O que mais diferencia os bancos de desenvolvimento das instituições de empréstimo do setor privado é a capacidade que os bancos de desenvolvimento têm de assumir mais riscos relacionados a aspectos políticos, econômicos e geográficos. Além disso, como eles não são obrigados a pagar dividendos a investidores privados, os bancos de desenvolvimento assumem riscos mais altos do que os bancos comerciais para atender a inúmeros objetivos para o "bem público" nacional ou internacional. Some-se a isso o fato de não existir financiamento de longo prazo do setor privado para um período de maturidade de mais de dez anos. (Fried, Shukla e Sawyer, 2012, p. 6)

O papel e o âmbito dos bancos de desenvolvimento vão além do simples financiamento de projetos. Eles podem estabelecer condições para o acesso ao seu capital, em uma tentativa de maximizar o valor econômico ou social de seu país natal. A maioria dos bancos de desenvolvimento procura investir em áreas de maior valor social e se dispõe a fazer empréstimos arriscados que são evitados pelo setor comercial. Além disso, enquanto esses bancos apoiam o consumo de energia renovável, eles também podem apoiar a fabricação. Os bancos de desenvolvimento são financistas flexíveis e podem destinar quantias significativas para projetos de energia renovável, que podem representar um investimento tão arriscado quanto o capital aplicado na produção de novas tecnologias.[14]

Como observamos nos Estados Unidos, o capital de risco entra com o financiamento para cobrir a transição da empresa para a produção comercial, mas com frequência não consegue fornecer o capital necessário ou não se dispõe a fazer isso caso o IPO, fusão ou aquisição sejam postergados ou evitados pela incerteza do mercado. Os bancos comerciais também podem considerar as pequenas empresas de tecnologia limpa ou projetos de energia renovável arriscados demais e por isso não se pode esperar que preencham a lacuna do investimento. Isso acontece porque os investidores comerciais e institucionais não "veem" a tecnologia — eles veem os retornos (ou a falta deles) gerados por uma carteira de risco administrada por um período de tempo. Por isso, os bancos de desenvolvimento podem oferecer oportunidades de financiamento do crescimento de empresas estratégicas como aquelas da indústria verde e os mercados aos quais elas atendem.

Portanto, o financiamento público (como o que é oferecido pelos bancos de desenvolvimento do Estado) é superior ao do capital de risco e dos bancos comerciais por ser "paciente" e comprometido, dando tempo às empresas para que superem as incertezas engendradas pela

---

14. Aproximadamente 40 bilhões de dólares foram destinados pelos bancos de desenvolvimento entre 2007 e 2010 a uma grande variedade de projetos de energia renovável. Tecnologias de energia eólica, solar e biomassa foram as maiores beneficiárias do financiamento de bancos de desenvolvimento nos últimos anos; segundo o GWEC, os projetos de energia eólica receberam mais de 50% do financiamento oferecido pelos bancos de desenvolvimento em 2010.

inovação. Os bancos de desenvolvimento, principalmente mas não apenas nos países emergentes como China e Brasil, estão se revelando cruciais não só para os empréstimos "contracíclicos" — cruciais sobretudo em períodos de recessão —, mas também no apoio à inovação em tecnologia limpa, altamente incerta e de capital intensivo. Além disso, o retorno obtido possibilita um círculo virtuoso que premia o uso do dinheiro do contribuinte de forma direta, ao mesmo tempo em que cria outros benefícios indiretos (como bens públicos).

De fato, como mostramos nos capítulos anteriores, o Estado e o empresariado historicamente têm sido parceiros no processo de desenvolvimento econômico e tecnológico. Entretanto, sem governos dispostos a assumir uma parcela fundamental do risco, da incerteza e dos custos do desenvolvimento tecnológico revolucionário, o empresariado provavelmente não o realizaria por sua própria conta.[15] Os riscos financeiros e tecnológicos do desenvolvimento da energia renovável são altos demais para o capital de risco em virtude da dimensão e da duração dos riscos técnicos para além da tradicional validação do conceito. Mesmo quando se consegue a validação do conceito, a produção na escala necessária para ser considerada lucrativa pode não ser viável. O problema fundamental é que o capital de risco procura obter retornos não realistas em termos de tecnologias de capital intensivo, que ainda são muito "incertas" tanto em termos de produção quanto de distribuição (demanda). O retorno especulativo possível na revolução das novas tecnologias de informação e comunicação (TIC) não é uma "regra" a ser aplicada a todas as outras indústrias de alta tecnologia.

---

15. É por isso que em 2010 o American Energy Innovation Council (AEIC) começou a pedir que os Estados Unidos triplicassem os gastos com tecnologia limpa, passando para 16 bilhões de dólares com o adicional de mais 1 bilhão para a Agência de Projetos de Pesquisa Avançada — Energia (ARPA-E). Isso daria um alívio para o "armário vazio" de onde algumas das empresas mais ricas do planeta tiram tecnologia para colocar no mercado. A alegação de que o armário está vazio é duvidosa, pois existem muitas tecnologias limpas que não precisam de bilhões de dólares adicionais para integrar as soluções energéticas atuais. Mas as implicações são claras: os investimentos comerciais virão em seguida se o governo der o primeiro passo. Ver Lazonick (2011b; 2012, p. 38).

Historicamente, diferentes tipos de políticas governamentais tiveram papéis importantes na origem de muitas tecnologias verdes. Para ilustrar essa questão, no próximo capítulo examinamos a história de duas tecnologias de energia renovável: as turbinas eólicas e os módulos fotovoltaicos solares.

7
Energia eólica e solar: histórias de sucesso do governo e tecnologia em crise

Somos iguais a qualquer empresa internacional: temos de lidar com o governo. Com o governo chinês, com o governo alemão, com o governo americano, com muitos governos. E é claro que temos apoio do governo na forma de subvenções para pesquisa e desenvolvimento e subsídios governamentais para crescer. Acho que praticamente todas as empresas de energia solar dos Estados Unidos receberam alguma subvenção do governo americano, e as empresas alemãs recebem subsídios do governo alemão. Porque essa é uma indústria muito jovem que precisa de apoio do governo. Mas a indústria está prestes a se tornar independente dos subsídios governamentais. Acreditamos que até 2015, 50% dos países terão paridade de rede — o que significa nenhum subsídio do governo.
Shi Zhengrong, CEO,
Suntech Power (2012)

NO CAPÍTULO 6 VIMOS COMO OS DIFERENTES PAÍSES estão investindo em P&D, produção e difusão de uma "revolução industrial verde"; mas não se planta as sementes da mudança de uma transformação social e econômica de tamanha magnitude sem desafios. Neste capítulo, procuro me aprofundar na interação do desenvolvimento econômico e político apresentando exemplos históricos de como políticas de inovação podem ser (in)eficazes, e como o Estado desempenha um papel importante na promoção de tecnologias radicalmente novas — não apenas inventando novos créditos tributários, mas envolvendo-se em todos os aspectos do negócio de energia solar e eólica. O resultado é que vemos o Estado desempenhando um papel importante na invenção da tecnologia, em seu desenvolvimento, sua produção bem-sucedida e sua implantação. Vou examinar a história recente das tecnologias eólicas depois da crise energética da década de 1970. Em seguida apresento uma breve história das empresas pioneiras. As duas seções mostram que por trás de muitas empresas de energia solar e eólica, e de suas tecnologias básicas, estava a mão visível e ativa do Estado, que, como mostramos nos capítulos anteriores, também contribuiu para o surgimento da internet, biotecnologia, nanotecnologia e outras tecnologias radicais. Foram determinadas agências do Estado que deram o financiamento de alto risco e o empurrão inicial e que criaram o ambiente institucional capaz de consolidar essas tecnologias tão importantes. Nestas seções enfatizamos que a abordagem americana (com origens históricas) resultou em muitos benefícios do investimento do Estado sendo aproveitados por outros países além dos Estados Unidos, como Alemanha, Dinamarca e China.

Se não fosse pelos compromissos de inúmeros governos com P&D e com a difusão de tecnologias, como turbinas eólicas e painéis solares fotovoltaicos, a transformação energética que decolou na última década não teria ocorrido. O "empurrão" exigiu grandes mudanças reguladoras, compromissos financeiros e apoio de longo prazo para as empresas emergentes. Nem sempre é fácil ligar os pontos entre empresas dominantes e suas tecnologias e os esforços de governos ao redor do mundo, mas fica muito claro que *nenhuma* empresa de tecnologia limpa importante surgiu de uma "gênese do mercado", isto é, como se o Estado não tivesse desempenhado papel algum. Essa é uma realidade que examino na segunda parte deste capítulo.

Ainda assim, a revolução da tecnologia limpa parece estar diante de uma encruzilhada, se não de uma crise. Retomando lições da história, na parte final volto aos mitos discutidos no capítulo 2 e uso-os para derrubar certos "mitos da tecnologia limpa", mostrando que ao contrário da percepção do senso comum: (a) P&D não é suficiente; (b) o capital de risco não gosta tanto de risco; e (c) pequeno não é necessariamente melhor. Para decidir o que fazer diante das encruzilhadas e seguir na direção verde, as políticas governamentais devem superar a perspectiva ingênua induzida por esses mitos e pelas ideologias tendenciosas.

Energia eólica e solar: crescimento alimentado pela crise

A aparente disposição do Estado em aceitar o risco do desenvolvimento da tecnologia limpa teve um impacto positivo. Nas últimas décadas, as turbinas eólicas e os painéis solares fotovoltaicos foram duas das tecnologias de energia renovável implantadas mais rapidamente em todo o planeta, provocando o surgimento de indústrias que se expandiram rápido em muitas regiões do mundo. Em 2008, foram destinados 194 bilhões de dólares para novas tecnologias limpas em um esforço para oferecer o estímulo econômico necessário para o enfrentamento da crise econômica mundial (NSB, 2012, p. 62). Essa crise levou a um "acordo" mundial não oficial segundo o qual havia chegado a hora (mais uma vez) das tecnologias limpas. Uma revolução da energia verde parecia estar no horizonte das possibilidades.

Gráfico 17. Mercado global de energia eólica e solar (bilhões de dólares), 2000-11

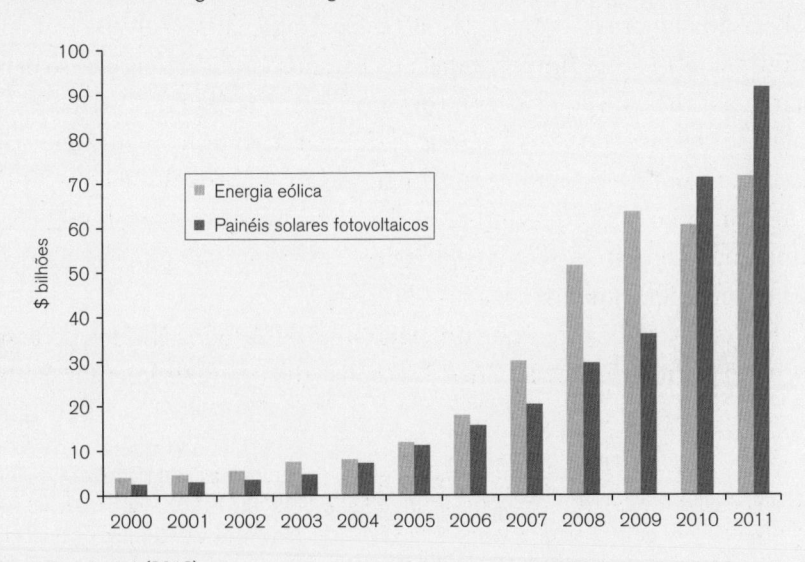

FONTE: Pernick et al. (2012).

Mas é fácil exagerar o progresso dos setores de tecnologia limpa como um todo. Embora o mercado de energia eólica tenha encolhido em 2010, em grande parte devido à crise financeira americana (agora é o segundo maior mercado de energia eólica do mundo, depois da China), os mercados de energia solar quase dobraram de tamanho entre 2009 e 2010, superando a energia eólica pela primeira vez na história. O gráfico 17 mostra que o crescimento desses mercados foi rápido. Juntas, a energia eólica e solar representaram um mercado global de 164 bilhões de dólares em 2011, contra apenas 7 bilhões em 2000.

A implantação em larga escala de painéis solares fotovoltaicos e turbinas eólicas é uma solução tecnológica para atender às necessidades futuras de energia e abrandar a mudança climática. Como ocorreu com as tecnologias por trás do iPod, iPhone e iPad da Apple (ver capítulo 5), o setor público assumiu a liderança no "ecossistema" de inovação em tecnologia limpa. As tecnologias de energia eólica e solar foram resultado de grandes investimentos governamentais que catalisaram seu desenvolvimento histórico em todo o mundo.

Embora Estados Unidos e China possuam a maior capacidade eólica do mundo, a Dinamarca produziu a maior fabricante de turbinas eólicas do planeta décadas atrás: a Vestas. Na década de 1980 também surgiram fabricantes importantes nos Estados Unidos, mas eles se perderam por meio de aquisições ou devido à falência.[1] Apesar dos recursos solares inferiores aos dos Estados Unidos, a Alemanha continua a ser líder mundial na implantação de energia solar fotovoltaica. A China emergiu como maior produtora mundial de energia solar fotovoltaica, superando com sucesso os concorrentes americanos, japoneses e europeus, que lideraram em décadas anteriores.

É preciso explicar por que um país como os Estados Unidos pode se tornar o principal mercado, mas não consegue produzir um fabricante

---

1. Inúmeros fatores contribuíram para o declínio das empresas americanas. A queda no preço dos combustíveis fósseis na década de 1990 não colaborou para a sobrevivência das empresas de energia renovável. Os contratos de compra de energia negociados na década de 1980 com preços favoráveis também venceram, expondo muitos desenvolvedores a grandes quedas na receita. No caso da Kenetech, as perdas incorridas com a garantia de seu modelo mais recente de turbina foram substanciais, e outras empresas ficaram vulneráveis à incerteza gerada pela decisão de liberalizar os mercados de geração de energia.

importante e, por outro lado, como um país como a China consegue produzir um fabricante importante sem ter (até recentemente) um mercado doméstico. O que diferencia esses países não tem nada a ver com suas "vantagens comparativas" como produtores de turbinas eólicas ou de painéis solares fotovoltaicos, e não tem nada a ver com uma abundância natural de sol ou vento. Historicamente, o desenvolvimento da energia solar e eólica refletiu diferenças nas políticas governamentais destinadas a estimular essas fontes de energia. Para alguns países, esse é um processo que transcorreu ao longo de muitas décadas. Para outros, é um processo de "equiparação", mas, qualquer que seja o caso, foram os instrumentos disponibilizados pelos governos que deram o suporte necessário e tentaram ditar o rumo dos resultados. As histórias internacionais do desenvolvimento da tecnologia de energia eólica e das principais empresas de energia solar e eólica mostram o quanto essas indústrias se beneficiaram diretamente (e indiretamente) dos diferentes tipos de apoio e financiamento público.

Da primeira "corrida eólica" até o surgimento do setor de energia eólica da China

A primeira "corrida eólica" (1980-5) teve como pano de fundo a crise de energia da década de 1970. Vários países investiram em turbinas eólicas como solução para abrandar a dependência dos combustíveis fósseis para a geração de energia. Na década de 1970, Dinamarca, Alemanha e Estados Unidos começaram inúmeros projetos de P&D em energia eólica. O objetivo era construir turbinas de 1 MW e até maiores, com projetos que pudessem ser comercializados e explorados por grandes empresas envolvidas com tecnologia aeroespacial ou maquinário agrícola (Soppe, 2009; Heymann, 1998; Nielsen, 2010). Os Estados Unidos gastaram mais do que a Alemanha e a Dinamarca em P&D de energia eólica e, apesar de contar com a National Aeronautics and Space Agency (NASA) na liderança do programa, não conseguiram chegar a um projeto comercialmente viável. A tentativa alemã teve destino semelhante. Só a Dinamarca conseguiu transformar os projetos de P&D

financiados pelo governo em uma história de sucesso comercial, o que lhe deu uma vantagem valiosa nos anos seguintes, período de formação da indústria eólica.

Heymann (1999, p. 661) credita o sucesso da indústria dinamarquesa nem tanto ao impulso tecnológico proporcionado pela colaboração com o governo em P&D, mas aos projetos confiáveis que foram ajustados com o tempo. Kamp (2002, p. 205) e Nielsen (2010, p. 176) apontam divergências dos outros países quanto à decisão dos dinamarqueses de desenvolver a tecnologia com base no projeto de uma turbina eólica anterior chamada Gedser, um modelo robusto e confiável com três pás e eixo horizontal, elaborada por Johannes Juul. Os testes iniciais com a Gedser haviam sido financiados pela SEAS, empresa pública de energia, e pela Associação de Empresas de Energia Dinamarquesas (Heymann, 1998, p. 650; Kamp, 2002, p. 130). Posteriormente, o governo da Dinamarca e o dos Estados Unidos desembolsaram milhões para testar o projeto da Gedser como parte de seus esforços para desenvolver turbinas eólicas para redes de energia modernas (Kamp, 2002, p. 133). Apesar disso, Estados Unidos e Alemanha continuaram buscando projetos mais leves e aerodinamicamente eficientes mas pouco confiáveis baseados em protótipos originalmente concebidos durante a Segunda Guerra Mundial na Alemanha e nos Estados Unidos.

A investida dinamarquesa rumo às turbinas eólicas incluiu o desenvolvimento de protótipo financiado pelo Estado, o que atraiu grandes fabricantes. Empresas como Bonus e Vestas puderam comprar patentes geradas pelo programa de pesquisa dinamarquês e pequenas empresas pioneiras, o que lhes deu o controle sobre o conhecimento coletivo e o aprendizado que estava ocorrendo. Elas então usaram sua experiência na produção de equipamento agrícola e seu capital para produzir máquinas robustas em grande escala e posteriormente buscar a integração vertical (Kamp, 2002; Heymann, 1998). As atividades de P&D se sobrepuseram ao investimento em créditos fiscais que tinham sido eliminados havia mais de uma década na Dinamarca. Os créditos fiscais ajudaram a criar um mercado doméstico para a energia eólica, enquanto o estado da Califórnia e os incentivos federais forneceram oportunidades de exportação para os produtores dinamarqueses.

ENERGIA EÓLICA E SOLAR:
HISTÓRIAS DE SUCESSO DO GOVERNO E TECNOLOGIA EM CRISE

Grandes investimentos governamentais nos Estados Unidos e na Alemanha foram chamados de "fracassos" justamente porque projetos de turbinas eólicas confiáveis que pudessem ser comercializadas com sucesso não foram produzidos de imediato como resultado de seus programas. É evidente que se os governos estão dispostos a assumir grandes riscos que o setor privado evita, estão sujeitos a falhar algumas vezes e ter sucesso em outras. Mas se não fizerem isso, não terão chance alguma de sucesso. No entanto, essa falha em particular, sob a administração Reagan, enfatizou a percepção do governo como incapaz de "escolher vencedores", postura usada por formuladores de políticas e economistas conservadores para limitar ou rejeitar a intervenção do governo na indústria de tecnologia limpa.[2]

Ao contrário dos Estados Unidos (que fez cortes drásticos no financiamento do programa eólico), a Alemanha não desistiu do financiamento público apesar de seus "fracassos", expandindo publicamente o financiamento de P&D na área industrial e acadêmica, além de financiar um programa de demonstração que possibilitou os testes controlados dos projetos alemães (Soppe, 2009, p. 11). Revendo essa história, Soppe (p. 12) acrescenta que a Alemanha também estimulou o desenvolvimento em várias direções, financiando a criação de turbinas de dife-

---

2. Essa visão ignora vários fatos: (1) que muitas das grandes empresas privadas, com competência no trabalho com altas tecnologias, foram parceiras nesse fracasso. Entre elas estavam gigantes como a Lockheed Martin, General Electric, MAN, Westinghouse e Growian. Cada uma participou como terceirizada nos programas dos Estados Unidos ou da Alemanha; (2) o papel do financiamento impaciente, como o capital de risco na energia solar, na aceleração do processo de desenvolvimento tecnológico ou contribuição para seu fracasso. Na verdade, a tecnologia das turbinas eólicas não foi muito bem compreendida, e a aceleração dos projetos de escala para maximizar a produtividade da tecnologia deveria ter ocorrido em ritmo mais lento do que o previsto na época. Com efeito, o governo e a comunidade empresarial subestimaram o desafio, embora os críticos tendam a focar no fracasso do governo e não das finanças; e (3) o fracasso é difícil de julgar, a menos que tenhamos parâmetros adequados para poder compreender os efeitos negativos dos investimentos mesmo quando não há um produto final. Esses projetos internacionais criaram redes de aprendizado entre empresas públicas, P&D governamental, comunidade empresarial e universidades.

rentes tamanhos (ao contrário da tendência para financiar máquinas grandes, como fizeram os Estados Unidos inicialmente). O programa dinamarquês foi menos dispendioso e mais bem-sucedido, o que se pode atribuir em parte à entrada de grandes fabricantes de maquinário agrícola como a Vestas, que entendiam a construção robusta frente à ênfase aeroespacial na leveza e eficiência máxima.

Independentemente de serem casos de sucesso ou fracasso, as ações desses governos mostraram que havia uma demanda pela energia eólica e, enquanto lutavam para manter uma presença dominante na produção, os Estados Unidos conseguiram consolidar um mercado dominante — "empurrando" em vez de apenas "cutucar" — em que as empresas do setor privado puderam entrar com confiança. Mais uma vez, o Estado "leonino" mostra o caminho para os animais "domesticados" — as empresas do setor privado.

Ironicamente, as condições favoráveis criadas pelo governo americano e pelo estado da Califórnia para a energia eólica não foram oportunidades aproveitadas apenas por empresas americanas. Também atraíram a Vestas, da Dinamarca, que se tornou a principal fornecedora de turbinas para a Zond Corporation. Tendo poucos modelos à disposição, a Zond tornou-se importadora, chegando a comprar mais de mil turbinas da Vestas praticamente sozinha, financiando o crescimento inicial da empresa. Da mesma forma, quando terminou o programa fiscal na Califórnia, no final de 1985, a Zond se recusou a pagar as últimas remessas de turbinas eólicas (cujo envio havia atrasado), contribuindo para a falência da Vestas. Para sobreviver, a Vestas abandonou o negócio de máquinas agrícolas e ressurgiu rapidamente produzindo apenas turbinas eólicas para tornar-se líder mundial. Sem o apoio do governo dos Estados Unidos e do estado da Califórnia na época, e a leniência do governo dinamarquês permitindo que a Vestas se reestruturasse, a empresa provavelmente não teria se transformado na maior produtora mundial.

Entre as inúmeras empresas americanas que surgiram para capitalizar o chamado para a implantação da energia eólica nos Estados Unidos estava a US Windpower (depois rebatizada como Kenetech), que se tornaria líder do setor e ancestral tecnológica da divisão de turbinas eólicas da General Electric — uma das maiores do mundo. As escolhas estratégicas da Kenetech foram influenciadas pelos investimentos do governo no setor. Fundada em Massachusetts, a Kenetech mudou-se para a Califórnia em resposta ao amplo apoio oferecido pelo estado. Tinha componentes de seu plano de negócios, conhecimento de tecnologia eólica e tecnologia do protótipo funcional da Universidade de Massachusetts-Amherst, universidade pública com um programa de energia eólica muito ativo, financiado parcialmente pelo Departamento de Energia. A Kenetech também foi uma das primeiras empresas de energia eólica a utilizar computadores para controlar e regular eletronicamente suas turbinas, otimizando o desempenho e a confiabilidade de projetos que eram menos robustos do que os de suas concorrentes dinamarquesas.[3] A Kenetech continua a ser uma das poucas empresas americanas fabricantes de turbinas eólicas a ter saído do estágio embrionário e chegado à primeira oferta pública (IPO), mas que em 1996 acabou falindo devido a grandes perdas com a garantia depois do lançamento de uma turbina eólica inovadora, com velocidade variável. Segundo Ruegg e Thomas (2009, pp. 37-8), a GE tem o maior número de famílias de patentes ligadas a pesquisas financiadas pelo DoE, mas a Kenetech compunha um grupo muito pequeno de empresas com mais de cinco. Ruegg e Thomas mostram as ligações entre as pesquisas do Departamento de Energia e as principais empresas de energia eólica, sugerindo que as pesquisas do DoE "tiveram grande influência sobre a tecnologia desenvolvida pela General Electric e pela Vestas, as duas principais fabricantes de turbinas do mundo" (2009, pp. 41-2).

Ao contrário da Vestas, a Kenetech não contou com a leniência do governo americano ou de seus investidores, e cerca de mil pessoas ficaram sem emprego quando a empresa fechou as portas. A Zond Corporation comprou a tecnologia da turbina de velocidade variável da Kenetech e desenvolveu turbinas eólicas com a ajuda do DoE. Posteriormente, a Zond foi adquirida (em parte) pela Enron (em 1997) e quando a Enron sucumbiu ao escândalo, a GE comprou as tecnologias da Zond e rapida-

---

3. Além disso, como mostramos no capítulo 5, o Apple II, que executou os primeiros projetos da Kenetech, também não teria sido possível sem investimentos do governo.

mente se transformou em uma das maiores fornecedoras de turbinas eólicas do mundo. A partir daí, a poderosa combinação de subsídios governamentais para os mercados de energia eólica em nível federal e estadual, junto com os recursos, estabilidade e tecnologia de uma grande corporação, transformaram a GE na campeã da produção de energia eólica nos Estados Unidos (Hopkins, 2012). Apesar de ameaçada em todo o mundo pela concorrência chinesa, a GE continua a dominar o mercado americano, e as tecnologias desenvolvidas com a colaboração entre Estado e setor privado (da qual a Kenetech e a Zond são exemplos) criam uma importante mas também facilmente esquecida história de como a inovação e o crescimento econômico positivo ocorrem em decorrência do apoio do Estado aos negócios.

A ciência básica da energia eólica foi desenvolvida pelo DoE por meio de laboratórios nacionais e universidades ao longo dos anos, o que reduziu os custos da energia eólica e estimulou a confiabilidade de várias formas. O conhecimento de aerodinâmica foi especialmente importante, dado que os ambientes operacionais das turbinas eólicas são diferentes dos de aviões ou helicópteros. Os modelos criados em computadores melhoraram a confiabilidade e a eficiência dos projetos, e a colaboração constante da indústria rendeu novos modelos com melhores fatores de capacidade (indicação aproximada da eficiência). O mapeamento avançado dos recursos eólicos também deu aos desenvolvedores de energia eólica informações precisas sobre os locais que poderiam ajudar no design do projeto. Depois de consumir 1,2 bilhão de dólares, o custo da energia eólica caiu de aproximadamente trinta a cinquenta centavos de dólar/kWh na década de 1970 para meros três centavos de dólar/kWh nos anos 2000 (com a ajuda de P&D financiados pelo Estado para o projeto aerodinâmico das pás e outros componentes da turbina), enquanto a eficiência das turbinas mais do que triplicou, com sua capacidade de operação atingindo quase 100% e a expectativa de vida chegando a trinta anos.

A importância do apoio do governo aparece mais nitidamente por meio das consequências de sua retirada: quando o governo dos Estados Unidos abandonou os subsídios para o desenvolvimento da energia eólica em meados da década de 1980 e reduziu o orçamento de P&D do

Departamento de Energia como reação contra as tentativas de promover a inovação energética, o mercado doméstico ficou estagnado e o ímpeto industrial se transferiu para a Europa, ou, mais precisamente, para a Alemanha. O Ministério para Pesquisa e Desenvolvimento alemão lançou um programa para desenvolver 100 MWs de energia eólica em 1989, que, combinado com um programa de tarifa *feed-in*, o qual oferecia preços acima do mercado para a energia eólica e créditos fiscais de 7% para os pequenos produtores, permitiu que a Alemanha começasse seu reinado como o mercado mais aquecido para o desenvolvimento de energia eólica do mundo (Lauber, Volkmar e Mez, 2006, p. 106). Junto com as metas de redução dos gases estufa e a intenção de atingir os objetivos de desenvolvimento de energia renovável com a indústria doméstica, a Alemanha também reservou um financiamento estatal e nacional de aproximadamente 2,2 bilhões de dólares para apoiar a continuidade dos projetos de P&D em energia eólica. A abordagem de longo prazo alemã ganhou impulso na década de 1990 e continua até hoje, permitindo o surgimento de fabricantes importantes e proporcionando crescimento anual estável em implantação da capacidade eólica. O horizonte de vinte anos previsto nos incentivos governamentais representa o dobro do estimado nos Estados Unidos, reduzindo a incerteza do mercado e melhorando a confiança dos investidores.

A China descobriu relativamente tarde a tecnologia da energia eólica, apesar de ter investido em energia renovável na década de 1980 como solução técnica para o desenvolvimento da infraestrutura elétrica rural (Mia et al., 2010, p. 440). A Goldwind chinesa, uma das principais fabricantes de turbinas eólicas, foi criada em 1998 e começou licenciando tecnologia alemã da Jacobs (empresa comprada depois pela REpower) e da Vensys Energiesysteme GmbH (Lewis, 2007, p. 15). A Goldwind se beneficiou com as regras agressivas de conteúdo doméstico chinesas, que foram retomadas em 2003, exigindo 70% de conteúdo local em todas as turbinas eólicas vendidas na China (Martinot, 2010). Isso fechou as portas para as indústrias estrangeiras e reforçou o domínio dos fabricantes chineses na rede de abastecimento interno.

Os produtores de energia eólica chineses também receberam contratos de 25 anos com preços fixos por intermédio de um programa de "concessão" (licitação). Os projetos de energia eólica tiveram acesso a financiamento com baixo custo, e depois de 2005 a China começou a financiar publicamente P&D e projetos com subvenções ou empréstimos com termos favoráveis. A China também priorizou a redução da intensidade energética global (a relação entre consumo de energia e PIB) e fixou metas para o desenvolvimento de energia renovável, tentando atingir 1000 GW de energia eólica até 2050. O efeito desses esforços é nítido, e é por isso que em 2010 a China ultrapassou os Estados Unidos como o maior mercado de energia eólica do mundo, atendido predominantemente pela produção de fabricantes domésticos. A China também corroeu a fatia do mercado global de outras empresas ao redor do planeta.

Empresas de energia solar e a origem de suas tecnologias

Muitas das mesmas mudanças políticas que movimentaram o mercado de energia eólica na Califórnia na década de 1980 se tornaram catalisadoras para o surgimento de um mercado global de painéis solares fotovoltaicos. O Bell Labs tinha inventado a primeira célula solar fotovoltaica de silício cristalino (C-Si) em 1954 enquanto ainda fazia parte da AT&T. As primeiras grandes oportunidades para a tecnologia solar fotovoltaica foram criadas pelo Departamento de Defesa e pela NASA, que compravam células solares produzidas pela americana Hoffman Electronics para os satélites espaciais.[4] Enquanto a corrida espacial fazia do governo um cliente que não se preocupava com despesas e custos, a transição da tecnologia solar fotovoltaica para a Terra foi facilitada em parte pelo custo e pela vantagem de desempenho em mercados para aplicação de energia remota, levando a diversas aplicações, como iluminação de plataformas de petróleo em alto-mar, proteção contra corrosão na extração de petróleo, torres de comunicação remota e placas de sinalização (Perlin, 1999). Na maioria dos casos, entre-

---

4. A Hoffman havia adquirido a patente original do Bell Labs por intermédio da aquisição da National Fabricated Products em 1956.

tanto, a existência dessa iluminação foi resultado da regulamentação, e a escolha da energia solar/bateria para as plataformas de petróleo deveu-se, em parte, à medida da Agência de Proteção Ambiental dos Estados Unidos (EPA), que em 1978 tornou ilegal o descarte de baterias usadas no oceano (Perlin, 1999, p. 62).

Existem muitas iniciativas governamentais ajudando a consolidar as principais empresas e mercados de painéis solares fotovoltaicos em todo o mundo. Muitos exemplos de empresas inovadoras surgiram nos Estados Unidos, como a First Solar, Solyndra, Sunpower e Evergreen, que desenvolveram tecnologias de células solares de silício ou película fina.

A First Solar surgiu durante a busca para a comercialização de painéis solares fotovoltaicos de película fina de telureto de cádmio (CdTe), tornando-se a maior produtora americana dessas películas e dominando o mercado de painéis fotovoltaicos de película fina dos Estados Unidos. A empresa conseguiu produzir tecnologia em tempo recorde e baratear os preços, o que possibilitou uma receita superior a 2 bilhões de dólares anuais desde 2009. As patentes da First Solar têm "vínculos extensos" com a pesquisa anterior do Departamento de Energia (Ruegg e Thomas, 2011, pp. 4-11); o desenvolvimento inicial da tecnologia do telureto de cádmio surgiu do trabalho do fundador da empresa, Harold MacMaster, em colaboração com cientistas do laboratório de pesquisas da Universidade de Toledo e do National Renewable Energy Laboratory (NREL). A parceria da First Solar com o NREL remonta a 1991, quando a empresa ainda era conhecida como Solar Cells. A colaboração resultou no desenvolvimento de tecnologias de deposição, tais como o transporte de vapor, método de fabricação superior dos painéis de película fina de cristal de cádmio, que a First Solar começou a produzir em 2003 (NREL, 2012). Essa inovação representou grande redução nos custos dos painéis de CdTe com o passar do tempo, à medida que o processo era aperfeiçoado. Até hoje a First Solar continua a ser uma das maiores fabricantes de painéis solares fotovoltaicos do planeta.

Descrita em maiores detalhes no capítulo anterior, a Solyndra foi fundada por Chris Gronet, cientista do Vale do Silício com experiência na indústria de semicondutores. Aproveitando as pesquisas realizadas com painéis solares fotovoltaicos CIGS (seleneto de cobre, índio e gálio),

Gronet e seus funcionários desenvolveram uma tecnologia inovadora com o apoio estadual e federal. A capacidade de depositar essas células solares em vidro tubular deu ao painéis fotovoltaicos da Solyndra uma aparência única, ao mesmo tempo em que possibilitava a captura da luz direta e refletida sem necessidade de um sistema de rastreamento. Além disso, os painéis de Gronet tinham um sistema engenhoso de travamento que facilitava a instalação, reduzindo seu custo em relação a outras tecnologias.

A SunPower é uma das maiores fabricantes de painéis solares fotovoltaicos C-Si, com tecnologia que bateu todos os recordes mundiais. Isso também se deve em parte a investimentos anteriores do Estado. O sucesso da SunPower está ligado às patentes do Departamento de Energia, nesse caso ligadas a telhas solares fotovoltaicas, molduras e sistemas de telhas (Ruegg e Thomas, 2011). Fundada em 1985 pelo dr. Richard Swanson, a SunPower contou com o apoio da P&D do Departamento de Energia e do Electric Power Research Institute (EPRI) enquanto desenvolvia sua tecnologia na Universidade de Stanford.

A Evergreen Solar nasceu da agora extinta Mobil Solar, quando um grupo de cientistas "desertou" para desenvolver uma visão rival da tecnologia *string-ribbon*. A Evergreen cresceu com a ajuda do governo, atraindo 60 milhões de dólares em subsídios do estado de Massachusetts, a maior já oferecida a uma única empresa pelo Estado. Prometendo criar empregos no estado, a Evergreen foi facilmente atraída para a China, que ofereceu empréstimos em termos favoráveis de seus bancos públicos para subsidiar uma nova fábrica. Ao obter esse financiamento, a Evergreen concordou em compartilhar sua tecnologia inovadora com sua parceira, a Jiawei Solar (Sato, 2011). Apesar de ter acumulado perdas de quase meio bilhão de dólares ao longo de sua história, a Evergreen realizou uma primeira venda pública de ações (IPO) de 42 milhões de dólares em 2000, enriquecendo seus executivos com 36 milhões de dólares (e esse valor é baseado nos poucos dados disponíveis). Em outras palavras, o apoio público agregou valor para o capital de risco e os altos executivos, mas não conseguiu gerar os prometidos benefícios econômicos para os Estados Unidos e provavelmente transferiu tecnologia inovadora para a China. O estado de Massachusetts tentou processar a Evergreen para recuperar parte de seu dinheiro (Haley, Usha e Schulher, 2011, p. 36), mostrando que os formuladores de políticas nem sempre são administradores passivos do dinheiro dos contribuintes e com razão querem cobrar os benefícios das indústrias que subvencionam com o dinheiro desses contribuintes.

A chinesa Suntech liderou o mercado global de painéis solares fotovoltaicos C-Si em 2011.[5] A Suntech tirou proveito da importação de equipamento para produção de painéis fotovoltaicos das empresas americanas falidas (e a aquisição da MSK Corporation japonesa), do financiamento público abundante dos bancos chineses locais e nacionais, e da explosão dos mercados europeus para painéis solares fotovoltaicos. Seu fundador, Zhengrong Shi, concluiu seu doutorado e estabeleceu relações muito importantes na Universidade de New South Wales, Austrália, onde trabalham importantes pesquisadores na área de energia solar, como o professor Martin Green, com quem Shi desenvolveria tecnologias antes de incorporar algumas nos produtos de sua empresa. Shi estudou os painéis solares fotovoltaicos e passou treze anos na Austrália, trabalhando para a Pacific Solar, joint venture entre a Universidade de New South Wales e uma empresa pública australiana, antes de voltar para a China (Flannery, 2006). Shi foi fisgado pela cidade de Wuxi, que em 2000 ofereceu a ele 6 milhões de dólares para montar ali uma empresa fabricante de painéis solares fotovoltaicos (Crouch, 2008). A tecnologia Pluto C-Si da Suntech é derivada da tecnologia PERL C-Si desenvolvida na Universidade de New South Wales, e a empresa tem procurado ativamente incorporar aspectos dessa tecnologia em seus produtos comerciais. Por isso, seus produtos estão alcançando rapidamente o alto desempenho de suas rivais americanas, como a SunPower.

A Suntech, como a maioria dos fabricantes chineses de painéis solares fotovoltaicos, dependia da existência de grandes mercados para crescer. Uma parcela substancial de sua receita é gerada pelos mercados

---

5. Os detalhes a respeito da Suntech são baseados em um artigo de Matt Hopkins e Yin Li, "The Rise of the Chinese Solar Photovoltaic Industry and Its Impact on Competition and Innovation", Airnet.org, 2012.

europeus, impulsionados por tarifas *feed-in* e outras políticas de apoio governamentais que despendem bilhões estimulando o desenvolvimento doméstico dos painéis solares fotovoltaicos. Mas ela também se beneficiou com a política de apoio na China, que concedeu à empresa uma alíquota tributária preferencial de 15%, milhões em subvenções e uma linha de crédito de 7 bilhões de dólares do Banco de Desenvolvimento da China (que se seguiu a milhões em financiamento garantido pelo governo local), que já havia disponibilizado 47 bilhões de dólares em empréstimos em termos favoráveis para as empresas de tecnologia solar chinesas em 2010 (Pentland, 2011).

Foi esse imenso comprometimento financeiro e outros investimentos públicos que fizeram a diferença para os fabricantes de painéis solares fotovoltaicos chineses, que têm os recursos necessários para crescer e o compromisso do governo para ajudá-los quando ocorrem mudanças nos mercados globais e eles começam a construir mercados domésticos mais fortes. Líder em sistemas solares de aquecimento de água, a China está mostrando sinais de que um mercado doméstico começa a decolar graças às respostas políticas rápidas e às tensões comerciais geradas pela rápida ascensão do país nos mercados globais de painéis solares fotovoltaicos (Choudhury, 2012).

Falências: querer é poder

Mas enquanto este livro estava sendo escrito, a Wuxi Suntech (subsidiária da Suntech Power Holdings) declarou falência. Poucos dias depois de ter deixado de fazer um pagamento de 541 milhões de dólares em obrigações aos investidores, em março de 2013, a empresa foi processada por eles, e os desdobramentos do caso têm levantado sérias questões em relação ao futuro da jovem indústria de energia solar chinesa. Saudado como "Sun King" [Rei Sol] pela *Forbes* em 2006, detentor de quinze patentes em tecnologia solar e uma trajetória de vida da miséria à riqueza, o legado de Shi como primeiro bilionário da energia solar e uma das pessoas mais ricas do mundo está se deteriorando rapidamente com as acusações de má gestão e tentativas de expulsá-lo

ENERGIA EÓLICA E SOLAR:
HISTÓRIAS DE SUCESSO DO GOVERNO E TECNOLOGIA EM CRISE

de cargos executivos e do conselho da empresa que ele fundou (Flannery, 2006). Agora prestes a ser encampada pela estatal Wuxi-Guolian, a empresa dividiu seus ativos na subsidiária Wuxi Suntech, com os investidores estrangeiros sendo encaminhados para a Suntech Power, ficando "estruturalmente subordinados" aos bancos públicos que vêm injetando capital paciente na empresa (Bradshaw, 2013). A insolvência forçada da Suntech significa que Shi, que detém 70% da Suntech Power (e 30% das ações globais), e os principais acionistas devem perder cerca de 1,28 bilhão de dólares investidos em títulos e ações da Suntech, enquanto a nacionalização da empresa tenta proteger o interesse de milhares de trabalhadores, os bancos públicos e o Estado. Os bancos públicos, por sua vez, detêm a maior parte do débito da empresa, calculado em 2,2 bilhões de dólares.

O resultado da falência da Suntech chinesa contrasta fortemente com a da americana Solyndra. Diante da falência iminente, a Solyndra passou por uma reestruturação de emergência e recebeu uma injeção de capital de 75 milhões de dólares de seus investidores privados antes da falência (o governo insistiu para que os fundos viessem do setor privado). O diretor executivo do programa de empréstimos do Departamento de Energia, Jonathan Silver (ex-investidor do capital de risco), trabalhou para a "segurança do contribuinte" enquanto o CEO Brian Harrison (ex-Intel, que substituiu Chris Gronet em 2010) agiu para acabar com um departamento de P&D "inchado" e concluir uma nova fábrica inteiramente automatizada com fundos do Departamento de Energia em uma missão de corte de custos, e o resultado disso foi que tanto as vendas quanto os custos começaram a se mover na direção certa (Grunwald, 2012, pp. 414-5). Como observamos acima, a injeção de capital veio com a ressalva nada insignificante de que os investidores privados seriam os primeiros a reclamar as perdas se a empresa fechasse. Mas todas as partes envolvidas também sabiam que a empresa "seria mais valiosa na falência se tivesse uma fábrica concluída" (Grunwald, 2012, p. 415). Mesmo sem o financiamento adicional do governo americano, a tentativa de resgatar a Solyndra representou um fracasso político (e econômico) na melhor das hipóteses, ainda que pudesse ser descrita como um jogo heroico e corajoso.

É interessante aprofundar ainda mais a comparação entre a Suntech e a Solyndra. A Solyndra foi esmagadoramente financiada pelos interesses privados, enquanto a Suntech foi financiada pelos públicos. Ambas as empresas fracassaram, mas o que se esperava das duas era o "mesmo" — criação de empregos, grandes lucros e concorrência pela riqueza com outros países, principais termômetros do sucesso. Porém a concorrência ocorreu em um contexto global, isto é, em uma indústria global que encontra sua política de apoio, como suas empresas, funcionando em lugares diferentes em todo o mundo, supostamente com o máximo desempenho. Porém, tanto a produção da Solyndra quanto a da Suntech estavam, de certo modo, competindo pelo próximo cliente alemão. Ambas as empresas, tanto a chinesa quanto a americana, cometeram os mesmos erros. Elas ampliaram a escala de produção muito depressa e não tinham mercado para suas próprias redes domésticas, sendo que cada país possuía um gigantesco mercado interno de 1 TW, capaz de fornecer oportunidades quase ilimitadas para empresas que, ironicamente, morriam por falta de clientes que pudessem absorver sua produção. Com uma infraestrutura incrível como essa, alguém conseguiria imaginar como seria absurdo se a GM, a Ford e a Chrysler fossem à falência por falta de estradas?

E no entanto a Solyndra sumiu do mapa, enquanto a Suntech sobreviveu até agora. Mas o destino da Suntech não será decidido por investidores — que evidentemente preferem ter os fundos de volta acima de quaisquer considerações. O fracasso da Solyndra chama a atenção para o sistema de inovação "parasitário" que os Estados Unidos criaram para si mesmos, em que os interesses financeiros são sempre o juiz, o júri e o carrasco de todos os dilemas do investimento. Talvez, se feito de outra maneira, com um olho no valor do desenvolvimento econômico além do desempenho financeiro de curto prazo, a Solyndra tivesse crescido, com centenas de milhares de empregados e uma receita de bilhões de dólares como a GE. O destino da Suntech, por outro lado, será decidido pelo Estado, que fez os maiores investimentos na empresa e que cuida da falência com uma perspectiva muito mais ampla da posição da Suntech na economia chinesa e de seu futuro. A Suntech foi preservada pelo Estado durante a crise, e seus 20 mil empregos

ENERGIA EÓLICA E SOLAR:
HISTÓRIAS DE SUCESSO DO GOVERNO E TECNOLOGIA EM CRISE

já se tornaram críticos para a província de Jiangsu, que talvez sofra um ajuste estrutural doloroso caso a empresa seja liquidada, fechada e esquecida (imagine empresas como o Google, com seus 54 mil funcionários, ou o Facebook, com 4600, fechando repentinamente). A Solyndra era "pequena demais para sobreviver" (em vez de grande demais para fracassar) para justificar um "resgate", mas o governo podia, como sempre pode, "reescrever as regras", e poderia ter avaliado os prós e contras do socorro à Solyndra. Poderia até, como ocorreu com a Suntech, considerar a demissão dos executivos responsáveis pelo declínio financeiro. Uma forma de calcular esse custo seria perguntar quanto valem mil postos de trabalho para as receitas futuras do governo ou, melhor ainda, quanto essas receitas valem quando a empresa se torna uma grande empregadora como o Facebook, o Google ou a GE.

Continuaremos a passar o tempo imaginando o sucesso até reconhecermos que a inovação ocorre enquanto parte de um processo global, não como um processo individual ou mesmo organizacional (e essa compreensão é fundamental). A tecnologia limpa já está nos ensinando que para mudar o mundo é preciso coordenação e investimentos de vários Estados, caso contrário P&D, apoio à produção e apoio para a criação e funcionamento do mercado continuam a ser becos sem saída enquanto a Terra literalmente sufoca com as indústrias que construímos um século atrás.

Um dos maiores desafios para o futuro, tanto em tecnologia limpa quando em relação a qualquer tecnologia que venha em seguida, será garantir que, ao construirmos ecossistemas colaborativos, não apenas socializemos os riscos, mas também as recompensas. Só assim o ciclo de inovação será sustentável com o tempo, tanto econômica quanto politicamente. Nessa última esfera, é importante que os contribuintes entendam que se beneficiam com os grandes investimentos do Estado para construir as bases para os lucros privados futuros. Como os empregos estão cada vez mais globais, em vez de resistir a isso com dogmas nacionalistas, existem maneiras concretas de pegar o retorno dos investimentos do Estado de forma que os cidadãos que financiam o desenvolvimento tecnológico possam estar certos de compartilhar os ganhos. É esse o tema do próximo capítulo.

Competição, inovação e tamanho do mercado (Quem está reclamando?)

Eu disse que o estado da Califórnia foi parcialmente responsável pelo crescimento e sucesso (inicial) da Vestas — atual líder mundial na fabricação de turbinas eólicas. Da mesma forma, o crescimento das empresas americanas e chinesas dependeu, em certa medida, do empenho de recursos e liderança das políticas alemãs. Adotando a geração de energia solar distribuída, a Alemanha tornou-se líder mundial no desenvolvimento de painéis solares fotovoltaicos. Revisando sua política de tarifas *feed-in* em 2000 para melhorar os preços dos painéis fotovoltaicos (e fixar preços únicos para outras tecnologias renováveis de acordo com o desempenho esperado), a Alemanha tornou os painéis solares fotovoltaicos competitivos em relação às fontes de energia tradicionais até mesmo no que diz respeito à energia eólica. Ao mesmo tempo, o país europeu criou também um programa de "100 mil tetos" para estimular o investimento residencial e comercial na tecnologia. Essa ação deu grande impulso à indústria dos painéis solares fotovoltaicos, cuja capacidade passou de apenas 62 MW em 2000 para mais de 24 mil MW em 2011. Isso equivale à construção de 24 usinas nucleares em cerca de dez anos — feito notável que jamais ocorreria considerando o tempo de construção das usinas (e a oposição pública a elas).

A exemplo do fenômeno californiano descrito acima, as políticas progressistas alemãs foram ao mesmo tempo uma bênção e uma maldição. Por um lado, o mercado crescente possibilitou o surgimento e o rápido crescimento de fabricantes alemães (como a Q-Cells). Mas também propiciou maiores oportunidades para empresas concorrentes dos Estados Unidos, China e outros países, que contavam com a Alemanha para absorver sua crescente capacidade de produção. Ao mesmo tempo, esses países não conseguiram criar mercados domésticos igualmente fortes para os painéis solares fotovoltaicos, apesar de observarem o exemplo alemão. O excesso de capacidade criado em parte devido a políticas do tipo "começa e para" em países como a Espanha está prejudicando empresas de energia solar em todo o mundo. A Q-Cells, que já foi uma campeã alemã, agora pertence ao conglomerado coreano Hanwha Group (Reuters, 2011).

Enquanto isso, a ascensão da China como centro regional dos principais fabricantes de painéis solares fotovoltaicos teve sérias consequências sobre o setor como um todo, levando a uma "guerra comercial" nos Estados Unidos e na Europa que se manifestou na forma de tarifas contra os produtos chineses.[6] Mas enquanto as empresas americanas e europeias estão sem condições de competir, o governo americano, por exemplo, reagiu apontando a necessidade de acabar com o apoio ao desenvolvimento da energia limpa quando a situação indica que ela é mais necessária do que nunca. A guerra comercial serve apenas para reforçar o mito de que o desenvolvimento industrial ocorre por intermédio das forças invisíveis do mercado, que não podem ser criadas ou controladas pelo governo para a obtenção de resultados socialmente benéficos. Com o governo agindo como "juiz" na disputa comercial, o apoio público da China ao desenvolvimento da indústria de tecnologia limpa é rotulado de "roubo" em vez de eficácia. Ao mesmo tempo, muitos países estão tentando fisgar o mercado global de tecnologia limpa com políticas semelhantes, que incluem apoio direto e indireto às empresas; em outras palavras, se a China está roubando, eles também estão. A queda dos preços dos painéis solares fotovoltaicos deveria ser uma coisa boa — acabará criando uma competição favorável com os combustíveis fósseis. Mas nesse caso, a queda dos preços (e a redução da margem de lucro) causa frustração e ignora as deficiências da política industrial em países como os Estados Unidos, que poderíamos descrever como carente de capital paciente propício à formação e ao crescimento de empresas inovadoras, assim como de uma visão de longo prazo para a transição energética (Hopkins e Lazonick, 2012). O que separa a China de seus pares internacionais é a coragem de se comprometer com a inovação e a energia renovável no curto *e* no longo prazo.

Alguns argumentam que existe o risco de que o rápido crescimento das empresas de energia eólica e solar chinesas sufoque a inovação (W. Liu, 2011). A acusação é a de que as empresas chinesas reduzem os

---

6. Neste momento, a Europa ainda está indecisa em relação às tarifas.

custos e ocupam parcelas do mercado com tecnologias mais antiquadas, estabelecendo uma direção tecnológica que impede novas tecnologias de penetrar nos mercados mais antigos. Se for esse o caso, então os governos devem atentar para os sinais de que é preciso fazer mais para garantir que inovações energéticas fundamentais possam se estabelecer nos mercados que estão sendo tomados por tecnologias concorrentes. Essas queixas parecem ignorar que a tecnologia C-Si tem suas vantagens — como a presença de matéria-prima abundante para sua fabricação. Enfoques diferentes se assentam em elementos raros, cujo suprimento é limitado. Além disso, essas queixas ignoram o fato de que inovações produzidas por empresas americanas como a Innovalight (adquirida pela DuPont) ou pela 1366 Technologies podem ser (e são) incorporadas aos painéis chineses.[7] De qualquer forma, em algum ponto será necessário convergir para um projeto dominante antes que se possa alcançar a difusão em massa da energia solar.

Conclusão: tecnologia limpa em crise

Não há nada "acidental" em relação ao desenvolvimento da tecnologia limpa ou à formação de mercados para a energia renovável. Não existem empresas ou empreendedores "geniais" agindo de forma independente ou apenas por medo da mudança climática, ou então por deter conhecimento privilegiado de possibilidade de lucros futuros. As empresas de tecnologia limpa estão aproveitando tecnologias e lucrando com investimentos anteriores de um setor público ativo, e respondem a sinais claros do mercado proclamados por políticas governamentais progressistas em relação a uma mudança desejada e com disponibilidade de apoio para o crescimento industrial da tecnologia limpa. A esperança é que a inovação produza riqueza econômica, oportunidades de emprego e uma solução para a mudança do clima.

---

7. A 1366 Technologies desenvolveu equipamento de silício multicristalino de baixíssimo custo — com a ajuda do programa da ARPA-E (discutido no capítulo 6), que contribuiu com 4 milhões de dólares para o desenvolvimento.

ENERGIA EÓLICA E SOLAR:
HISTÓRIAS DE SUCESSO DO GOVERNO E TECNOLOGIA EM CRISE

Embora o desempenho dos países tenha variado tremendamente ao longo de décadas, é evidente que a Alemanha proporcionou um vislumbre do valor do apoio no longo prazo, que a China demonstrou que a rápida ampliação da produção e implantação é possível e que os Estados Unidos mostraram o valor da P&D, mas também a loucura de permitir a incerteza, mudando prioridades políticas e o financiamento especulativo para definir a agenda do desenvolvimento da tecnologia limpa. Os governos que estão na vanguarda da tecnologia limpa não têm de se deixar enganar quando os investimentos azedam. Nem devem esperar que os contribuintes assumam alegremente todos os riscos do investimento nessas tecnologias e na criação de mercados sem que se vislumbre uma recompensa futura.

O desafio de avançar é criar, manter e financiar um arcabouço político de longo prazo que sustente o ímpeto do setor de energia limpa construído ao longo da última década. Sem esse compromisso de longo prazo, é provável que a tecnologia limpa se transforme em uma oportunidade perdida para muitos países. Esse arcabouço incluiria políticas de demanda para promover o aumento do consumo de energia eólica e solar e também políticas de oferta para promover a fabricação de tecnologias com capital "paciente".

Os desafios do desenvolvimento de tecnologias limpas vão muito além da criação de centros públicos para a inovação de energia, como a ARPA-E. Os governos devem reduzir o risco que envolve a comercialização das inovações energéticas e ao mesmo tempo administrar os riscos da concorrência nos diferentes mercados de energia global. Quando surgiram dificuldades no passado, como quando os mercados de energia solar ou eólica cambalearam depois da retração do apoio americano para energias renováveis no final da década de 1980, a tendência foi se concentrar nas falhas dos investimentos governamentais e ignorar a contribuição do setor privado para essas falhas, ou minimizar sua importância como comportamento "natural" dos mercados competitivos. Pior, alguns interpretam as dificuldades como prova de que a tecnologia "não pode competir" ou nunca competirá com a tecnologia incumbente e deve ser arquivada em vez de explorada. Isso iria contra os registros históricos, que sugerem que todas as tecnologias energéticas precisaram e se beneficiaram de longos períodos de desenvolvimento e apoio governamental de longo prazo. O mais importante é que o esforço continua como se o futuro do planeta dependesse dele — porque depende. Por isso, o enfrentamento do desafio requer a superação de uma visão de mundo baseada em mitos, dos quais falamos no capítulo 2.

MITO 1: INOVAÇÃO É SINÔNIMO DE P&D

A contribuição dos projetos de P&D para tecnologias como energia eólica e solar ocorreu em escala global durante décadas, como resultado de investimentos públicos significativos e aprendizado, bem como mobilização de uma ampla comunidade que incluiu redes de conhecimento educacional e comercial. A tecnologia funciona como um resultado, e a melhora em termos de custo e eficiência tem continuado apesar do comprometimento desigual do governo e do setor privado ao longo do tempo. O custo da energia produzida também foi caindo, enquanto os preços dos combustíveis fósseis continuam voláteis e aumentam com o tempo.

Algumas empresas podem realizar importantes projetos de P&D durante décadas e continuar perdendo dinheiro sem uma perspectiva comercial clara. Como demonstrado com a história da First Solar, o papel do governo estimulando a saída da inovação do laboratório para os mercados não acaba com a P&D, mas pode incluir um papel na superação das barreiras para a comercialização, como a falta de capacidade de produção. Da mesma forma, os investidores do capital de risco da First Solar precisavam superar os desafios e um horizonte de investimentos que estendia seu comprometimento.

Como argumentam muitos, os desafios enfrentados pelas tecnologias limpas raramente são técnicos; são *políticos* (e sociais) e incluem a necessidade de maior comprometimento do capital paciente dos governos e do setor privado ao redor do mundo. P&D funcionam, mas não são suficientes. Empresas novas precisam de apoio, subsídios e comprometimento de longo prazo para a produção e também para os mercados. Os governos também precisam confrontar a realidade de que para a maioria das nações desenvolvidas, a implantação das tecnologias limpas está ocorrendo no contexto de uma infraestrutura bem desenvolvida. Não é possível começar do zero, o que significa que o investimento deve administrar a transição para uma tecnologia limpa que ameace a indústria da energia dos combustíveis fósseis e outras energias que têm o benefício de um período de desenvolvimento mais longo e custos irrecuperáveis significativos. Por fim, nem todos da comunidade empresarial têm vergonha de cobrar um papel ativo do governo na questão da tecnologia limpa. No entanto, já passou da hora de começar a discutir qual é o verdadeiro papel do empresariado no desenvolvimento tecnológico além do financiamento de P&D. O fracasso das empresas de tecnologia limpa é também um fracasso comercial, não apenas um fracasso político, e retarda a exploração de novas e importantes tecnologias de energia. Pior, pode entregar essas tecnologias para outros países com objetivos semelhantes.

MITO 2: O QUE É PEQUENO É MELHOR

Embora grandes conglomerados como a GE, Exxon, GM ou British Petroleum tenham tido um papel no desenvolvimento de energia limpa no passado, muitos buscam nas pequenas start-ups as evidências da proximidade de uma "revolução" no setor de energia. No entanto, essas pequenas empresas também costumam ser jovens e incubar por longos períodos antes de decolar comercialmente.

Como argumentou Hopkins (2012) e resumimos acima, a GE "herdou" os investimentos anteriores do Estado e empresas inovadoras em sua ascensão como grande fabricante de turbinas eólicas. A GE também anunciou em 2011 (mas desde então tem adiado) um investimento de 600 milhões de dólares no Colorado para a fabricação de painéis solares fotovoltaicos de película fina, usando tecnologia CdTe semelhante à da First Solar. Como ocorreu na época de sua entrada no negócio de energia eólica, seu ingresso no negócio de painéis fotovoltaicos estará fortemente ligado a investimentos feitos antes pelo Estado. No entanto, os recursos da GE são muito superiores aos daquelas pequenas start-ups, incluindo bilhões de dólares em orçamento para P&D, bilhões em lucros anuais para reinvestir em tecnologias fundamentais, ativos complementares como uma vasta rede global e, como na indústria eólica, reputação e relacionamentos significativos que reduzem o "risco" dos investidores. Os investimentos da GE podem garantir uma presença mais duradoura da indústria solar para os Estados Unidos no futuro, da mesma forma que sua entrada na energia eólica em 2002. Para a energia renovável, a escala é importante, e empresas maiores podem abastecer mais facilmente enormes redes de energia abrangendo continentes. Talvez ainda mais importante, grandes empresas como a GE conseguem conquistar com mais facilidade a confiança dos investidores e das empresas de fornecimento de energia, dado seu extenso histórico de funcionamento, recursos financeiros, experiência com infraestrutura de eletricidade e imensas conexões sociais. Não é coincidência o fato de que os projetos de energia eólica tomaram um ritmo febril depois da entrada da GE nesse setor.

Mas não devemos subestimar o papel das pequenas empresas nem imaginar que somente as grandes têm os recursos corretos à sua disposição. Pequenas empresas que se tornam grandes, como a Amazon, o Google ou a Apple, promovem ativamente seu próprio modelo de negócio, muitas vezes para frustração das indústrias "antigas", que talvez nunca tivessem levado as mesmas tecnologias tão longe, tão depressa. A disposição para revolucionar os mercados existentes é necessária para que se manifeste uma verdadeira revolução verde, e é possível que as start-ups, sem a desvantagem dos custos irrecuperáveis, sejam os atores certos para esse trabalho.[8]

---

8. Seria um objeto de debate saber se o apoio público destinado à inovação energética deveria, no longo prazo, ser "entregue" às grandes empresas que poderiam ter feito seus próprios investimentos. Os subsídios deveriam estar impedindo que recém-chegadas inovadoras "quebrem". Se o objetivo da P&D realizados pelo governo é promover a inovação, então é um desperdício não avaliar como a competitividade dos fabricantes poderia ser melhorada. Além disso, embora muitas empresas petrolíferas tenham contribuído com inovações nos painéis solares fotovoltaicos no passado, não está claro como elas fariam para mudar para essa tecnologia, abandonando as tecnologias que fornecem suas principais fontes de receita. Na verdade, com o aumento da competitividade dos mercados de painéis solares fotovoltaicos, líderes do passado como a BP Solar pularam fora em vez de manter o curso.

MITO 3: O CAPITAL DE RISCO ADORA O RISCO

Os Estados Unidos são o capital de risco do mundo da tecnologia limpa, destinando bilhões para o setor todos os anos — muito mais do que todo o resto do planeta somado. Mas os investidores do capital de risco são "capitalistas impacientes" — movidos basicamente pelo desejo de gerar retornos financeiros para si mesmos acima de tudo. Muitos não estão interessados em sustentar os riscos inerentes ao desenvolvimento tecnológico por um longo período de tempo, preferindo cortar suas perdas e retomar as buscas por retornos rápidos em outra parte. O capital de risco quer financiar tecnologias que precisem de pouco capital e estejam prestes a entrar no mercado. O capital financeiro também não tem os recursos para financiar integralmente o crescimento das empresas de tecnologia limpa, que requerem injeção intensiva de capital e competem em mercados muito complexos. Os bilhões despejados em empresas do setor de tecnologia limpa são poucos, por exemplo, comparados às centenas de bilhões de financiamento estatal comprometido com projetos de energia renovável.

O sucesso de empresas como a First Solar foi construído ao longo de várias décadas, durante as quais o capital de risco entrou em um estágio relativamente tardio e saiu assim que foi concluída a primeira oferta pública (IPO). Boa parte do risco do investimento na First Solar foi assumido pelo governo americano, que promoveu ativamente sua tecnologia solar até a comercialização. Subsídios para o mercado interno e um mercado europeu, aliados à posição da First Solar como principal produtora de película fina, fizeram com que sequer se cogitasse a possibilidade de fracasso. Entretanto, a extração de valor propiciada, e até promovida, pelo investimento do capital e seus métodos de compensação garantem aos investidores, executivos e cúpula das empresas ganhos imensos com o desempenho das ações, tenha ou não vida curta. Esse incentivo perverso não apenas redistribui o investimento em inovação para longe das outras partes interessadas (governos, escolas, trabalhadores), como arrisca minar o desempenho da empresa. Em vez de fazer o investimento arriscado na inovação futura, aqueles que estão em posições de controle estratégico desperdiçam recursos em busca de retornos financeiros.

Ao mesmo tempo, muitas empresas americanas quebraram, menos por falta de tecnologia inovadora e mais por falta de acesso a capital adicional para continuar a funcionar depois de períodos de incerteza no mercado ou por um súbito revés da sorte. Isso estimulou a Evergreen a "ir atrás do dinheiro", saindo dos Estados Unidos e rumando para a China. A Spectrawatt e a Solyndra também acabaram por falta de capital. Apesar das mesmas condições no mercado global, as empresas chinesas contam com um sistema de financiamento público que não as abandona. Quando o capital de risco não assume os riscos, cabe ao Estado preencher o vácuo.

CONSTRUINDO UM ECOSSISTEMA DE INOVAÇÃO VERDE (SIMBIÓTICO, NÃO PARASITÁRIO)

A inovação não ocorre sem o esforço de muita gente e não pode ser levada adiante sem uma visão de longo prazo que fixe a direção e deixe claros os objetivos. Quando as políticas governamentais falham, o dinheiro público pode ser desperdiçado e tecnologias promissoras podem não atingir seu potencial, porque os políticos ou os contribuintes se recusam a comprometer mais recursos. Quando o setor privado falha, milhares de empregos podem desaparecer, os investidores perdem a confiança e a reputação das tecnologias fica marcada. A incerteza e a estagnação podem prevalecer e o potencial de soluções promissoras, desaparecer. Com as atividades governamentais e do setor privado tão intimamente ligadas, muitas vezes é impossível apontar a culpa com exatidão. Em sua raiz está apenas o fracasso coletivo.

O que precisa ficar claro é que a revolução da energia verde ocorrida até aqui é resultado de um desenvolvimento tecnológico longo e complexo e do processo de difusão ocorrido em uma escala global. O processo se beneficiou dos grandes investimentos do governo que estimularam o surgimento de novas empresas e apoiaram seu crescimento com a criação de oportunidades de mercado. As inúmeras políticas visavam produzir desenvolvimento tecnológico, eficiência do mercado, escala e regulação eficaz. O objetivo mais abrangente desse processo é a aceleração do crescimento econômico através da inovação em tecnologias limpas para abrandar a mudança do clima e promover a diversidade energética. A visão de longo prazo é transformar nosso atual sistema produtivo em um sistema industrial sustentável verde. Essa é uma missão traçada para produzir benefícios duradouros para o público e cumprir a promessa de desempenho econômico superior.

Para que a revolução verde decole, será fundamental a construção de ecossistemas de inovação que resultem em parcerias público-privadas *simbióticas* em vez de parasitárias. Isto é, o aumento dos investimentos do Estado no ecossistema fará com que o setor privado invista menos e concentre seus ganhos no aumento dos preços das ações em vez de na formação do capital humano e P&D?

No próximo capítulo retomamos o caso dos computadores da Apple para perguntar: os investimentos do Estado em inovação — que beneficiaram empresas específicas como a Apple (tanto em termos de empresa quanto das tecnologias usadas) — geraram resultados que possam justificar o uso do dinheiro dos contribuintes? Maiores receitas fiscais? Mais empregos? Ou maiores investimentos futuros da Apple em inovação? Só fazendo essas perguntas é que podemos assegurar que o Estado empreendedor não se torne um Estado ingênuo.

8
Riscos e recompensas: das maçãs podres aos ecossistemas simbióticos

Anos atrás, quando eu vivia na Califórnia, dizíamos que a Califórnia estava vinte anos à frente do resto do país. Acho que estávamos certos.
Norman R. Augustine, ex-*chairman* e CEO da Lockheed Martin Corporation (NAS, 2010, p. 79)

ESTE LIVRO DESTACOU O PAPEL ATIVO desempenhado pelo Estado na geração do crescimento puxado pela inovação. Como já argumentamos, isso implicou investimentos muito arriscados — especulação para a "destruição criativa" schumpeteriana. Entretanto, embora seja comum argumentar no meio financeiro que existe uma relação entre risco e retorno, o mesmo não ocorre no jogo da inovação. Os riscos têm sido assumidos como um esforço coletivo, enquanto os retornos não têm sido distribuídos coletivamente. Com frequência, o único retorno que o Estado recebe pelos investimentos arriscados são os benefícios indiretos do aumento da receita fiscal devido ao crescimento gerado por esses investimentos. Mas dada a existência de diferentes brechas fiscais e o fato de que a receita fiscal nem sempre reflete com exatidão a fonte dos ganhos (isto é, receita ou ganhos de capital), os impostos se revelaram um caminho difícil para o Estado conseguir o retorno de seus investimentos em inovação. E mesmo que os impostos derivados das inovações financiadas pelo Estado fossem recolhidos corretamente, não fica claro se a quantia seria suficiente para cobrir os investimentos em inovação que caracterizaram o Vale do Silício, o que sempre implicará fracassos colossais para cada grande sucesso, como a internet — essa é a natureza do processo de inovação realmente incerto.

Fala-se muito na parceria entre o governo e o setor privado, mas enquanto os esforços são coletivos, o retorno continua privado. É certo que a National Science Foundation não tenha colhido nenhum retorno financeiro da subvenção que produziu o algoritmo que levou ao mecanismo de busca do Google (Block, 2011, p. 23). Pode um sistema de inovação baseado no apoio do governo ser sustentável sem um sistema de recompensas? A falta de conhecimento público do papel empreendedor fundamental desempenhado pelo governo no crescimento de economias de todo o mundo, além da gestão de demanda keynesiana e "criando condições" para o crescimento, está pondo o modelo bem-sucedido em grande perigo.

Teoricamente, a geração socializada e a comercialização privatizada das tecnologias biofarmacêuticas — e outras — poderiam ser acompanhadas de uma retirada do Estado se as empresas privadas usassem seus lucros para reinvestir em pesquisa e posterior desenvolvimento de produto. O papel do Estado se limitaria então ao apoio inicial às descobertas radicalmente novas até que elas gerassem lucros que pudessem financiar outras descobertas. Mas o comportamento do setor privado sugere que as instituições públicas não podem passar o bastão dos projetos de P&D dessa maneira. Também sugere que o papel do Estado não pode se limitar ao plantio das sementes para que depois elas cresçam livremente — se está interessado no crescimento econômico e na mudança tecnológica, deve estar disposto a apoiar as tecnologias até que possam ser produzidas em massa e implantadas amplamente. E é claro que a atuação ampla do Estado em áreas tão diversas quanto "segurança", atenção ao cumprimento de contratos e redução da desigualdade mostram que o "banco do passageiro" — independentemente do jogo da inovação — não é uma escolha a ser considerada.

Muitos dos problemas enfrentados atualmente pela administração Obama se devem ao fato de que os contribuintes americanos desconhecem que seus impostos fomentam as inovações e o crescimento econômico do país; eles não percebem que as corporações estão ganhando dinheiro com inovação que foi financiada com seus impostos. E essas corporações não estão devolvendo uma parte dos lucros para o governo nem investindo em inovação (Mazzucato, 2010). A história que os contribuintes ouvem é que o crescimento econômico e a inovação são obtidos graças a indivíduos "geniais", "empreendedores" do Vale do Silício, investidores ou "pequenas empresas", desde que a legislação seja negligente (ou inexistente) e os impostos baixos — principalmente quando comparada ao "Grande Estado" por trás de boa parte da Europa. Essas histórias também estão sendo contadas no Reino Unido, onde se argumenta que a única alternativa para o país crescer é através da liderança da iniciativa privada, com o Estado retomando um papel mínimo na garantia do estado de direito.

Para tornar o crescimento mais "justo" e mais "inclusivo" — e para que os ganhos sejam partilhados de maneira mais equitativa —, os economistas, formuladores de políticas e o público em geral devem compreender melhor quais partes interessadas realmente compartilham os riscos fundamentais para catalisar o crescimento puxado pela inovação. Como argumentamos, os riscos e a especulação são absolutamente fundamentais para que ocorra a inovação. A verdadeira incerteza knightiana engendrada pela inovação — assim como os inevitáveis custos irrecuperáveis e a intensidade de capital exigida — na verdade é a razão para que o setor privado, incluindo o capital de risco, mantenha-se distante. Também é a razão por que o Estado é a parte interessada que assume a liderança com mais frequência, não apenas para arrumar os mercados, mas para criá-los.

Para aprofundar essa questão, volto à Apple e à gravidade do problema risco-recompensa. Pode parecer que estou "pegando no pé" da Apple, mas não há outra empresa que simbolize com tanta força a imagem do mercado como motor do capitalismo na imaginação popular (vs. o Estado, examinado na introdução e no capítulo 1). Apesar de termos tentado equilibrar essa imagem no capítulo 5 analisando o papel ativo do Estado no sucesso dela, neste capítulo mostro que o fato de essa história não ter sido contada permitiu que a Apple evitasse a "devolução" de uma parcela de seus lucros ao mesmo Estado que financiou boa parte de seu sucesso. Depois, no capítulo 9, examino a questão mais profundamente através de um convite explícito a uma nova abordagem — um "arcabouço" — para entender a relação entre risco e recompensas e dessa forma a relação entre inovação e (des)igualdade.

Argumentaremos que as políticas industriais e de inovação devem incluir instrumentos de redistribuição a fim de justificar os investimentos "empreendedores" exigidos do Estado — instrumentos capazes de cobrir as perdas inevitáveis (pois os fracassos fazem parte do processo de tentativa e erro), mas também para repor o fundo de inovação necessário para a próxima rodada.

De volta à Apple: o que o governo americano recebeu de volta por seus investimentos?

Na era digital, a inovação é fundamental para o crescimento "inteligente". Mas o crescimento inclusivo (EC, 2010) também exige que se leve em conta a distribuição dos retornos. O risco é inerente ao processo de inovação, e muitas vezes, quando uma tecnologia é transformada em um produto comercial ou serviço como o iPhone, por exemplo, o risco é recompensado com grandes retornos. Isso acontece também porque a inovação é altamente "cumulativa" —a inovação de hoje aproveita a de ontem. Assim, dependendo de quando determinado ator do "ecossistema" entra na cadeia de inovação, ele pode não apenas se apropriar de sua contribuição mas potencialmente de toda a área (o todo) sob a curva de inovação acumulada (Lazonick e Mazzucato, 2013). Sob vários aspectos, isso explica o sucesso dos investidores capitalistas que em diferentes setores, como TI e biotecnologia, entraram décadas *após* o Estado ter investido nas tecnologias mais arriscadas e de capital intensivo (veja a citação eloquente de Berg que abre este livro) e ainda assim enriqueceram de modo desproporcional à sua contribuição. E pode-se argumentar que o enriquecimento foi justificado pelo lado errado da história sobre a origem do sucesso das tecnologias. Daí a necessidade de contarmos a história da Apple do início ao fim.

O que é singularmente evidente no caso da Apple, porém, é o fato de que os executivos e acionistas da empresa não são os únicos (nem os maiores) a assumir os riscos inerentes ao desenvolvimento de produtos inovadores como o iPod, iPhone e iPad. Como mostramos em detalhes no capítulo 5, o sucesso dessas tecnologias se deve predominantemente à visão do governo dos Estados Unidos que enxergou a inovação radical nos campos da eletrônica e da comunicação que remontam às décadas de 1960 e 1970. Não foram os executivos da Apple nem seus acionistas que encararam os desafios relacionados aos riscos que envolviam os investimentos em ciência básica e tecnologia. Quando ninguém mais se dispôs a entrar em campo e assumir o desafio, o governo americano, especialmente os militares, ousou arriscar e no final acabou fazendo o gol. A Apple incorporou gradualmente, em cada nova geração de iPods, iPhones e iPads, tecnologias que o Estado semeou, cultivou e fez amadurecer. Esses investimentos foram feitos em parte devido a preocupações com a segurança nacional e só depois se tornaram uma questão de possibilitar a exploração do desenvolvimento tecnológico (passado) para aplicações comerciais e, por extensão, criação de empregos e competitividade econômica. E a questão é que a Apple entendeu o jogo: tornando-se pioneira no campo dos sonhos de consumo de eletrônicos, aproveitou as externalidades positivas deixadas pelos pesos pesados do governo. Mas hoje, empresas como a Apple continuam a surfar na onda do sucesso, acompanhando apenas um lado do painel e manipulando o resultado final a seu favor.

O MITO DA CRIAÇÃO DE EMPREGOS DA APPLE: NEM TODOS OS EMPREGOS SÃO CRIADOS IGUALMENTE

A Apple é não só uma empresa da "nova economia" em termos da tecnologia e conhecimento que usa intensamente, mas também em termos de sua estratégia em relação ao mercado de trabalho. Nesse sentido, é útil considerarmos primeiro a diferença entre o Modelo de Negócios da Nova Economia (MNNE) e o Modelo de Negócios da Velha Economia (MNVE), enfatizada por Lazonick (2009). O último dominou o ambiente corporativo americano do imediato pós-Segunda Guerra Mundial até a década de 1980 e foi caracterizado por oportunidades de emprego estáveis em corporações hierarquizadas, ganhos generosos e equitativos, cobertura médica subsidiada e planos de aposentadoria com benefícios substanciais (Lazonick, 2009, p. 2). No MNVE, a estabilidade no emprego era bastante valorizada e por isso a mobilidade entre empresas era muito baixa. Em compensação, o MNNE, adotado amplamente pelas empresas envolvidas com alta tecnologia, representa quase nenhum comprometimento por parte das corporações em relação à estabilidade, formação e plano de carreira. Por outro lado, os funcionários não só não esperam desenvolver uma longa carreira em uma única empresa, como valorizam os benefícios dessa mobilidade entre empresas. "O MNNE representa uma redução gigantesca dos compromissos organizacionais de ambos os lados da relação trabalhista na comparação com seu predecessor da Velha Economia" (Lazonick, 2009, p. 4). Assim, a globalização da força de trabalho é uma consequência não apenas do desenvolvimento das tecnologias de informação e comunicação, mas também do MNNE, pelo qual as empresas estão livres para buscar funcionários com a melhor combinação baixo salário/alta competência em vários lugares e países.

A Apple está sempre no centro das atenções devido ao tremendo sucesso com as vendas de seus produtos e ao bem-estar financeiro da empresa. Em agosto de 2012, o valor de mercado da Apple ultrapassou os 623 bilhões de dólares, superando o recorde nominal estabelecido pela Microsoft no auge da valorização das ações de empresas de tecnologia em 1999. Mas essa popularidade e sucesso têm um preço, e agora todo esse sucesso está merecendo um exame mais atento. Debates públicos recentes envolvendo a Apple levantaram questões a respeito das receitas fiscais da empresa, queda na produção e na criação de empregos nos Estados Unidos, e críticas às suas atividades envolvendo fabricação e produção no exterior. A Apple alega que criou, direta ou indiretamente, 304 mil empregos ao longo de sua história. Somando-se a esse número cerca de 210 mil empregos voltados para o desenvolvimento de aplicativos móveis para a Apple Store, o total acumulado é de 514 mil empregos criados ou habilitados/apoiados pela Apple (Apple, 2012). A empresa se baseia em um relatório desenvolvido pelo Analysis Group, empresa de consultoria privada que a Apple contratou para estudar seu impacto no mercado de trabalho.[1] A atenção a esses números deriva em grande parte do debate a respeito da contribuição das empresas de tecnologia para a criação de empregos no setor produtivo interno. A Apple emprega diretamente 47 mil pessoas do total de 304 mil empregos alegados; mais de 27 mil empregos são ocupados nas 246 Apple Stores localizadas em 44 estados americanos. A empresa não revela qual é exatamente a parcela desses 304 mil relativa a empregos no setor de manufatura (ou os criados por fabricantes do exterior como a Foxconn). Na verdade, parece que esse número abrange um grupo de ocupações bastante diversificado dentro do "universo" da Apple — incluindo desde funcionários da FedEx até pessoal da área de saúde como empregados da Apple (Vascellaro, 2012).

A alegação da Apple de que é grande criadora de empregos nos Estados Unidos nunca foi examinada adequadamente pela mídia, que em vez disso contribui para o frenesi do público em relação aos novos produtos. Embora as previsões (e muitas vezes boatos) sobre o futuro da Apple e seus produtos tendam a dominar o debate público (mídia), durante um desses períodos de frenesi midiático o jornalista David Segal, em um artigo de 23 de junho de 2013 no jornal *The New York Times*, discutiu a grande expansão da empresa no segmento do varejo e a perspectiva de novos empregos. A demanda da Apple no mercado de trabalho mostrou um aumento maior nos segmentos de varejo e outros serviços enquanto a empresa cria mais lojas, centros de processamento de dados e *call centers* em todo o país. Mesmo com os varejistas da internet, como a Amazon, ameaçando causar estragos na indústria do varejo, a Apple quer aumentar o número de lojas e se concentrar na total satisfação do consumidor através da venda direta para aumentar as vendas. Segal (2012) documenta a disparidade dos salários entre a ampla base de empregados no setor de varejo da empresa e os altos executivos. Ao fazer isso, também discute a falta de perspectivas profissionais em termos de carreira e ascensão na hierarquia da Apple.

---

1. O relatório completo não está disponível para consulta pública. Mas a Apple mostrou alguns dados em seu site. Disponível em: <http://www.apple.com/about/job-creation/>. Acesso em: 12 abr. 2013.

Embora a imagem da empresa atraia um tipo específico de funcionário, a remuneração é só um pouco melhor do que a do Walmart, pois não oferece comissão sobre as vendas ou um plano de opção de ações para a maioria dos empregados das lojas (Segal, 2012). Ainda que a divulgação seja fundamental para o sucesso de qualquer inovação, a contribuição dos empregados do varejo não é recompensada apropriadamente.

Os conflitos trabalhistas na fábrica da taiwanesa Foxconn, onde os produtos da Apple são montados, raramente são examinados. Mas Isaac Shapiro (2012), do Economic Policy Institute, comparou o salário de um executivo da Apple com o salário médio recebido pelos operários que montam os produtos da empresa na fábrica chinesa. Os dados revelam diferenças enormes: em 2011, os nove executivos mais importantes da Apple receberam um total de 440,8 milhões de dólares e, em 2012, o pacote de compensações para esses executivos foi de 411,5 milhões de dólares. O empregado médio da Foxconn, por sua vez, recebe anualmente 4622 dólares, o que significa que os nove executivos da Apple ganharam o mesmo que 95 mil trabalhadores em 2011 e 89 mil em 2012. Tomando emprestado o método usado por Shapiro, pode-se calcular que os principais executivos da Apple ganharam uma quantia equivalente ao que ganharam 17 600 funcionários do varejo da empresa nos Estados Unidos em 2011 (64% do total), e 15 mil (55% do total) em 2012 (Shapiro, 2012).[2]

Quando o CEO da Apple, Tim Cook, anunciou em fevereiro de 2012 que a empresa tem mais dinheiro (98 bilhões de dólares) do que precisa para manter suas operações, muitos analistas e acionistas esperavam que uma parte desse valor fosse distribuída entre os acionistas (Liedtke, 2012). Os altos executivos ficaram intrigados com a questão do que fazer com o dinheiro parado, uma vez que a empresa não tinha

---

2. Shapiro calcula que os funcionários do varejo ganharam 25 mil dólares em 2012 e Lazonick calcula 26 mil dólares para os empregados não profissionais em 2011. Para sermos consistentes com a comparação feita por Shapiro com a China, foram usados os valores de 441 bilhões de dólares em 2011 e 441,5 bilhões de dólares em 2012 como compensação para os nove executivos da Apple e 26 mil dólares anuais para os empregados do varejo da Apple nos Estados Unidos.

distribuído dividendos ou recomprado suas próprias ações quando Steve Jobs exercia o cargo. Como muitos haviam previsto, a Apple anunciou recentemente um plano de três anos de recompra de ações e distribuição de dividendos que desviaria pouco menos de metade do caixa atual (45 bilhões de dólares) da empresa para seus acionistas (Dowling, 2012). Até hoje, nenhum outro pacote de benefícios foi elaborado para beneficiar a base de empregados da empresa; isso significa que apenas os acionistas da Apple podem se beneficiar do sucesso, mesmo que muitos funcionários da base contribuam diretamente para ele.[3]

A RELAÇÃO DE AMOR E ÓDIO DA APPLE COM AS POLÍTICAS FISCAIS AMERICANAS

O governo dos Estados Unidos tem grande interesse no sucesso das empresas americanas em todo o mundo. A geração de produtos inovadores se reflete no sucesso global das corporações, gerando retornos financeiros de forma que a economia doméstica pode se beneficiar com o aumento das receitas fiscais. Apesar de ser evidente que o sucesso de produtos como o iPhone e o iPad rendeu belas recompensas para a Apple, é difícil determinar se o governo americano conseguiu recuperar seu investimento.

Especialistas argumentam que o atual sistema tributário americano foi projetado para uma era industrial em que a natureza do modelo e o processo de produção exigiam algum grau de fixação da localização física do negócio. Atualmente, o capital se movimenta muito mais rápido, para muito mais longe, sendo até mesmo virtual. No livro *Capital Moves* [O capital circula], de 1999, Jefferson Cowie refez o trajeto da

---

3. Várias mudanças foram implementadas em 2012 para melhorar as margens de lucro do varejo (uma nova fórmula para calcular o quadro de funcionários, cortes nos turnos). Embora as mudanças tenham incluído um aumento de salário, a Apple começou a demitir muitos empregados contratados recentemente para compensar o aumento salarial. A empresa depois reconheceu que essas mudanças foram um "erro" e reverteu algumas delas. Ver Fiegerman (2012) e Haslam (2012).

RCA, uma das empresas mais bem-sucedidas dos Estados Unidos no início do século XX, em sua busca por lugares que pudessem baratear os custos de fábrica. Entre as corporações mais bem-sucedidas atualmente, ainda existe essa motivação para baixar os custos de fabricação e produção — e na verdade está se ampliando entre as empresas que estão adotando o Modelo de Negócios da Nova Economia mencionado anteriormente. Entretanto, com o advento das corporações multinacionais/transnacionais e uma economia cada vez mais globalizada, os empregos não são apenas transferidos internamente, de Camden, Nova Jersey para Bloomington, Indiana ou Memphis, Tennessee. No mundo de hoje, empresas como a Apple têm um cenário muito maior, global, para trabalhar a redução de custos.

A ausência de instituições reguladoras para governar a globalização faz com que seja fácil para organizações como a Apple transformar o negócio em uma complexa teia de relações. A jornada de produtos populares como o iPod, iPhone e iPad começa na base de P&D da empresa, situada principalmente na Califórnia (onde o design e a arquitetura do produto são criados, desenvolvidos e testados), com vários polos de tecnologia espalhados pelos Estados Unidos. Como explicamos no capítulo 5, os produtos Apple foram projetados e construídos com o uso de tecnologias inovadoras que haviam sido desenvolvidas com financiamento e pesquisa federal. Depois que um produto é projetado e construído, está pronto para ser lançado no mercado consumidor. Mas primeiro precisa ser produzido — e isso não acontece na Califórnia, e sim onde a mão de obra é mais barata. Quando o cliente entra na loja e compra um iPhone, está adquirindo um produto com componentes fabricados em lugares como Coreia do Sul, Japão e Taiwan, sendo que o aparelho é montado na China. Kraemer e colegas (2011) avaliam que, do valor total criado por aparelho, a Apple recupera 58,5% em lucro. Deduzindo ainda mais a parcela de outros lucros americanos "não Apple" (aproximadamente 2,4%) do valor total, 30% do valor é capturado em mercados fora dos Estados Unidos. Os cálculos da distribuição do valor do iPad e do iPod são um pouco mais altos. Quase 53% do valor do iPad e 49% do valor do iPod teriam sido capturados em mercados fora dos Estados Unidos (Linden et al., 2009; Kraemer et al., 2011).

Quanto do valor capturado nos Estados Unidos é realmente convertido em impostos? Nos últimos tempos, as vendas recordes de produtos Apple com margens de lucro relativamente altas, assim como o significativo estoque de caixa da empresa, dominaram o discurso da mídia. Em abril de 2012, vários jornalistas do *The New York Times* publicaram uma série de artigos sobre a Apple e muitas informações controvertidas vieram à tona. Na terceira parte da série, "How Apple sidesteps billions in taxes", o esquema corporativo que permite à empresa minimizar significativamente seus passivos fiscais foi cuidadosamente delineado. Segundo Charles Duhigg e David Kocieniewski (2012), a Apple tem usado práticas comuns que resultaram em uma fatura tributária muito menor para o governo americano. Além disso, segundo uma investigação do *The New York Times*, a Apple fundou uma subsidiária em Reno, Nevada, onde não há imposto de renda para pessoas jurídicas ou impostos sobre ganhos de capital, para evitar impostos estaduais. A subsidiária recebeu o nome de Braeburn [tipo de maçã] Capital e foi usada para canalizar uma parte dos lucros nos Estados Unidos, não incluídos no informe feito na Califórnia, onde fica a sede da empresa. Desde 2006, a Apple teria ganhado 2,6 bilhões de dólares em juros e dividendos, e para evitar os impostos sobre ganhos de capital da Califórnia, os juros e dividendos foram declarados em Nevada. O infame endividamento da Califórnia seria reduzido significativamente se a Apple tivesse informado sua receita no estado em que foi gerada e conquistada a maior parte de seu valor (projeto, design, vendas, arquitetura, marketing etc.). Essas circunstâncias apenas reforçam o fato de que o sistema fiscal não é confiável para recuperar os investimentos em inovação arriscada, neste caso pelo estado da Califórnia.[4]

O esquema descrito acima não é usado pela Apple apenas para driblar os impostos domésticos. Na verdade, Duhigg e Kocieniewski

---

4. Na verdade, centenas de milhões de dólares em pacotes fiscais especiais foram aprovados por autoridades locais para que a Apple monte centros de processamentos de dados em lugares como Reno, Austin, Maiden e Prineville, nos Estados Unidos. Para mais informações a respeito dessa questão, ver Sande (2012), Lee (2012) e Blodget (2011).

(2012) observam que a Apple adota uma abordagem semelhante em esfera global, criando várias subsidiárias em paraísos fiscais como Luxemburgo, Irlanda, Holanda e Ilhas Virgens Britânicas para embaralhar os lucros e conseguir benefícios fiscais. O código tributário dos Estados Unidos permite que as empresas americanas transfiram os direitos de propriedade intelectual de seus produtos ou serviços para suas subsidiárias estrangeiras, que também permite que as empresas reduzam suas obrigações fiscais de forma considerável. No caso da Apple, como explicam Duhigg e Kocieniewski, as subsidiárias irlandesas teriam os direitos de propriedade de muitos produtos e por isso recebem pagamentos de royalties pelas vendas dos da Apple. A propriedade dessas subsidiárias irlandesas também é dividida com outra subsidiária (Baldwin Holdings Unlimited) em outro paraíso, as Ilhas Virgens Britânicas.

É difícil calcular o número exato do valor que a Apple conseguiu economizar com esse esquema. Sullivan (2012, p. 777) argumenta que se a Apple declarasse metade de seu lucro nos Estados Unidos em vez de apenas 30%, sua obrigação fiscal em 2011 teria sido 2,4 bilhões de dólares acima do que foi. Segundo Sullivan, se a Apple tivesse informado 70% de seus lucros nos Estados Unidos, a diferença teria sido de 4,8 bilhões de dólares. Sullivan justifica seu argumento e seus cálculos assim:

> Nunca haverá uma resposta precisa sobre a origem dos lucros. Mas se a tributação da pessoa jurídica é uma tributação sobre a receita, é razoável que se coloque os produtos no lugar em que o valor é criado. No caso da Apple, pode haver alguma dúvida de que a maior parte de seu valor é criado nos Estados Unidos? (2012, p. 777)

Tanto Sullivan (2012) quanto Duhigg e Kocieniewski (2012) destacam o fato de que esses esquemas certamente não são usados apenas pela Apple. Outras empresas de tecnologia, como Google, Oracle e Amazon, também se beneficiam com esquemas parecidos.[5] Um artigo da Bloom-

---

5. Um relatório de 2011 (McIntyre et al.) revela que cerca de trinta das principais empresas americanas quase não pagam imposto de espécie alguma nos Estados

berg mostra que estratégia semelhante utilizada pelo Google ajuda a empresa a se beneficiar das mesmas isenções fiscais concedidas pelos mesmos lugares usados pela Apple (Drucker, 2010). O interessante é que além dos impostos que nomes como Apple, Google, Amazon e Microsoft já conseguem evitar, essas empresas também estão fazendo pressão pelo *"tax holiday"* [redução ou abatimento do imposto] para repatriação a fim de trazer o dinheiro estacionado em locais livres de impostos. Calcula-se que esse abatimento chegue a 79 bilhões de dólares ao longo da década e não existe garantia de que o lucro repatriado seria utilizado para o desenvolvimento da capacidade existente (Duhigg e Kocieniewski, 2012). O pedido para o *"tax holiday"* é ainda mais espantoso quando se considera os programas de recompra de ações da Apple e de outras grandes corporações (Lazonick, 2011). Dada a atenção generalizada à "maximização do valor dos acionistas" acima de qualquer outra preocupação, nada garante que esse dinheiro repatriado não acabe nos bolsos dos acionistas e executivos.

Embora as políticas públicas de inovação não devam se basear apenas em créditos fiscais em P&D, mas na criação de oportunidades tecnológicas e de mercado para aumentar o investimento privado (nem Bill Gates nem Steve Jobs estavam pensando apenas na economia que poderiam ter com créditos fiscais), também é verdade que uma vez feitos tais investimentos, o setor privado pode economizar muito (ganhar muito) com diferentes tipos de créditos fiscais e reduções. O fato de que alguns dos negócios que mais se beneficiaram com os grandes investimentos públicos são os mesmos que pressionaram para a diminuição de impostos que reduziu significativamente o erário público deveria abrir os olhos e levar a mudanças políticas — tema do capítulo 9.

Unidos. A GE é uma grande trapaceira — não pagou imposto algum em 2009 e 2010. Na verdade, algumas empresas terminam o ano com um crédito líquido. O relatório afirma que a GE tem cerca de mil funcionários organizando sua exploração dos benefícios fiscais e paraísos fiscais. Esses "créditos líquidos" distorcem os motivos pelos quais as empresas podem estar operando. Em um press release sem data, o Citizens for Tax Justice descobriu que a alíquota efetiva da GE entre 2002 e 2011 foi de apenas 1,8%, muito distante da alíquota oficial de 35,1% para as corporações americanas (Citizens for Tax Justice, 2012).

É importante enfatizar que o sucesso de Steve Jobs na liderança da Apple se deveu à ênfase no longo prazo através do mundo confuso da inovação e do design — e que não é por acaso que sob sua liderança a empresa não utilizou práticas de curto prazo como a recompra de ações ou programas de dividendos, que usam dinheiro que poderia ser empregado em pesquisa e design. Seu foco constante nas inovações arquitetônicas que revolucionam os mercados é a razão para ele ter conseguido e merecido capturar uma parcela significativa das recompensas — e o reconhecimento — que se seguiram. Entretanto, a Apple também é uma organização "coletiva" e o sucesso da empresa depende da participação plena de toda a sua talentosa força de trabalho. Ignorar o quanto toda essa inovação foi conseguida graças a componentes radicais financiados com dinheiro do Estado e negar ao Estado sua recompensa (através de impostos e, como exposto no capítulo 9, também de maneira mais direta) não vai ajudar o surgimento de futuras maçãs brilhantes.

O PARADOXO DOS MILAGRES NA ECONOMIA DIGITAL: POR QUE O SUCESSO EMPRESARIAL RESULTA EM MISÉRIA ECONÔMICA REGIONAL?

A recessão de 2008 ajudou a revelar a queda brutal da competitividade americana, que estava dormente por vários motivos até a chegada da crise financeira. O elevado nível de endividamento do estado da Califórnia é apenas o sintoma de uma epidemia maior. Bem antes do agravamento da crise, um grupo de senadores americanos solicitara à Academia Nacional de Ciências (NAS) que montasse uma equipe de especialistas com o objetivo de identificar as razões para o declínio da competitividade dos Estados Unidos. A comissão deveria fornecer recomendações políticas que ajudassem o país a ressurgir como líder mundial em ciência e tecnologia. Em 2005, a comissão da NAS entregou suas recomendações em um documento de quinhentas páginas intitulado *Rising above the Gathering Storm* [Elevando-se acima da tempestade], o qual declarava que as intervenções do Estado eram a solução necessária e fundamental para o reposicionamento do país como líder da capacidade de inovação. Em 2010, as recomendações políticas da NAS foram revisitadas e um relatório concluiu que era necessária a ação imediata para interromper a tendência e minimizar a repercussão da queda constante da competitividade americana.

A declaração de Augustine na abertura deste capítulo chama a atenção para o impressionante clima de inovação que existia na Califórnia — clima que beneficiou significativamente empresas como a Apple. A inovação e a criatividade propagadas por esse ambiente deveu-se em grande parte aos investimentos diretos e ao comissionamento do governo e dos militares americanos nas áreas de comunicação e tecnologia da informação. O que se pretende com o uso do dinheiro dos impostos no desenvolvimento de novas tecnologias é assumir o risco que normalmente acompanha a busca por produtos complexos e inovadores e sistemas necessários para alcançar objetivos comuns. É esse risco considerável que costuma servir de desestímulo para o investimento do setor privado. Na teoria, os efeitos da inovação bem-sucedida, que leva a um resultado superior, deveriam ser vistos e sentidos na economia mais ampla. Como resultados superiores levam a novos produtos e/ou serviços que, por sua vez, melhoram a qualidade de vida, criam novas oportunidades de emprego, aumentam significativamente as exportações e a competitividade do país e depois levam a um incremento significativo da receita fiscal, costuma-se acreditar que os investimentos em inovação acabariam sendo reinvestidos em ativos tangíveis e intangíveis do país.

Através desse ciclo ascendente de multiplicação dos investimentos do Estado na base científica e tecnológica, a economia nacional abriria o caminho para a prosperidade sustentável no futuro. Ainda assim, a ironia desses sucessos é que, enquanto empresas como Apple, Google, GE, Cisco etc. estão prosperando financeiramente, a economia de seu país está lutando para encontrar uma saída para questões problemáticas como o crescente déficit comercial em relação às economias asiáticas, a queda das atividades de produção, aumento do desemprego, ampliação do déficit orçamentário, desigualdade e deterioração da infraestrutura etc. A atual crise econômica não pode ser explicada unicamente pela crise bancária, a retração do crédito e o colapso do mercado de hipotecas.

Os problemas enfrentados hoje são estruturalmente complexos e muito mais profundos. É importante avaliar os efeitos da inovação, se resultaram em um aumento no número de novos empregos que pagam salários razoáveis ou melhores, um aumento nas receitas fiscais, e/ou um aumento na exportação de bens e serviços de alto valor. Décadas de investimento governamental na base científica e tecnológica fizeram dos Estados Unidos um inovador bem-sucedido, mas paradoxalmente não conseguiram garantir altos níveis de emprego, aumentar as receitas fiscais e promover a exportação de bens e serviços. A Apple é o principal exemplo de como e por que a economia americana vive esse paradoxo.

Existem questões políticas interessantes a ser levantadas em resposta ao crescente interesse e pesquisa a respeito do sucesso de produtos inovadores da Apple e de outras empresas de tecnologia. Como afirmou Lazonick (2009), o Modelo Econômico da Velha Economia foi fundamental para criar a era de ouro da revolução tecnológica fordista/produção em massa, com o capital, trabalho e Estado compartilhando seu potencial e benefícios. Foi uma era em que a "estabilidade no emprego" e o crescimento da renda real eram mais importantes do que a insegurança e a possibilidade de ficar milionário da noite para o dia com uma start-up. É importante lembrar que, embora a inovação seja fundamental para o crescimento de longo prazo, promover a inovação não é a mesma coisa que promover o crescimento "equitativo". O crescimento equitativo depende, em grande medida, das condições de trabalho e bons salários nas organizações empresariais.

A grande questão é: o Modelo de Negócio da Nova Economia irá se transformar para distribuir os benefícios da revolução de informação e comunicação? Com todo o sucesso que essas novas tecnologias trouxeram para a Apple, como ela pensa em distribuir a riqueza criada na empresa? Proporcionando empregos mais seguros com formação profissional adequada, salários dignos, potencial para a mobilidade ascendente e os benefícios necessários para sustentar um verdadeiro equilíbrio entre vida e trabalho? Ou, talvez, a empresa utilize o recorde de caixa para premiar uma minoria privilegiada formada por executivos, acionistas e investidores? Suas decisões têm grande impacto não apenas no desempenho da economia, mas também na qualidade de vida de milhares de funcionários.

Onde estão os Bell Labs de hoje?

O ecossistema de inovação, que evoluiu como resultado de décadas de apoio e intervenções do governo americano, recompensou generosamente os negócios da nova economia. Sob vários aspectos, foi uma espécie de "campo dos sonhos" para empresas como a Apple. Apesar de reconhecer o papel do Estado, a literatura política não conseguiu estabelecer a conexão direta entre as atividades do Estado e os resultados relativos ao desempenho, decisões estratégicas e inovação das empresas. O Estado, mesmo para aqueles que acreditam nas políticas públicas, é descrito como um facilitador, e não como um motor dinâmico. O resultado é que as corporações americanas acabam esquecendo o que tornou possível seu sucesso atual.

Um estudo multidisciplinar do MIT[6] examinou os pontos fortes e as fraquezas do sistema de inovação americano e as causas do relativo declínio da produção nos Estados Unidos. O estudo buscou entender por que o desenvolvimento de inovações promissoras está perdendo o fôlego ou simplesmente indo para o exterior antes de atingir a escala comercial. Uma das razões reveladas pelo estudo é o fato de que grandes centros de P&D — como o Bell Labs, o PARC da Xerox e o laboratório de pesquisa da Alcoa — tornaram-se coisa do passado para as grandes corporações; a maioria simplesmente desapareceu. A pesquisa básica e aplicada de longo prazo não faz mais parte da estratégia dos "Grandes Negócios", pois os projetos de P&D dessas corporações agora enfocam as necessidades de curto prazo. O estudo afirma que "surgiram grandes buracos no ecossistema industrial [dos Estados Unidos]":

---

6. O projeto Production in the Innovation Economy (PIE) se vale de várias disciplinas (economia, engenharia, ciência política, administração, biologia e outras) para jogar uma luz sobre a forma como os pontos fortes dos Estados Unidos podem ser ampliados em novas capacidades produtivas em uma era de competição global crescente. No dia 22 de fevereiro de 2013, os pesquisadores do PIE apresentaram uma prévia das descobertas do projeto, publicadas posteriormente em dois livros lançados em setembro de 2013: *Making in America: From Innovation to Market* e *Production in the Innovation Economy*. As descobertas e citações dos parágrafos a seguir foram retiradas dessa prévia: PIE Commission, *A Preview of the MIT Production in the Innovation Economy Report* (Cambridge, MA: MIT Press, 2013).

Nos anos 1930, uma corporação como a DuPont não apenas investiu durante uma década na pesquisa fundamental que levou ao nylon, como, assim que o laboratório apresentou um produto promissor, a DuPont tinha o capital e as fábricas para que fosse produzido. Atualmente, quando é mais provável que a inovação surja em pequenas empresas derivadas [*spin-offs*] ou em laboratórios de universidades ou do governo, de onde vêm os recursos para a produção em escala? Qual é a disponibilidade do financiamento necessário em cada um dos estágios críticos para chegar à produção em escala: a criação de protótipos, a produção-piloto, demonstração e testes, produção inicial, comercialização em larga escala? Quando a produção em escala é financiada principalmente através de fusões e aquisições de pequenas start-ups, e quando as empresas responsáveis pela aquisição são estrangeiras, qual é o benefício para a economia americana? (PIE Commission, 2013, p. 26)

O estudo argumenta que as corporações relutam em transferir para a sociedade o bem público excedente porque não conseguem captar toda a rentabilidade desses laboratórios de P&D. Ainda assim, como vimos no capítulo 3, essa é a explicação habitual para justificar por que o governo deve financiar áreas como a pesquisa básica, cuja apropriação é mais difícil. Mas o que não fica claro é por que e como isso mudou com o tempo. A discrepância entre os retornos sociais e privados (surgidos com os excedentes de P&D) também existia na época do Bell Labs. O que está faltando atualmente é o componente privado trabalhando em P&D em parceria com o componente público, criando o que chamo de ecossistema mais simbiótico. Por isso é menos importante falar de parcerias e ecossistemas e mais importante falar sobre o "tipo" de ecossistema que queremos ter, simbiótico ou parasitário; e também que tipo de políticas pode fazer com que o setor privado "entre em campo", em vez de cair fora e focar apenas nas áreas capazes de gerar lucros no curto prazo esperando que o governo realize os investimentos arriscados. Será justo que em uma época em que o orçamento da NIH para pesquisa aumenta a cada ano, chegando a quase 30,9 bilhões de dólares em 2012, grandes empresas farmacêuticas fechem suas unidades de P&D em nome da "inovação aberta"? É esse tipo de reação que irá melhorar o ecossistema de inovação?

A competitividade futura — e consequentemente a prosperidade socioeconômica — de países e regiões depende muito de sua capacidade para manter seu ativo mais valioso: o ecossistema de inovação do qual fazem parte. Dado, porém, que o jogo da inovação também pode ser manipulado, é fundamental que saibamos não apenas como construir um "ecossistema" de inovação eficaz mas também, e talvez principalmente, como transformar esse ecossistema de forma que seja simbiótico em vez de "parasitário", de forma que as parcerias público-privadas aumentem a aposta, o compromisso e o retorno de todos os players que estão investindo no jogo da inovação.

9
Socialização do risco e privatização das recompensas: o Estado empreendedor também pode ter sua fatia do bolo?

Um novo fármaco que rende mais de 1 bilhão de dólares por ano em receita é um medicamento comercializado pela Genzyme. É um medicamento para uma doença rara que foi desenvolvido inicialmente no National Institute of Health. A empresa define o preço para a dosagem de um ano em mais de 350 mil dólares. Embora a legislação dê ao governo o direito de vender tais medicamentos desenvolvidos pelo governo por preços "razoáveis", os formuladores de políticas não exercem esse direito. O resultado é uma situação extrema em que os custos do desenvolvimento desses medicamentos são socializados enquanto os lucros são privatizados. Além disso, alguns dos contribuintes que financiaram o desenvolvimento do medicamento não podem comprá-lo para seus familiares, pois não têm condições financeiras.
Vallas, Kleinman e Biscotti
(2009, p. 24)

A realidade distorcida do risco e da recompensa

NO SETOR FINANCEIRO, é comumente aceito que há uma relação entre risco e retorno. Depois da crise financeira, muitos observaram corretamente que esse setor cada vez mais vem privatizando os frutos de suas atividades e socializando os riscos (Alessandri e Haldane, 2009). Essa dinâmica disfuncional também vem ocorrendo na área da inovação. Assumir riscos tem sido cada vez mais resultado do esforço coletivo — com o Estado desempenhando um papel de liderança no sistema de "inovação aberta" —, enquanto os frutos têm sido distribuídos menos coletivamente.

Muitas pessoas destacaram corretamente a crise financeira e o posterior resgate financeiro como prova de que estávamos em uma economia que socializava os riscos e privatizava as recompensas de modo a enriquecer as elites à custa dos demais. Os resgates financeiros revelaram que o setor financeiro é um dreno potencialmente parasitário da economia que somos obrigados a aceitar. Os bancos fatiaram os riscos de tal maneira, negociaram e lucraram com eles tantas vezes que sua parcela dos lucros é muito superior à da "economia real". As empresas financeiras cresceram de forma incompreensível e se envolveram de tal forma na economia global que podem ser descritas como "grandes demais para quebrar"; muitos temem que, independentemente de sua imprudência, sua sobrevivência essencial mostra que, da próxima vez que sua arrogância chegar ao auge, elas serão resgatadas pelo Estado (falindo o Estado nesse processo). Justa ou não, sua situação lhes permite ganhar tanto na alta quanto na baixa. O fato de as taxas de juros serem contadas no PIB como um "serviço" prestado ao setor pela intermediação do risco deveria ser revisto, agora que sabemos quem assume os verdadeiros riscos. Os juros, nesse sentido, são puramente aluguel, usura.

Vimos ao longo deste livro que uma disfunção semelhante ocorre no mundo industrial — até mesmo nos melhores setores. Por isso, embora a crise financeira tenha feito muitos formuladores de políticas desejarem fortalecer a "economia real" através da estratégia industrial, é preciso tomar cuidado para que as iniciativas não joguem gasolina no incêndio. Em vez de torrar dinheiro em TI ou "ciências naturais", precisamos primeiro corrigir algumas das disfunções desses setores. Na área farmacêutica, enquanto o Estado assume as pesquisas mais arriscadas, as multinacionais do setor embolsam os maiores lucros. Enquanto as tecnologias limpas, como a energia solar e eólica, estão lutando para penetrar nos sistemas de energia mundial, executivos e acionistas (até mesmo das empresas perdedoras!) estão colhendo milhões de dólares em retornos cobertos em parte pelo Estado (Hopkins e Lazonick, 2012). E em setores da "nova economia", empresas como a Apple colhem os frutos de tecnologias financiadas pelo Estado, bem como do financiamento arriscado assumido por ele, e depois mal pagam os impostos que poderiam ser usados para financiar novas tecnologias "inteligentes". Qual é o futuro desse sistema de risco socializado e recompensa privatizada?

O que se precisa discutir para reequilibrar a economia não é apenas o tamanho e o equilíbrio das atividades do setor financeiro. Não basta que os países incentivem a inovação ou pleiteiem o renascimento industrial. É preciso haver uma dinâmica funcional risco-recompensa que substitua a disfuncional "risco socializado" e "recompensa privatizada" que caracteriza a atual crise econômica, evidenciada na indústria moderna e no setor financeiro. O equilíbrio correto entre risco e recompensa pode fortalecer — em vez de enfraquecer — a inovação futura e refletir sua natureza coletiva através de uma difusão mais ampla de seus benefícios.

Como dissemos nos capítulos anteriores, o fato é que não se dá a devida atenção à questão de quem realmente assume os riscos no processo de inovação. A distribuição desigual e "acidentada" do risco, apresentada no capítulo 1, permitiu que alguns agentes (como o capital de risco) do ecossistema de inovação se apresentem como se fossem afeitos ao risco e ao fazer isso pressionam por maiores fatias das recompensas (Lazonick e Mazzucato, 2013). O interessante é que, embora alguns investidores muito conhecidos admitam o papel de liderança do Estado (Janeway, 2012), eles não se mostram muito dispostos a abrir mão do retorno financeiro que conseguiram obter com esses investimentos, e ainda menos dispostos a permitir que o Estado aumente os impostos sobre ganhos de capital e o informe de rendimentos das grandes corporações, por cuja redução a indústria do capital de risco tem sido um dos principais lobistas (Lazonick, 2009, p. 73). O capital de risco, tendo convencido os formuladores de políticas (e boa parte da mídia *mainstream*) de que é a força "empreendedora" na "economia do conhecimento", tira proveito dos imensos benefícios fiscais e taxas reduzidas sobre os ganhos de capital (de onde provém a maior parte de seus rendimentos econômicos).

A ideia de um Estado empreendedor ressalta que, para permitir que o crescimento seja não só "inteligente" mas também "inclusivo", é necessária uma identificação e um entendimento mais amplos dos agentes que assumem os riscos necessários para que ele aconteça. Os bônus bancários, por exemplo, não devem ser criticados com argumentos lógicos que condenam a ganância e a desigualdade subjacente que acabam produzindo (apesar de provocarem emoções fortes). Mas devem ser criticados devido ao próprio fundamento lógico em que se baseiam — que é o de que tal compensação reflete os riscos assumidos no processo de desenvolvimento econômico.

A lição que se quer passar é de que os banqueiros assumem altíssimos riscos, e quando esses riscos geram grandes retornos eles devem ser recompensados — "eles merecem". Lógica semelhante é usada para justificar os rendimentos exorbitantes de poderosos acionistas nas últimas décadas, outra importante fonte da desigualdade crescente. Aqui, a lógica é que os acionistas são os que assumem os maiores riscos porque só recebem os rendimentos que sobram depois que todos os outros atores econômicos foram pagos (o "residual", se existir, depois que trabalhadores e gestores recebem seus salários, empréstimos e outras despesas são liquidadas etc.). Assim, quando existe um grande residual, os acionistas são os legítimos requerentes — na verdade eles poderiam não ganhar nada, já que não existe garantia alguma de que haverá um residual (Jensen, 1986; para uma crítica, ver Lazonick, 2012). Ou assim diz a teoria.

A ideologia do valor do acionista se baseia nessa ideia deles como "requerentes residuais" e por isso os que mais arriscam sem garantia de um retorno (Jensen, 1986). Esse argumento tem sido usado para justificar os rendimentos substanciais dos acionistas (Lazonick, 2007; Lazonick e Mazzucato, 2013). Mas essa premissa supõe que outros agentes do sistema (contribuintes, trabalhadores) *tenham* um retorno garantido, ignorando entre outras coisas o fato de que alguns dos investimentos mais arriscados do governo não têm garantia alguma: para cada investimento bem-sucedido, capaz de levar a uma nova tecnologia como a internet, existem muitos investimentos fracassados — precisamente porque a inovação é muito incerta. Mas reduzir a capacidade do Estado de cobrar impostos ou receber sua parte dos rendimentos compromete sua capacidade futura de assumir esses riscos — assunto que retomo na próxima seção deste capítulo.

A identificação de quem arca com os riscos não pode ser feita com a simples afirmação de que os acionistas são os únicos que contribuem com a economia sem garantia de retorno — pressuposto central e falacioso de economia financeira baseado na teoria da agência. De fato, na medida em que os acionistas públicos simplesmente compram e vendem ações, e estão dispostos a fazer isso por causa da facilidade com que podem liquidar esses investimentos em carteira, contribuem muito pouco, se é que contribuem de alguma forma, para o processo de inovação e não correm risco algum em relação ao sucesso ou fracasso. Em contrapartida, os governos podem investir capital e os trabalhadores podem investir seu trabalho (tempo e esforço) no processo de inovação sem qualquer garantia de retorno compatível com suas contribuições — e sem garantia de um resgate financeiro em caso de fracasso. Em prol da inovação, precisamos de instituições sociais que permitam que esses investidores também colham os frutos do processo de inovação, se e quando ele foi bem-sucedido.

Entendendo melhor o risco, podemos reconhecer o papel do setor público nas atividades inovadoras. Com isso, torna-se imediatamente lógico que é preciso haver uma distribuição mais coletiva dos rendimentos, dado que a presença da inovação é resultado de um processo coletivo, cumulativo, incerto e de longo prazo (e não apenas finanças especulativas bem cronometradas). Fundamental para esse entendimento é a necessidade de identificar mais precisamente como a divisão do "trabalho inovador" se situa em uma divisão dos rendimentos. A literatura da inovação proporcionou muitos insights interessantes sobre o primeiro, como, por exemplo, as mudanças constantes na dinâmica entre grandes empresas, pequenas empresas, pesquisas do governo e indivíduos no processo de inovação. E, como se argumenta, governos e trabalhadores também fazem investimentos no processo de inovação (se não forem maiores) sem retorno garantido — o caso da Apple é claro nesse aspecto.

A questão crítica é a relação entre aqueles que assumem riscos contribuindo com seu trabalho e capital para o processo de inovação e aqueles que se apropriam dos rendimentos desse processo. Como conjunto geral de propostas da relação risco-benefício, quando a apropriação dos benefícios supera o risco corrido no processo de inovação, o resultado é a desigualdade; quando o grau de desigualdade atrapalha o investimento no processo de inovação, o resultado é a instabilidade;

e quando o grau de instabilidade aumenta a incerteza do processo de inovação, o resultado é a desaceleração ou mesmo o declínio do crescimento econômico. O grande desafio é criar instituições para regular a relação risco-benefício de forma que ela mantenha um crescimento econômico estável e equitativo.

Para isso é essencial entender a inovação como um processo coletivo, envolvendo uma extensa divisão de trabalho que pode incluir muitos acionistas diferentes. Como base do processo de inovação, o Estado costuma fazer investimentos em infraestrutura física e humana que trabalhadores individuais ou empresas não poderiam financiar por conta própria, tanto pelo alto valor dos custos fixos quanto pelo nível de incerteza desses investimentos. O Estado também subsidia os investimentos que possibilitam a participação de trabalhadores individuais e empresas no processo de inovação. Pesquisadores acadêmicos muitas vezes interagem com especialistas da indústria no processo de geração de conhecimento. Existem consórcios de pesquisa que podem incluir empresas que são também concorrentes em outras esferas. Existem também interações usuário-produtor no desenvolvimento de produto da cadeia de valor. Na divisão hierárquica e funcional de trabalho dentro da empresa, há a integração da aprendizagem organizacional das rotinas dos processos que aproveitam as habilidades e esforços de um grande número de pessoas.

Um novo arcabouço

Quais são os mecanismos que podem ajudar a garantir que o crescimento seja não apenas "inteligente" mas também "inclusivo" (isto é, o objetivo da estratégia EC 2020)? O que explica as razões para a inovação e a desigualdade terem andado de mãos dadas? Embora os economistas clássicos (como David Ricardo ou Karl Marx) tenham estudado a inovação e a distribuição em conjunto, através, por exemplo, da análise do efeito da mecanização na relação salário/lucro, durante anos os estudos em inovação e distribuição ficaram separados. Atualmente, eles foram reunidos sobretudo pela perspectiva da desqualificação e sua percepção de que a inovação tende a permitir que aqueles mais qualificados prosperem, deixando para trás os menos qualificados (Acemoglu, 2002). Ainda assim, qualificação e tecnologia nessa perspectiva permanecem exógenas, sua existência é tomada como um dado adquirido. A estrutura também não consegue explicar de onde vêm a inovação e a qualificação profissional. Por isso, é muito difícil aceitar que a principal fonte de desigualdade — entre aqueles da faixa de 1% que mais ganha e os 99% restantes — seja a "superqualificação" daquele 1% em relação a todos os outros (Atkinson et al., 2011). A explicação para essa diferença tão gigantesca exige um novo arcabouço.

Em Lazonick e Mazzucato (2013), construímos uma base centrada na relação risco-benefício para estudar a relação entre inovação e desigualdade — aninhado em uma teoria da inovação. Perguntamos: que tipo de atores econômicos (trabalhadores, contribuintes, acionistas) contribuem com esforço e dinheiro para o processo de inovação em prol de futuros, inerentemente incertos, retornos? São os mesmos tipos de atores que conseguem se apropriar dos frutos do processo de inovação se e quando eles surgem? Quer dizer, quem assume os riscos e quem obtém os benefícios? Argumentamos que são as características coletivas, cumulativas e incertas do processo de inovação que tornam possível essa separação entre risco e benefício.

Dizemos que quando, entre esses diferentes tipos de atores coletivos (no "ecossistema"), a distribuição dos benefícios financeiros do processo de inovação reflete a distribuição da contribuição para o processo de inovação, a inovação tende a reduzir a desigualdade. Quando, porém, alguns atores conseguem colher benefícios financeiros desproporcionais em relação à sua contribuição para o processo, a inovação aumenta a desigualdade. Esta última ocorre quando certos atores conseguem se pôr — na curva da inovação cumulativa — no ponto em que a empresa inovadora gera retornos financeiros; isto é, perto do produto final de mercado ou, em alguns casos, perto de um mercado financeiro como o mercado de ações. Esses atores favorecidos então propõem argumentos ideológicos, geralmente enraizados nas proposições eficientes da economia neoclássica (e na teoria relacionada do "valor do acionista"), que justificam a parcela desproporcional dos ganhos da inovação dos quais conseguiram se apropriar. Esses argumentos ideológicos invariavelmente favorecem a contribuição financeira do processo de inovação em detrimento da contribuição dos trabalhadores e dos contribuintes. Por fim, exatamente por se tratar de um processo coletivo e cumulativo, o desequilíbrio na relação risco-benefício não só resulta em mais desigualdade, como também prejudica o próprio processo de inovação.

Por isso, encontrar uma forma de realinhar riscos e benefícios é fundamental não só para reduzir a desigualdade mas também para estimular mais inovação.

Retorno direto ou indireto

Dada a relação comumente aceita entre risco e benefício na teoria financeira, se o Estado é tão importante para financiar investimentos de alto risco em inovação, depreende-se que deveria ter um retorno direto pelos investimentos arriscados. Esse retorno pode ser usado para financiar a próxima rodada de inovações, mas também para ajudar a cobrir as perdas inevitáveis em investimentos tão arriscados. Por isso, no lugar da preocupação com a (in)capacidade do Estado de "escolher vencedores", mais atenção deveria ser dada à maneira como as vitórias são recompensadas quando acontecem de forma que esses retornos possam cobrir as perdas dos fracassos inevitáveis, bem como o financiamento de futuras vitórias. Ou, para provocar, se o Estado tivesse recebido de volta apenas 1% dos investimentos feitos na internet, hoje haveria muito mais para investir em tecnologia verde.

Muitos argumentam que não é apropriado considerar retornos diretos para o Estado porque este já obtém o retorno de seus investimentos *indiretamente*, através do sistema tributário. Mas tais argumentos supõem que o sistema tributário já arrecade uma receita "justa e honesta" de várias fontes e, por extensão, que as despesas fiscais refletem a melhor configuração possível de apoio ao crescimento econômico. A realidade, entretanto, é que o sistema tributário não foi concebido para apoiar sistemas de inovação, que são desproporcionalmente conduzidos por atores que estão dispostos a investir décadas antes de o

SOCIALIZAÇÃO DO RISCO E PRIVATIZAÇÃO DAS RECOMPENSAS:
O ESTADO EMPREENDEDOR TAMBÉM PODE TER SUA FATIA DO BOLO?

retorno surgir no horizonte. E não é só isso: o argumento ignora o fato de que a evasão fiscal e a sonegação de impostos são comuns e não irão desaparecer (no Reino Unido, pesquisas recentes sugerem que o "rombo fiscal", isto é, os impostos não recolhidos, o que inclui a evasão fiscal, sonegação e pagamentos atrasados, é de 120 bilhões de libras, quase o mesmo valor do déficit nacional, que é de 126 bilhões de libras).[1]

Dado que as empresas modernas muitas vezes integram organizações globais que fazem negócios com inúmeros governos atendendo às necessidades de vários bancos de desenvolvimento estatal, é impossível julgar se o apoio do Estado em uma região está recebendo o retorno adequado pelas atividades comerciais realizadas ali. O movimento do capital (negócios) significa que a região que mais faz para financiar a inovação pode *não* colher os benefícios econômicos posteriores em termos de impostos e criação de empregos, por exemplo. Supor que o sistema tributário capta com precisão a proporção adequada de receita oriunda dos investimentos do Estado é tanto ingênuo quanto problemático.

A Apple é um exemplo paradigmático dessa situação. Como mostramos no capítulo 5, em seu estágio inicial a empresa recebeu financiamento do programa SBIR do governo americano, e todas as tecnologias que fazem o iPhone ser *"smart"* também foram financiadas pelo Estado (ligadas a programas dos Estados Unidos): a internet, redes sem fio, GPS, microeletrônica, tela *touch-screen* e o assistente pessoal ativado por voz SIRI. Ainda assim, como vimos no capítulo 8, a Apple utilizou práticas que resultaram em fatura fiscal muito mais baixa para os Estados Unidos. Também decidiu espalhar suas atividades de P&D e fabricação pelo mundo, deixando muito pouco para seu país de origem além de empregos mal remunerados no varejo em sua rede de lojas. Dado o alcance global da empresa, o sistema tributário americano não pode recuperar com precisão ou de forma confiável os investimentos que ajudaram a forjar "vencedores" como a Apple através do apoio a uma série de inovações arriscadas.

---

1. Disponível em: <http://www.taxresearch.org.uk/Documents/FAQ1TaxGap.pdf>. Acesso em: 1º mar. 2013.

Mas o problema é ainda mais evidente na indústria farmacêutica. Como vimos anteriormente, ¾ das novas entidades moleculares biofarmacêuticas devem sua criação a laboratórios financiados com dinheiro público. Ainda assim, nos últimos dez anos as dez principais empresas dessa indústria tiveram mais lucro do que todas as outras da Fortune 500 somadas. Além disso, a indústria também desfruta de grandes benefícios fiscais: os gastos com P&D são dedutíveis, assim como grande parte de suas volumosas despesas de comercialização, algumas das quais são contadas como P&D (Angell, 2004). Depois de assumir a maior parte da conta de P&D, o Estado muitas vezes entrega a produção por taxas baixíssimas. O Taxol, por exemplo, medicamento para o câncer descoberto pelo National Institute of Health (NIH), é vendido pela Bristol-Myers Squibb por 20 mil dólares a dose anual, vinte vezes o custo de produção. Mas a empresa paga ao NIH apenas 0,5% de royalties. Na maioria dos casos, não se paga nada em royalties. Apenas se supõe que o investimento público deve ajudar a criar lucros para as empresas em questão, sem que ninguém dê atenção para a evidente distorção na distribuição dos riscos e benefícios.

O que fazer? Ofereço abaixo algumas sugestões concretas.

GOLDEN SHARE SOBRE A PROPRIEDADE INTELECTUAL E UM "FUNDO DE INOVAÇÃO" NACIONAL

Quando uma inovação tecnológica aplicada é financiada diretamente pelo governo, ele deve poder reter um royalty sobre sua aplicação. Esses royalties, obtidos em vários setores com diversas tecnologias, devem ser pagos a um "fundo de inovação" nacional, que o governo possa usar para financiar futuras inovações. A concessão desse reembolso para o governo não deve proibir a difusão de novas tecnologias por toda a economia, ou desestimular os inovadores a assumirem sua cota de risco. Em vez disso, torna mais sustentável a política de gastar o dinheiro dos contribuintes para catalisar inovações radicais, permitindo que parte dos ganhos financeiros sejam reciclados diretamente para o programa com o tempo. Um primeiro passo para iniciar esse processo é aumentar a transparência do investimento governamental — facilitando o controle dos gastos do governo em apoio à indústria e fazendo com que as empresas informem o conteúdo e o valor de suas colaborações público-privadas de uma maneira que não comprometa informações confidenciais. Quanto melhores forem as informações recolhidas do processo de inovação, mais eficazes podem se tornar nossas escolhas políticas.

Burlamaqui (2012) argumenta que esse problema não pode ser solucionado por meio da correção das falhas do mercado, mas deve ser pensado de maneira mais ampla em termos de formação do mercado — através do conceito de "governança do conhecimento". Ele afirma: "De uma perspectiva da governança do conhecimento, a questão crítica que deve ser examinada é: quando é que a proteção estendida deixa de funcionar para gerar lucros schumpeterianos e se torna uma base para busca de renda [*rent-seeking*] e extração de renda [*rent extraction*]?" (Burlamaqui, 2010, p. 5). Ele argumenta que um instrumento para a gestão do conhecimento financiado com dinheiro público seria uma *golden share* das patentes nas mãos do governo para fazer com que o proprietário da patente colabore, isto é, licenciando a patente de forma *ampla* e *justa* depois de um período inicial de proteção. O primeiro detentor deveria ter condições de recuperar os gastos, mas não impedir que outros possam tirar proveito da inovação.

EMPRÉSTIMOS REEMBOLSÁVEIS E RETENÇÃO DE GANHOS

Existem muitas outras possibilidades de retorno direto para o Estado por seus investimentos em inovação. Uma delas é fazer com que empréstimos e garantias oferecidos por eles sejam feitos com algum tipo de compromisso. Empréstimos, assim como subvenções, poderiam ter condições, como os empréstimos reembolsáveis feitos a estudantes por meio dos *programas de crédito estudantil*. Se e quando a empresa tiver lucros acima de determinado limite, deve devolver uma parte do empréstimo/subvenção. Depois que o Google teve um lucro de bilhões de dólares, uma pequena porcentagem não deveria ter voltado para a agência que financiou a pesquisa que levou a seu algoritmo?

Além dos empréstimos reembolsáveis, existe a possibilidade de o Estado reter os ganhos nas empresas que apoia. Na verdade, isso ocorre em muitos países, como a Finlândia, onde a SITRA, uma de suas agências de financiamento público, reteve os ganhos do investimento nos estágios iniciais da Nokia. Esse investimento é exatamente do tipo que o capital de risco evita cada vez mais. Mas a retenção de ganhos nas empresas é temida em países como os Estados Unidos e Reino Unido (e pelos países que copiam o modelo anglo-saxão) por recearem que o próximo passo seja... o comunismo. E, no entanto, isso é puro e simples capitalismo: as economias capitalistas mais bem-sucedidas tiveram Estados ativos, fazendo esses investimentos arriscados, mas nos apressamos a criticar quando as coisas dão errado (como o Concorde) e demoramos demais a recompensá-los quando as coisas dão certo (como a internet).

BANCOS DE DESENVOLVIMENTO

É claro que existe um instrumento mais direto, que é o banco de investimentos do Estado. Apesar de existirem argumentos quanto à importância de um banco de investimentos estatal para as necessidades de empréstimos contracíclicos (Skidelsky, Martin e Wigstrom, 2012), eles são importantes também para colher o retorno dos investimentos feitos a fim de financiar investimentos futuros. Em 2012, o KfW, banco de investimentos do Estado alemão, registrou um lucro de 3 bilhões de dólares, enquanto muitos bancos privados estão no vermelho, vários deles enfrentando queda nos lucros. De fato, se/quando a instituição estatal é administrada por pessoas que não só acreditam na força do Estado, como também compreendem o processo de inovação, o resultado é uma remuneração alta. Um bom exemplo é o banco de desenvolvimento econômico brasileiro, o BNDES, que investe ativamente em inovação tanto em tecnologia limpa quanto em biotecnologia. Em 2010, ele teve um retorno de 21% sobre o patrimônio líquido. O BNDES reinvestiu essa porcentagem em setores fundamentais, focando especialmente o estágio do Vale da Morte em biotecnologia, no qual o capital de risco é tão ausente. Mas os bancos de investimento estatais podem e vão mais além, como o Banco de Desenvolvimento da China (BDC), que não apenas substitui o "financiamento privado", muito avesso ao risco para investir nos produtores de energia solar, como também cria oportunidades para esses produtores. Um desses casos foi o financiamento de 3 bilhões de dólares concedido pelo BDC ao maior projeto de energia eólica da Argentina, utilizando turbinas eólicas chinesas. Os argentinos envolvidos com o desenvolvimento da energia eólica receberam um financiamento que não seria possível através dos meios comerciais, e a China conseguiu aumentar as vendas de um de seus fabricantes de turbinas, que, juntamente com os juros dos empréstimos, pode contribuir para o futuro da economia (Nielsen, 2012).

Em resumo, o crescimento "inteligente", inclusivo e sustentável não acontecerá por conta própria. Instrumentos específicos precisam estar no lugar para que isso aconteça. Essa discussão está apenas começando.

10
Conclusão

AO BUSCAR PROMOVER O CRESCIMENTO puxado pela inovação, é fundamental entender a importância dos papéis do setor público e do setor privado. Isso requer não apenas o entendimento do valor do "ecossistema" de inovação, mas principalmente *qual é a contribuição de cada ator para esse sistema*. A suposição de que o setor público pode no máximo incentivar inovações puxadas pelo setor privado (através de subsídios, reduções fiscais, precificação do carbono, padrões técnicos etc.), principalmente mas não apenas diante da crise recente, não leva em consideração os muitos exemplos em que a principal força empreendedora veio do Estado e não do setor privado. A não consideração desse papel tem causado grande impacto sobre os tipos de parcerias público-privadas que são criadas (potencialmente parasitárias em vez de simbióticas) e tem desperdiçado dinheiro ou incentivos ineficazes (incluindo diferentes tipos de isenções fiscais) que poderiam ter sido usados de forma mais eficiente.

Para entender o papel fundamental do Estado ao assumir os riscos do capitalismo moderno, é importante reconhecer o caráter "coletivo" da inovação. Diferentes tipos de empresas (grandes e pequenas), diferentes tipos de financiamento e diferentes tipo de políticas estatais,

CONCLUSÃO

instituições e departamentos interagem às vezes de formas imprevisíveis — mas certamente de maneiras que podemos ajudar a moldar para alcançar os fins desejados. A literatura dos *sistemas de inovação*, que tem entre seus pioneiros Freeman (1995), Lundvall (1992) e Nelson (1993), é especialmente relevante. Existe uma dependência cada vez maior desses sistemas de difusão horizontais à medida que avançamos para sistemas de inovação abertos, em que as barreiras entre colaboração pública e privada são reduzidas.

Há anos sabemos que inovação não é apenas resultado dos gastos com P&D, mas está relacionada a um conjunto de instituições que possibilitam que o novo conhecimento se espalhe por toda a economia. Ligações dinâmicas entre ciência e indústria são uma forma de dar sustentação à inovação, mas os exemplos apresentados neste livro mostraram que as "ligações" podem ser mais profundas e remontar a décadas. Fica muito mais difícil continuar a visualizar o processo de inovação como algo que ocorre através de atividades separadas e isoladas do Estado e das empresas.

Mas em vez de introduzir termos novos, como *ecossistemas* de inovação, para descrever o processo de inovação, é mais importante entender a divisão do trabalho "inovador" entre os diferentes atores desses sistemas e, em especial, o papel e o comprometimento de cada ator no contexto da *paisagem arriscada e acidentada* em que estão trabalhando. Embora o Estado precise assumir riscos, não deve limitar-se a absorver (ou mesmo "abrandar") riscos do setor privado, mas assumir aqueles que o setor privado não está disposto a assumir, e também colher os rendimentos. Isso é fundamental para que o ciclo de inovação possa continuar a ser sustentado (com os rendimentos da rodada atual financiando a seguinte — assim como as inevitáveis perdas) e seja menos suscetível aos ciclos políticos e comerciais. As políticas públicas devem focar no papel específico do setor público, no interior e entre setores e instituições, para permitir que aconteçam coisas *que de outra forma não aconteceriam* — exatamente como argumentou Keynes em *O fim do* laissez-faire (1926). Não se trata apenas do importante papel contracíclico que os gastos do setor público devem ter (e infelizmente não têm tido devido à ideologia da austeridade), mas também dos tipos de questão que devem ser feitas a cada instrumento de política individual: isto é, os créditos fiscais de P&D contribuem para a realização de P&D que de outra forma não aconteceria?

É precisamente por suas características diferentes (das comerciais) que o Estado não pode ter um papel "exato" e "limitado" em termos de inovação (uma espécie de ponto de equilíbrio). Aceitar essa diferença significa que precisamos encontrar uma forma de entender a área de influência específica do Estado e os indicadores de desempenho específicos para julgar suas atividades. Por exemplo, embora o financiamento do projeto do Concorde (exemplo constantemente usado para acusar o governo de "escolher vencedores") possa ser visto como fracasso, o verdadeiro entendimento do desempenho do Estado nesse empreendimento deve ir além de uma análise de custo-benefício simplista e levar em consideração as repercussões — tangíveis e intangíveis — resultantes do investimento no Concorde. Isso já foi feito? Não, e ainda assim parece que todos concordam que foi um grande fracasso.

O que distingue o Estado não é apenas sua missão, mas também os meios e instrumentos de que dispõe para cumpri-la. Em um livro épico, *A grande transformação* (1944), Karl Polanyi argumentou que o Estado criou — com um empurrão, não um empurrãozinho — o mais "capitalista" de todos os mercados, o "mercado nacional" (enquanto os mercados local e internacional foram predadores do capitalismo). A economia capitalista estará sempre subordinada ao Estado e sujeita às suas mudanças. Por isso, em vez de confiar no sonho falso de que os "mercados" irão administrar o mundo para nós "se os deixarmos em paz", os formuladores de políticas deveriam aprender a usar os meios e os instrumentos para formar e criar mercados — fazendo acontecer coisas que não aconteceriam de outra forma. E certificando-se de que essas coisas são necessárias. Para isso, o crescimento precisa ser não apenas "inteligente", mas também "inclusivo" e "sustentável".

É claro que é importante não romantizar a diferença do Estado e sua capacidade. O temor das armas nucleares russas, os afundamentos na Flórida ou a falta de petróleo podem levar o governo a fazer o que ninguém mais pode, isto é, usar sua capacidade para criar dinheiro e arriscar perdê-lo em uma ideia/solução vazia, como a guerra. Por outro

CONCLUSÃO

lado, o Estado pode fazer isso aproveitando uma imensa rede social nacional de conhecimento e visão de negócios — tudo com o conhecimento de que independentemente do que aconteça, os dólares dos impostos continuarão a entrar, pois, no fim das contas, o Estado é uma força ativa compulsória em nossas vidas — mas que precisamos nos certificar de que será controlada com nossas estruturas governamentais fragmentadas e processos eleitorais.

Confiar apenas e estritamente em Keynes é aceitar que o papel do Estado, ao equilibrar as contas, pode também financiar uma busca inútil por dinheiro em uma mina de carvão abandonada. Seguindo a sugestão de Steve Jobs, mencionada antes, o Estado é que deveria "continuar louco" em sua busca pelo desenvolvimento tecnológico e pela solução dos problemas sociais. Se o Estado está investindo na internet ou em energia limpa em nome da segurança nacional (tendo imaginado uma nova "ameaça") ou em nome da mudança do clima (ou para a "independência energética"), pode fazer isso em escala e com instrumentos não disponíveis para o setor privado (impostos, por exemplo). Se um obstáculo fundamental para o investimento dos negócios em novas tecnologias é que ele não fará investimentos que possam criar benefícios para o "bem público" (pois não poderá capturar a maior parte do valor criado), então é essencial que o Estado o faça — e se preocupe em como transformar esses investimentos em novo crescimento econômico depois. Os negócios "loucos" não sobreviverão, pois precisam calcular os riscos relacionados ao desenvolvimento de produto e entrada em novos mercados. O sucesso da Apple não dependeu de sua capacidade para criar novas tecnologias, mas de sua capacidade organizacional para integrar, comercializar e vender as que estavam facilmente acessíveis. Em contrapartida, a flexibilidade do Estado é um trunfo importante, que deveria ser autorizado a fazer seus "loucos" investimentos em tecnologia de maneira direta e objetiva. Quem poderia imaginar que a tecnologia criada para preservar a capacidade de comunicação durante uma guerra nuclear se transformaria em uma plataforma de conhecimento, comunicação e comércio que o mundo todo utiliza? Quantos imaginariam então que a internet fosse uma forma "louca" de investir milhões de dólares dos contribuintes?

O que se precisa atualmente é de uma perspectiva de "sistemas", mas que seja mais realista em relação ao verdadeiro — e não mitológico — papel dos atores individuais, e as ligações entre os atores, dentro e ao longo da paisagem do risco. Também é preciso preencher a lacuna do conhecimento, como dissemos antes, que existe para explicar como os investimentos do Estado catalisam, influenciam e se conectam ao crescimento das organizações comerciais da qual dependem, em última instância, para entregar as novas tecnologias em escala ampla. É irreal, por exemplo, pensar que as áreas de alto risco e de capital intensivo da tecnologia limpa serão "puxadas" pelo capital de risco, ou que terão um "empurrãozinho" de um banco de investimento verde pequeno e desestruturado. No caso da energia limpa, também não se trata apenas da disposição do Estado para liderar, mas da disposição de manter o apoio a tecnologias novas e transitórias até que a indústria possa "amadurecer" — até que o custo e o desempenho sejam iguais ou superiores aos das tecnologias existentes (isto é, combustíveis fósseis). A história dos novos setores nos ensina que os investimentos privados tendem a esperar que os investimentos iniciais e arriscados sejam feitos primeiro pelo Estado. Na verdade, com frequência os gastos do Estado absorvem a maior parte do risco e da incerteza quando do surgimento de novos setores, assim como em determinadas áreas de setores antigos (como os medicamentos radicais atualmente). Ainda assim, o retorno desses investimentos "revolucionários" do Estado foi quase privatizado por completo. Embora seja particularmente evidente na indústria farmacêutica, em que medicamentos financiados com dinheiro dos contribuintes costumam ser caros demais para que eles próprios possam comprar (Vallas et al., 2011), também é verdade em outras áreas de alta tecnologia, com empresas como a Apple, que receberam grandes benefícios de financiamentos públicos, tanto direta quanto indiretamente, conseguindo evitar o pagamento de seus impostos (Mazzucato, 2013).

Três implicações fundamentais emergem dessa análise.

Em primeiro lugar, é claro que não basta falar do "Estado empreendedor", é preciso construí-lo — prestando atenção a organizações e instituições concretas no governo que conseguem criar estratégias de crescimento no longo prazo e "dar as boas-vindas" aos invitáveis fracas-

CONCLUSÃO

sos. Na verdade, não é coincidência o fato de que os países mais fracos da zona do euro sejam precisamente aqueles que gastam pouco em áreas que parecem dispendiosas atualmente, mas que trazem crescimento no futuro: áreas como P&D e formação de capital humano (ver gráfico 1). Ainda assim, temos de ouvir que são países que gastam demais. E embora "governança" seja muitas vezes usada como razão para impor reformas no mercado, na realidade ela também deveria envolver a questão de como reunir competências e criar disposição para investir em áreas de alto risco, de alto crescimento. Como qualquer pessoa que tenha trabalhado com o setor privado sabe, existem muitas empresas "burocráticas" e inertes. Não há nada no DNA do setor público que o torne menos inovador do que o setor privado. Mas para estimular a inovação e a criatividade nas instituições desse setor é preciso pensar na dinâmica organizacional. Em vez disso, descartando a capacidade do setor público de ser uma força inovadora em si, a maioria dos pensadores sobre *gestão estratégica* e mudança organizacional focou mais no privado, relegando o público à "criação de condições" para que a inovação aconteça no "revolucionário" setor privado. E, como dissemos, isso gerou uma profecia autorrealizável, com os jovens graduados mais brilhantes acreditando que seria mais estimulante e divertido trabalhar no Goldman Sachs ou no Google do que em um banco de investimento do Estado ou em um ministério para a inovação. A única maneira de reequilibrar essa situação é fazer um upgrade no status do governo — e nas palavras e imagens usadas para descrevê-lo. Há implicações importantes para a crise da zona do euro. As condições impostas aos países mais fracos, através do "pacto fiscal", não deveriam ser para reduzir o setor público de modo geral, mas para aumentar os incentivos de forma que os governos gastem em áreas fundamentais como educação e P&D, e também para transformar o setor público de dentro para fora, de modo a torná-lo mais estratégico, dinâmico e meritocrático. Embora possa parecer difícil, não é menos do que impor a austeridade que está prejudicando a estrutura socioeconômica e a futura competitividade dos países mais fracos.

Em segundo lugar, se o Estado está sendo solicitado a se envolver no mundo da incerteza, com as inevitáveis vitórias e derrotas (que também caracterizam o capital de risco privado), então é justo que diante de uma vitória (o lado positivo) também haja um retorno para cobrir as derrotas (o lado negativo). Isto é, embora os gastos do Estado com educação básica e saúde não devam necessariamente esperar um retorno direto além dos impostos e oferta de pessoal qualificado e saudável, os investimentos de alto risco devem ser vistos de maneira diferente e devem poder colher um retorno direto justamente porque a taxa de insucesso é muito alta. Os investimentos bem-sucedidos do Estado "vencedor" deveriam poder se beneficiar para cobrir as perdas e também poder financiar investimentos no futuro, impossíveis de prever no presente. Embora a privatização dos ganhos e a socialização das perdas no setor financeiro tenham sido reconhecidas como economicamente ineficientes e socialmente injustas (Alessandri e Haldane, 2009), a mesma assimetria que ocorre na economia real, tanto para as empresas de novas tecnologias quanto para outras mais maduras que precisam de investimento para o *turnaround*, continua passando despercebida. Uma relação risco-benefício mais clara não só aumentará a receita do governo — em uma época na qual os orçamentos de setor público estão sendo pressionados —, como também permitirá que os contribuintes vejam com mais clareza o retorno de seus investimentos e com isso ajudem a aumentar o apoio político necessário para fazer aqueles que levam ao crescimento futuro de longo prazo.

Em terceiro lugar, por se concentrar no papel do Estado em uma paisagem arriscada e acidentada, agindo ativa e corajosamente e não apenas "desqualificando" o setor privado e consertando as "falhas do mercado", a análise oferecida aqui tem potencial para informar melhor as políticas que são direcionadas a outros atores do "ecossistema" da inovação. Isso é importante porque, como mostramos na seção "Mitos" do capítulo 2, enquanto se subestima o papel do Estado, faz-se uma propaganda exagerada do papel dos outros atores — das pequenas e médias empresas ao capital de risco e aos acionistas. Assim, o reconhecimento dos diferentes papéis desempenhados no ecossistema — com o correr do tempo e na paisagem arriscada e acidentada — fará com que seja mais difícil para os atores superestimados, que povoam a imaginação do público, pedirem ajuda e subsídios. O apêndice contém uma

CONCLUSÃO

lista de mudanças (usando o Reino Unido como exemplo) que poderiam surgir se o governo se aproximasse do ecossistema de maneira mais realista — com políticas baseadas no que sabemos sobre os diferentes atores e não nos mitos associados a eles.

Vivemos em uma era em que o Estado está sendo podado. Os serviços públicos estão sendo terceirizados, os orçamentos estatais cortados e o medo, em vez da coragem, está determinando muitas estratégias nacionais. Boa parte dessa mudança está sendo feita em nome de mercados mais competitivos, mais dinâmicos. Este livro é um convite aberto para mudarmos a forma como falamos do Estado, de seu papel na economia, e as imagens e ideias que usamos para descrever esse papel. Só então poderemos começar a construir o tipo de sociedade em que queremos viver e queremos que nosso filhos vivam — de uma forma que afaste os falsos mitos a respeito do Estado e reconheça como ele pode, quando imbuído de uma missão e organizado de forma dinâmica, resolver problemas tão complexos quanto o de colocar o homem na Lua e da mudança do clima. E precisamos de coragem para insistir — através de uma visão mas também de instrumentos políticos específicos — para que o crescimento resultante dos investimentos subjacentes seja não apenas "inteligente", mas também "inclusivo".

APÊNDICE

ESTA É UMA LISTA DE RECOMENDAÇÕES de políticas econômicas para a economia do Reino Unido apresentada no início da versão DEMOS de 2011 de *O Estado empreendedor*.

- Reduzir as despesas do governo com transferências diretas para pequenas empresas, como benefícios fiscais para pequenos negócios e isenção de heranças. Isso é uma economia de custos.
- Se a Small Business Research Initiative (SBRI)[1] for aumentada, como indicou o governo, isso deve ser feito de maneira que se concentre no modo como fazer com que as pequenas e médias empresas gastem dinheiro com novas tecnologias. Para isso, terá de aumentar o tamanho do projeto de financiamento que administra (muito diluído atualmente) e concentrar-se nas empresas que provem que gastarão com inovação. Isso é neutralização de custos.

---

1. O programa SBRI do Reino Unido, executado pelo Conselho de Estratégia Tecnológica do Reino Unido (ver a seguir), voltado para o financiamento de pequenas e médias empresas, foi criado nos moldes do SBIR, programa americano examinado no capítulo 4.

- Abandonar as iniciativas de criação de uma *"patent box"* no Reino Unido (regime tarifário preferencial para os lucros obtidos com as patentes), que não contribuiria para o aumento da inovação e, segundo o Institute for Fiscal Studies, com o tempo acabaria levando a um aumento dos gastos do contribuinte. Isso é economia de custos.
- Rever os benefícios fiscais para P&D com vista a garantir que as empresas sejam responsabilizadas pelo gasto do dinheiro em inovação e, caso não o façam, afastem-se do manto protetor dos créditos tributários para P&D para liberar recursos para o comissionamento direto do avanço tecnológico em questão. Isso é economia de custos potencial.
- Zonas empresariais, que oferecem vantagens regulatórias ou de tributação para as empresas em certa área, são uma distração, pois não fazem com que aconteça a inovação que não ocorreria em outro lugar. Melhor usar o dinheiro de outra forma. Isso é economia de custos.
- Quando bem-sucedidos, uma parte do retorno dos investimentos feitos com apoio público significativo deve ser devolvida ao governo. Isso é economia de custos potencial.
- Usar os recursos liberados para fazer uma grande expansão da Technology Strategy Board,[2] estruturada segundo o modelo da DARPA americana para permitir a inovação diretamente (pesquisa, desenvolvimento e comercialização) através de uma rede de agências dirigida pelo governo, em consonância com as recomendações da Confederação da Indústria Britânica (CBI — Confederation of British Industry, 2006). Também é preciso que haja mais transparência em relação às decisões do financiamento e auditoria mais clara do desempenho para que as áreas com desempenho ruim sejam cortadas. Isso aumentaria as despesas.
- Adotar uma abordagem intervencionista mais proativa da inovação de tecnologia verde, aproveitando os pontos fortes do Reino Unido. Isso aumentaria as despesas.

---

2. O Technology Strategy Board é uma agência de inovação do Reino Unido. Disponível em: <https://www.innovateuk.org/>.

- O tempo de permanência dos investimentos privados para estar isentos dos impostos sobre ganhos de capital deve ser aumentado no Reino Unido para cinco anos pelo menos (atualmente são apenas dois, e eram dez em 2002). Isso ajudaria a evitar atitudes do tipo "pegar o dinheiro e correr" no setor de tecnologia verde que caracterizou os investimentos na indústria de biotecnologia. Isso é economia de custo.
- O imediatismo é especialmente problemático nos contextos em que a mudança tecnológica radical é necessária e é um dos motivos pelos quais o capital de risco e outras formas de investimento privado não estão desempenhando um papel importante em tecnologia verde. Dada a falta de investimentos privados, o governo do Reino Unido deve intervir e elevar o orçamento "verde". O Green Investment Bank não é suficiente. Isso aumentaria as despesas.

AGRADECIMENTOS

ESTE LIVRO NÃO PODERIA TER SIDO ESCRITO sem o estímulo intelectual e o empenho de muitos colegas e amigos.

Em primeiro lugar, houve conversas inspiradoras com dois dos melhores historiadores econômicos do mundo: Carlota Perez e Bill Lazonick. A obra de Carlota e nossos constantes diálogos sobre o papel do Estado nas diferentes fases das revoluções tecnológicas me obrigaram a refletir profundamente sobre as mudanças do papel dos diversos tipos de "capital" — financeiro e produtivo — ao longo do tempo, e sobre o papel do Estado na orientação para fins *produtivos* e não meramente especulativos. Mas é claro que a inovação requer um pouco de especulação — que Bill tomou o cuidado de diferenciar de "manipulação". Sua análise incisiva não deixa nenhuma palavra no ar: ele toma o cuidado, por exemplo, de distinguir negócios e mercado, o que a maioria de nós confunde quando usamos o termo "setor privado". A obra de Bill sobre as mudanças na estrutura da produção capitalista e sua relação com mercados de trabalho e dinâmica financeira deveria ser leitura obrigatória para todos os estudantes interessados em teoria da empresa e todos os formuladores de políticas interessados na reforma financeira para tornar a produção capitalista mais inclusiva e sustentável.

Também agradeço a Bill por me apresentar a dois de seus alunos mais brilhantes: Oner Tulum e Matt Hopkins, que me deram a melhor ajuda que alguém pode ter com a pesquisa. Oner usou seus métodos cirúrgicos de análise dos relatórios de empresas para ir fundo na ajuda concedida pelo Estado à Apple, tanto em termos de tecnologias utilizadas quanto nos estágios iniciais do financiamento; o capítulo 5 não poderia ter sido escrito sem ele. E Matt aplicou sua compreensão aguda e apaixonada da tecnologia limpa — algo em que é um especialista em termos acadêmicos, mas também politicamente comprometido; os capítulos 6 e 7 não existiriam sem ele.

Sou grata ainda a Caetano Penna e a Caroline Barrow pela laboriosa assistência editorial. O conhecimento de Caetano tanto em economia heterodoxa (e o sistema do "Outro Cânone") como em estudos de inovação — e sua revolucionária tese de doutorado sobre a "transição" exigida nos automóveis — fizeram dele uma caixa de ressonância e um revisor incomparável e estimulante. Carolina, que mergulhou na edição e formatação do original assim que entrou para a Unidade de Pesquisa de Políticas Científicas e Tecnológicas (SPRU — Science and Technology Policy Research Unit) da Universidade de Sussex, nunca perdeu a paciência e ainda ofereceu insights interessantes sobre o papel do setor público nas artes, devido à sua experiência como bailarina profissional.

Por fim, agradeço pelo financiamento que possibilitou meu afastamento para me dedicar inteiramente à escrita do manuscrito. Uma bolsa do Reforming Global Finance, da Fundação Ford, dirigido por Leonardo Burlamaqui, foi duplamente útil devido ao próprio trabalho de Leonardo para entender as formas como a "governança do conhecimento" pode "moldar" os mercados. Na verdade, foi o trabalho de Leonardo na Ford que inspirou as primeiras reuniões e o trabalho que acabaram levando a outro projeto de pesquisa, financiado pelo Institute for New Economic Thinking (INET), no qual Randy Wray e eu estamos atualmente empenhados: um projeto para descobrir como reunir o pensamento de Joseph Schumpeter sobre inovação e de Hyman Minsky sobre finanças para entender até que ponto as finanças podem ser transformadas em um veículo para a destruição criativa em vez da atual obsessão com a criação destrutiva do tipo esquema Ponzi.

AGRADECIMENTOS

Entre outros amigos e colegas que proporcionaram inspiração por meio de conversas e feedbacks, quero citar Fred Block, Michael Jacobs, Paul Nightingale e Andy Stirling, estes dois últimos do SPRU, meu novo lar acadêmico. Criado por Chris Freeman, o SPRU é um dos ambientes mais dinâmicos em que já trabalhei — um lugar onde entendem que a inovação está no centro da competição capitalista e onde, em vez de mistificar o processo, ele é estudado "criticamente", tanto em relação a seu ritmo quanto sua direção.

Nos últimos dois anos tive a sorte de trabalhar com diversos estrategistas políticos de todo o mundo dispostos a ouvir vozes "diferentes" sobre economia. No Reino Unido, foi particularmente gratificante trabalhar com o secretário de Estado David Willets; com Chuka Umunna, Shadow Business Secretary; Chin Onwurah (agora no Cabinet Office), Shadow Science Minister; e Andrew Adonis. Na Comissão Europeia, o trabalho com Peter Droell (chefe da Unidade de Inovação da DG RTD) sobre como pensar a inovação no setor público (tanto "dentro" como "através") me motivou a falar não apenas do potencial papel "empreendedor" do governo, mas a pensar concretamente sobre como construir organizações "empreendedoras" no setor público.

É claro que nenhuma das pessoas citadas aqui tem qualquer responsabilidade por meus próprios erros, exageros, provocações e às vezes opiniões muito apaixonadas expressas neste livro.

BIBLIOGRAFIA

ABBATE, J. *Inventing the internet*. Cambridge, MA: MIT Press, 1999.

ABRAMOVITZ, M. *Resource and Output Trends in the United States since 1870*. Nova York: National Bureau of Economic Research, 1956.

ACEMOGLU, D. "Technical Change, Inequality and the Labor Market". *Journal of Economic Literature* 40, n. 1, pp. 7-72, 2002.

ACUÑA, R. *América ocupada*. Cidade do México: Ediciones ERA, 1976.

ADNER, R. *The Wide Lens: A New Strategy for Innovation*. Nova York: Portfolio/Penguin, 2012.

AGHION, P.; REUGELERS, R.; SERRE, C. "Cold Start for the Green Innovation Machine". *Bruegel Policy Contribution* 12, nov. 2009.

ALESSANDRI, P.; HALDANE, A. "Banking on the State". Bank of England, nov. 2009.

ALMUS, M.; NERLINGER, E. A. "Growth of New Technology-Based Firms: Which Factors Matter?". *Small Business Economics* 13, n. 2, pp. 141-54, 1999.

AMBLER, T.; BOYFIELD, K. "Reforming the Regulators". Boletim informativo do Adam Smith Institute, set. 2010. Disponível em: <http://www.adamsmith.org/files/reforming-the-regulators.pdf>. Acesso em: 2 jul. 2014.

AMSDEN, A. *Asia's Next Giant: South Korea and Late Industrialization*. Oxford: Oxford University Press, 1989.

ANDERSEN, R. "The 'Silent Green Revolution' Underway at the Department of Energy". *Atlantic*, 9 set. 2012. Disponível em: <http://www.theatlantic.com/technology/archive/2012/09/the-silent-green-revolution-underway-at-the-department-of-energy/261905/>. Acesso em: 2 jul. 2014.

ANDERSON, E. "Spectra Watt Hopes to Soon Rise Again". *Times Union*, 27 maio 2011. Disponível em: <http://www.timesunion.com>. Acesso em: 2 jul. 2014.
ANGELL, M. *The Truth About the Drug Companies*. Nova York: Random House, 2004.
APPLE. "Creating Jobs through Innovation". Apple.com. Disponível em: <http://www.apple.com/about/job-creation/>. Acesso em: 2 jul. 2014.
ARORA, A.; GAMBARDELLA, A. "The Changing Technology of Technological Change: General and Abstract Knowledgeand the Division of Innovative Labour". *Research Policy* 23, n. 5, pp. 523-32, 1994.
ARPA-E (Advanced Research Projects Agency — Energy). ARPA-E website. Disponível em: <http://arpa-e.energy.gov/?q=about>. Acesso em: 2 jul. 2014.
ARTHUR, W. B. *The Nature of Technology: What It Is and How It Evolves*. Nova York: Free Press, 2009.
ATKINSON, A.; PIKETTY, T.; SAEZ, E. "Top Incomes in the Long Run of History", *Journal of Economic Literature* 49, n. 1, pp. 3-71, 2011.
AUDRETSCH, D. B. *Innovation and Industry Evolution*. Cambridge, MA: MIT Press, 1995.
_____. "The Economic Role of Small- and Medium-Sized Enterprises: The United States". Trabalho apresentado no workshop "Small and Medium Enterprises", do Banco Mundial, Chang Mai, Tailândia (ago. 2000).
_____. "Standing on the Shoulders of Midgets: The U. S. Small Business Innovation Research Program (SBIR)". *Small Business Economics* 20, pp. 129-35, 2003.
AUERSWALD, P. E.; BRANSCOMB, L. M. "Valleys of Death and Darwinian Seas: Financing the Invention of Innovation Transition in the United States". *Journal of Technology Transfer* 28, n. 3-4, pp. 227-39, 2003.
BAKER, D. R. "Funding for Clean-Tech Firms Olunges 33% in '09". SfGate.com. 2010. Disponível em: <http://articles.sfgate.com/2010-01-07/business/17470394_1_venture-funding-cleantech-group-venture-capitalists>. Acesso em: 2 jul. 2014.
BAKEWELL, S. "Chinese Renewable Companies Slow to Tap $47 Billion Credit". *Bloomberg Business Week*, 16 nov. 2011. Disponível em: <http://www.businessweek.com/news/2011-11-16/chinese-renewable-companies-slow-to-tap-47-billion-credit.html>. Acesso em: 2 jul. 2014.
_____. "U.K. 'Leading' Vestas Offshore Wind Market, Manager Says". Bloomberg, 10 jul. 2012. Disponível em: <http://www.bloomberg.com/news/2012-07-10/u-k--leading-vestas-offshore-wind-market-manager-says.html>. Acesso em: 2 jul. 2014.
BARCA, S. "Energy, Property, and the Industrial Revolution Narrative". *Ecological Economics* 70, pp. 1309-13, 2011.
BATHON, M. "Solyndra Wins Court Approval of Bankruptcy Exit Plan". Bloomberg, 23 out. 2012. Disponível em: <http://www.bloomberg.com/news/2012-10-22/solyndra--wins-court-approval-of-bankruptcy-exit-plan.html>. Acesso em: 2 jul. 2014.
BATTELLE, J. *The Search*. Nova York: Penguin, 2005.
BBC NEWS. "Apple Holding More Cash than USA". BBC News, 29 jul. 2011. Disponível em: <http://www.bbc.co.uk/news/technology-14340470>. Acesso em: 16 jul. 2014.

BERNERS-LEE, T. "Information Management: A Proposal". CERN, 1989. Disponível em: <http://info.cern.ch/Proposal.html>. Acesso em: 2 jul. 2014.

BLOCK, F. L. "Swimming against the Current: The Rise of a Hidden Developmental State in the United States". *Politics and Society* 36, n. 2, jun. 2008, pp. 169-206.

_____. "Innovation and the Invisible Hand of Government". In: BLOCK, F. L.; KELLER, M. R. (Orgs.). *State of Innovation: The US Government's Role in Technology Development*. Boulder, CO: Paradigm Publishers, 2011.

BLOCK, F. L.; KELLER, M. R. (Orgs.). *State of Innovation: The U.S. Government's Role in Technology Development*. Boulder, CO: Paradigm Publishers, 2011a.

_____. "Where do innovations come from?". In: BLOCK, F. L.; KELLER, M. R. (Orgs.). *State of Innovation: The US Government's Role in Technology Development*. Boulder, CO: Paradigm Publishers, 2011b, pp. 154-73.

_____. "Explaining the Transformation in the US Innovation System: The Impact of a Small Government Program". *Socio-Economic Review*, 30 set. 2012, pp. 1-28. Disponível em: <http://ser.oxfordjournals.org/content/early/2012/09/30/ser.mws021.full.pdf+html>. Acesso em: 2 jul. 2014.

BLODGET, H. "Apple's Hufge New Data Center in North Carolina Created only 50 Jobs". "Daily Ticker", Yahoo Finance, 28 nov. 2011. Disponível em: <http://finance.yahoo.com/blogs/daily-ticker/apple-huge-data-center-north-carolina-created--only-143852640.html>. Acesso em: 2 jul. 2014.

BLOOM, N.; REENEN, J. van. *Measuring and Explaining Management Practices across Firms and Countries*. Londres: Centre for Economic Performance, 2006.

BOTTAZZI, G. et al. "Innovation and Corporate Growth in the Evolution of the Drug Industry". *International Journal of Industrial Organization* 19, n. 7, pp. 1161-87, 2001.

BOTTAZZI, L.; DA RIN, M. "Venture Capital in Europe and the Financing of Innovative Firms". Centre for Economic Policy Research, *Economic Policy* 34, 2002.

BRADSHAW, K. "Chinese Solar Panel Giant Is Tainted by Bankruptcy". *New York Times*, 20 mar. 2013. Disponível em: <http://www.nytimes.com/2013/03/21/business/energy-environment/chinese-solar-companys-operating-unitdeclares-bankruptcy.html?pagewanted=all&_r=0>. Acesso em: 16 jul. 2014.

BREAKTHROUGH INSTITUTE. *Where Good Technologies Come From: Case Studies in American Innovation*. Oakland, CA: Breakthrough Institute, dez. 2010. Disponível em: <http://thebreakthrough.org/blog/Case%20Studies%20in%20American%20Innovation%20report.pdf>. Acesso em: 2 jul. 2014.

BRODD, R.J. "Factors Affecting U.S. Production Decisions: Why are there No Volume Lithium-Ion Battery Manufacturers in the United States?". Série de documentos de trabalho do ATP, Working Paper 05-01, preparado para o Economic Assessment Office Advanced Technology Program, National Institute of Standards and Technology (NIST), jun. 2005.

BROUWER, E.; KLEINKNECHT, A.; REIJNEN, J. O. "Employment Growth and Innovation at the Firm Level: An Empirical Study". *Evolutionary Economics* 3, pp. 153-9, 1993.

BROWN, D et al. (Orgs.). "History of Elo". Elo Touch Solutions, s.d. Disponível em: <http://www.elotouch.com/AboutElo/History/default.asp>. Acesso em: 2 jul. 2014.

BULLIS, K. "Venture Capitalists Back Away from Clean Energy". Technologyreview.com, 11 ago. 2011. Disponível em: <http://www.technologyreview.com/news/424982/venture-capitalists-back-away-from-clean-energy/>. Acesso em: 2 jul. 2014.

BURLAMAQUI, L. "Knowledge Governance: An Analytical Perspective and its Policy Implications". In: BURLAMAQUI, L.; CASTRO, A. C.; KATTEL, R. (Orgs.). *Knowledge Governance: Reasserting the Public Interest*. Londres: Anthem Press, 2012, pp. 3-26.

BUSH, V. *Science, the Endless Frontier: A Report to the President*. Washington, DC: US Government Printing Office, 1945.

BUXTON, B. "Multi-touch Systems That I Have Known and Loved". Microsoft Research, 2012. Disponível em: <http://www.billbuxton.com/multitouchOverview.html>. Acesso em: 2 jul. 2014.

CBI (Confederation of British Industry). "Innovation and Public Procurement: A New Approach to Stimulating Innovation". Comunicado sobre inovação da CBI.

CBO (Congressional Budget Office). Research and Development in the Pharmaceutical Industry. Washington, DC: Congressional Budget Office, Congresso dos Estados Unidos, 2006. Disponível em: <http://www.cbo.gov/ftpdocs/76xx/doc7615/10-02-Drug-D.pdf>. Acesso em: 2 jul. 2014.

CEP (Centre for Economic Performance). "Inherited Family Firms and Management Practices: The Case for Modernising the UK's Inheritance Tax", 2006. Disponível em: <www.pa_inherited_family_firms.pdf>. Acesso em: 2 jul. 2014.

CERN. "Another of CERN's Many Inventions!". CERN Bulletin, 16 mar. 2010. Disponível em: <http://cds.cern.ch/record/1248908>. Acesso em: 2 jul. 2014.

CHANG, H.-J. "The Political Economy of Industrial Policy in Korea". *Cambridge Journal of Economics* 17, n. 2, pp. 131-57, 1993.

_____. *Kicking away the Ladder: The Myth of Free Trade and the Secret History of Capitalism*. Nova York: Bloomsbury, 2008.

CHANG, H.-J.; EVANS, P. "The Role of Institutions in Economic Change". Trabalho preparado para os encontros do "The Other Canon". Veneza, Itália 13-14 jan. e Oslo, Noruega, 15-16 ago. 2000.

CHAZAN, G. "Fossil Fuel Dominance Still Frames R&D Debate". *Financial Times*, 28 jan. 2013. Disponível em: <http://www.ft.com/intl/cms/s/0/294650fe--63bd-11e2-84d8-00144feab49a.html#axzz2PGTDXaje>. Acesso em: 2 jul. 2014.

CHESBROUGH, H. *Open Innovation: The New Imperative for Creating and Profiting from Technology*. Boston: Harvard Business School Press, 2003.

China Briefing. "An Overview of China's Renewable Energy Market", 16 jun. 2011. Disponível em: <http://www.china-briefing.com/news/2011/06/15/an-overview-of-chinas--renewable-energy-market.html>. Acesso em: 2 jul. 2014.

CHONG, F.; MCNICOLL, D. D. "Day in Sun for New Billionaire". *Weekend Australia*, 11 mar. 2006.

CHOUDHURY, N. "China PV Installations to Experience Surge in 4Q 2012". Pv-tech.org, 10 out. 2012. Disponível em: <http://www.pv-tech.org/news/china_pv_installations_experienced_surge_in_2q_2012>. Acesso em: 2 jul. 2014.

CHRISTENSEN, C. M. *The Innovator's Dilemma: When New Technologies Cause Great Firms to Fail*. Boston: Harvard Business Press, 1997.

CHU, K. "Solar-Cell Maker Files for Bankruptcy". *Inside Energy*, 22 ago. 2011.

_____. "Solar Firm Says Defective Material, Chinese Competition Spurred Bankruptcy". *Inside Energy With Federal Lands*, 29 ago. 2011.

CITIZENS FOR TAX JUSTICE. "Press Release: General Electric's Ten Year Tax Rate Only Two Percent". Ctj.org, 27 fev. 2012. Disponível em: <http://www.ctj.org/taxjusticedigest/archive/2012/02/press_release_general_electric.php#.UVm3D1fEWyE>. Acesso em: 2 jul. 2014.

CLIMATE WORKS. "China's New Five-Year Plan Aims to Meet Ambitious Climate and Energy Targets". 13 out. 2011. Disponível em: <http://www.climateworks.org/news/item/chinas-new-five-year-plan>. Acesso em: 2 jul. 2014.

COAD, A.; RAO, R. "Innovation and Firm Growth in High-Tech Sectors: A Quantile Regression Approach". *Research Policy* 37, n. 4, pp. 633-48, 2008.

COMMITTEE ON CLIMATE CHANGE (Reino Unido). "Building a Low-Carbon Economy — the UK's Innovation Challenge", 2010. Disponível em: <http://www.theccc.org.uk/publication/building-a-low-carbon-economy-the-uks-innovation-challenge/>. Acesso em: 2 jul. 2014.

CORIAT, B.; ORSI, F.; WEINSTEIN, O. "Does Biotech Reflect a New Science-Based Innovation Regime?". *Industry and Innovation* 10, n. 3, set. 2003, pp. 231-53.

COWIE, J. *Capital Moves: RCA's 70-Year Quest for Cheap Labor*. Nova York: Cornell University Press, 1999.

CROUCH, B. "$6bn Empire of the Sun". *Sunday Mail*, 3 fev. 2008.

CULLEN, S. E. "Alternative Energy Powers Up". Thompson Reuters, 2009. Disponível em: <http://libsioc.ac.cn/tsg_admin/upload/myupload_4514.pdf>. Acesso em: 2 jul. 2014.

DAVID, P. A. "Understanding the Emergence of Open Science Institutions: Functionalist Economics in Historical Context". *Industrial and Corporate Change* 13, n. 4, pp. 571-89, 2004.

DAVIES, A. "Integrated Solutions: the Changing Business of systems Integration". In: PRENCIPE, A.; DAVIES A.; HOBDAY, M. (Orgs.). *The Business of Systems Integration*. Oxford: Oxford University Press, 2003.

DAVIES, A.; BRADY, T. "Policies for a Complex Product System". *Futures* 30, n. 4, pp. 293-304, 1998.

DECC (Department of Energy and Climate Change). *The UK Low Carbon Transition Plan: National Strategy for Climate and Energy*. Londres: Department of Energy and Climate Change, 15 jul. 2009. Disponível em: <http://www.gov.uk>. Acesso em: 2 jul. 2014.

DEDIU, H.; SCHMIDT, D. *You Cannot Buy Innovation*. Asymco, 30 jan. 2012. Disponível em<http://wwwasymco.com/2012/01/30/you-cannot-buy-innovation/?utm_source=feedburner&utm_medium=feed&utm_campaign=Feed%3A+Asymco+%about-28asymco%29>. Acesso em: 12 jun. 2012.

DEMIREL, P.; MAZZUCATO, M. "Innovation and Firm Growth: Is R&D Worth It?". *Industry and Innovation* 19, n. 1, pp. 45-62, 2012.

DEVLIN, K. "The Math behind MP3". *The Guardian*, 3 abr. 2002. Disponível em: <http://www.guardian.co.uk/technology/2002/apr/04/internetnews.maths/print>. Acesso em: 2 jul. 2014.

DIUS (Department of Innovation, Universities and Skills). *Innovation Nation*, mar. 2008. Cm 7345. Londres: DIUS.

DOD (United States Department of Defense). *Selected Acquisition Report* (SAR): RCS: DD-A&T(Q&A)823-166 : NAVSTAR GPS: *Defense Acquisition Management Information Retrieval* (DAMIR). Los Angeles, 31 dez. 2011.

DOE (United States Department of Energy). "DOE-Supported Researcher Is Co-winner of 2007 Nobel Prize in Physics". 10 set. 2007. Disponível em: <http://science.energy.gov/news/in-the-news/2007/10-09-07/?p=1>. Acesso em: 2 jul. 2014.

_____. "DOE Awards $377 Million in Funding for 46 Energy Frontier Research Centers". Energy.gov, 6 ago. 2009. Disponível em: <http://energy.gov/articles/doe-awards-377-million-funding-46-energy-frontier-research-centers>. Acesso em: 2 jul. 2014.

DOMAR, E. D. "Capital Expansion, Rate of Growth, and Employment". *Econometrica* 14, n. 2, pp. 137-47, abr. 1946.

DONAHUE, J. "Walmart to Install Solar on 27 Massachussetts Stores by 2014". Cleanenergycouncil.org, 15 maio 2012. Disponível em: <http://www.cleanenergycouncil.org/blog/2012/05/15/walmart-to-install-solar-on-27-massachussetts-stores-by-2014/>. Acesso em: 2 jul. 2014.

DOSI, G.; LLERENA, P.; LABINI, M. S. "The Relationships between Science, Technologies and Their Industrial Exploitation: An Illustration through the Myths and Realities of the So-Called 'European Paradox'". *Research Policy* 35, n. 10, pp. 1450-64, 2006.

DOSI, G. et al. "Industrial Structures and Dynamics: Evidence, Interpretation and Puzzles". *Industrial and Corporate Change* 6, n. 1, pp. 3-24, 1997.

DOUGLAS, A. I.; KLENOW, P. J. "Sematech: Purpose and Performance". *Proceedings of the National Academy of Sciences of the United States of America* 93, n. 23, pp. 12 739-42, 1996.

DOWLING, S. (Org.). "Apple announces plans to initiate dividend and share repurchase program". Apple.com, 19 mar. 2012. Disponível em: <http://www.apple.com/pr/library/2012/03/19Apple-Announces-Plans-to-Initiate-Dividend-and-Share-Repurchase-Program.html>. Acesso em: 2 jul. 2014.

DRUCKER, P. *Technology, Management and Society*. Oxford: Butterworth-Heinemann, 1970.

DRUCKER, J. "Google 2,4% Rate Shows How $60 Billion Lost to Tax Loopholes". Bloomberg, 21 out. 2010. Disponível em: < http://www.bloomberg.com/news/2010-10-21/google-2-4-rate-shows-how-60-billion-u-s-revenue-lost-to-tax-loopholes.html>. Acesso em: 2 jul. 2014..

DUHIGG, C.; BRADSHER, K. "How the U.S. Lost Out on iPhone Work". *The New York Times*, "The iEconomy Series", 28 abr. 2012. Disponível em: <http://www.nytimes.

com/2012/01/22/business/apple-america-and-a-squeezed-middle-class.html?_r=1&gwh=CDD8CD36DC4DEF040F857DEB57FA4348>. Acesso em: 2 jul. 2014.

DUHIGG, C.; KOCIENIEWSKI, D. "How Apple Sidesteps Billions in Taxes". *The New York Times*, "The iEconomy Series", 28 abr. 2012. Disponível em: <http://www.nytimes.com//2012/04/29/business/apples-tax-strategy-aims-at-low-tax-states-and-nations.html>. Acesso em: 1º jul. 2014.

EBELING, A. "Get Uncle Sam to Help You Buy na iPad in 2011". *Forbes*, "Taxes", 16 ago. 2011. Disponível em: <http://www.forbes.com/sites/ashleaebeling/2011/08/16/get-uncle-sam-to-help-you-buy-an-ipad-in-2011/>. Acesso em: 2 jul. 2014.

EC (EUROPEAN COMMISSION). *Europe 2020: A Strategy for Smart, Sustainable and Inclusive Growth*. Comunication from the Commission. Bruxelas: EC, mar. 2010. Disponível em: <http://ec.europa.eu/economy_finance/structural_reforms/Europe_2020/index_en.htm>. Acesso em: 2 jul. 2014.

_____. *The EU Climate and Energy Package*. Disponível em: <http://ec.europa.eu/clima/policies/package/index_en.htm>. Acesso em: 2 jul. 2014.

ECONOMIST, THE. "Special Report: The World Economy". 7 out. 2010(a). Disponível em: <http://www.economist.com/printedition/2010-10-09>. Acesso em: 2 jul. 2014.

_____. "The World in 2011". 22 nov. 2010(b). Disponível em: <http://www.economist.com/theworldin/2011>. Acesso em: 2 jul. 2014.

_____. "Taming Leviathan: How to Slim the State Will Become the Great Political Issue of Our Times". 17 mar. 2011(a). Disponível em: <http://www.economist.com/node/18359896>. Acesso em: 2 jul. 2014.

_____. "Angst in the United States: What's Wrong with America's Economy?" 28 abr. 2011(b). Disponível em: <http://www.economist.com/node/18620710>. Acesso em: 2 jul. 2014.

_____. "The Third Industrial Revolution". 21 abr. 2012. Disponível em: <http://www.economist.com/node/21553017>. Acesso em: 2 jul. 2014.

ENERGY AND CLIMATE CHANGE SELECT COMMITTEE. *Energy and Climate Change — Third Report: The Revised Draft National Policy Statements on Energy*. Londres: House of Commons, 18 jan. 2011. Disponível em: <http://publications.parliament.uk/pa/cm201011/cmselect/cmenergy/64802.htm>. Acesso em: 2 jul. 2014.

EPA (United States Environmental Protection Agency). "Methane emissions". Washington, D.C.: US Environmental Protection Agency, 1º abr. 2011. Disponível em: <http://www.epa.gov/methane/>. Acesso em: 2 jul. 2014.

EPIA (European Photovoltaic Industry Association). *Global Market Outlook for Photovoltaics until 2016*. Bruxelas: European Photovoltaic Industry Association, maio. 2012.

ERNST & YOUNG. "Cleantech Matters: Seizing Transformational Opportunities". *Global Cleantech and Trends Report 2011*. Ey.com, 2011. Disponível em: <http://www.ey.com/Publication/vwLUAssets/Cleantech-matters_FW0009/$FILE/Cleantech-matters_FW0009.pdf>. Acesso em: 29 jan. 2013.

EVANS, P. *Embedded Autonomy: States and Industrial Transformation*. Princeton, NJ: Princeton University Press, 1995.

EVANS, P.; RAUCH, J. "Bureaucracy and Growth: A Cross-National Analysis of the Effects of 'Weberian' State Structures on Economic Growth". *American Sociological Review* 64, n. 5, pp. 748-65, 1999.

FDA (Food and Drug Association). "Orphan Drug Designations and Approvals". US Department of Health and Human Sciences. Disponível em: <http://www.accessdata.fda.gov/scripts/opdlisting/oopd/index.cfm>. Acesso em: 2 jul. 2014. Resultados da pesquisa obtidos em jun. 2011.

FIEGERMAN, S. "Here's Why Apple Is Suddenly Laying-Off Employees from Its Retail Store". Business Insider, 16 ago. 2012. Disponível em: <http://www.businessinsider.com/heres-why-apple-is-suddenly-laying-off-employees-from-its-retail-stores-2012-8>. Acesso em: 2 jul. 2014.

FIRST SOLAR. "First Solar Sets World Record for CdTe Solar PV Efficiency". Firstsolar, 26 jul. 2011. Disponível em: <http://investor.firstsolar.com/releasedetail.cfm?-releaseid=593994>. Acesso em: 2 jul. 2014.

FLANNERY, R. "Sun King: Photovoltaics Vendor Zhengrong Shi Is Worth Is Worth Only $2.2Billion. If He Could Just Make Solar Panels Power Cost-Effective, He Could Be Really Rich". *Forbes Asia* 2, n. 5, 27 mar. 2006.

FLORIDA, R; BROWDY, D. "The Invention That Got Away". *Technology Review* 94, n. 6, pp. 42-54, ago./set. 1991.

FLYNN, L. "Apple Holds School Market, Despite Decline". *The New York Times*, "Technology", 11 set. 1995. Disponível em: <http://www.nytimes.com/1995/09/11/business/apple-holds-school-market-despite-decline.html?pagewanted=print&src=pm>. Acesso em: 2 jul. 2014.

FORAY, D.; MOWERY, D. C.; NELSON, R. R. "Public R&D and Social Challenges: What Lessons from Mission R&D Programs?". *Research Policy* 41, n. 10, pp. 1697-702, dez. 2012.

FORERO-PINEDA, C. "The Impact of Stronger Intellectual Property Rights Technology in Developing Countries". *Research Policy* 35, n. 6, pp. 808-24, 2006.

FRANKFURT SCHOOL OF FINANCE AND MANAGEMENT. "Global Trends in Renewable Energy Investment 2012". Disponível em: <http://fs-unep-centre-org/publications/global-trends-renewable-energy-investment-2012>. Acesso em: 13 set. 2012.

FREEL, M. S.; ROBSON, P. J. A. "Small Firm Innovation, Growth and Performance: Evidence from Scotland and Northern England". *International Small Business Journal* 22, n. 6, pp. 561-75, 2004.

FREEMAN, C. "The 'National System of Innovation' in Historical Perspective". *Cambridge Journal of Economics* 19, n. 1, pp. 5-24, 1995.

FRIED, L.; SHUKLA, S.; SAWYER, S. (Orgs.). *Global Wind Report: Annual Market Update 2011*. Global Wind Energy Council (mar. 2012). Disponível em: <http://gwec.net/wp-content/uploads/2012/06/Annual_report_2011_lowres.pdf>. Acesso em: 2 jul. 2014.

FRIEDMAN, B. M. "Crowding Out or Crowding In? The Economic Consequences of Financing Government Deficits". Documento de trabalho do NBER n. 284, 1979.

BIBLIOGRAFIA

FUCHS, E. R. H. "Cloning DARPA Successfully: Those Attempting to copy the Agency's Success in Advancing Technology Development First Better Be Sure They Know How DARPA Actually Works". *Issues in Science and Technology* 26, n. 9, pp. 65-70, 2009.

_____. "Rethinking the Role of the State in Technology Development: DARPA and the Case for Embedded Network Governance". *Research Policy* 39, pp. 1133-47, 2010.

GAMBARDELLA, A. *Science and Innovation: The US Pharmaceutical Industry during the 1980s.* Cambridge: Cambridge University Press, 1995.

GEROSKI, P.; MACHIN, S. "Do Innovation Firms Outperform Non-innovators?". *Business Strategy Review* 3, n. 2, pp. 79-90, 1992.

GEROSKI, P. A.; MAZZUCATO, M. "Learning and the Sources of Corporate Growth". *Industrial and Corporate Change* 11, n. 4, pp. 623-44, 2002(a).

_____. "Myopic Selection. *Metroeconomica* 53, n. 2, pp. 181-99, 2002(b).

GEROSKI, P. A.; TOKER, S. "The Turnover of Market Leaders in UK Manufacturing Industry, 1979-86". *International Journal of Industrial Organization* 14, n. 2, pp. 141-58, 1996.

GHOSH, S.; NANDA, R. "Venture Capital Investment in the Cleantech Sector". Documento de trabalho da Harvard Business School 11-020, 2010.

GELLER, D; GLODFINE, D. (codiretores). *Something Ventured, Something Gained.* DVD. Estados Unidos: Miralan Productions, 2012.

GIPE, P. *Wind Energy Comes of Age.* Nova York: John Wiley & Sons, 1995.

GLADER, P. "GE Chief Slams U.S. on Energy". *Wall Street Journal*, 24 set. 2010. Disponível em: <http://online.wsj.com/article/SB10001424052748703384204575509760331620520.html>. Acesso em: 2 jul. 2014.

GRIFFITH, R.; MILLER, H.; O'CONNELL, M. "The UK Will Introduce a Patent Box, but to Whose Benefit?". Documento de trabalho do *Institute for Fiscal Studies* 5362, 2010.

GRILICHES, Z.; HALL, B. H.: PAKES, A. "R&D, Patents and Market Value Revisited: Is there a Second (Technological Opportunity) Factor?". *Economics, Innovation and New Technology* 1, n. 3, pp. 183-201, 1991.

GROSSMAN, G.; HELPMAN, E. *Innovation and Growth in the Global Economy.* Cambridge, MA: MIT Press, 1991.

GRINDLEY, P.; TEECE, D. "Managing Intellectual Capital: Licensing and Cross-Licensing in Semiconductors and Electronics". *California Management Review* 39, n. 2, pp. 8-41, 1997.

GRUNWALD, M. *The New New Deal: The Hidden Story of Change in the Obama Era.* Nova York: Simon & Schuster, 2012.

HALL, N. "Spending Review 2010: CaSE'select Committee Response". Campaign for Science and Engineering, 13 maio 2010. Disponível em: <http://sciencecampaign.or.uk/p=5260>. Acesso em: 2 jul. 2014.

HALTIWANGER, J.; JARMIN, R.; MIRANDA, J. "Who Creates Jobs? Small vs. Larger vs. Young". Documento de trabalho do NBER n. 16300, 2010.

HARCOURT, G. C. *Some Cambridge Controversies in the Theory of Capital.* Cambridge: Cambridge University Press, 1972.

HARROD, R. F. "An Essay in Dynamic Theory". *Economic Journal* 49, n. 193, pp. 14-33, mar. 1939.

HART, J.; BORRUS, M. "Display's the Thing: The Real Stakes in the Conflict over High Resolution Displays". Documento de trabalho n. 52 para a mesa-redonda sobre economia internacional de Berkeley (BRIE, Berkeley Roundtable on International Economy), 1992. Disponível em: <http://brie.berkeley.edu/publications/WP%20 52.pdf>. Acesso em: 2 jul. 2014.

HASLAM, K. "Tim Cooks's DisastrousFirst Appointment as CEO", *Macworld* 30 out. 2012. Disponível em: <http://www.macworld.co.uk/apple-business/news/?newsid=3407940&agtype=allchandate>. Acesso em: 2 jul. 2014.

HENDERSON, J. "UT Professor, 81, Is Mired in Patent Lawsuit". *Houston Chronicle*, 5 jun. 2004. Disponível em: <http://www.chron.com/default/article/UT-professor-81-is-mired-in-patent-lawsuit-1662323.php>. Acesso em: 2 jul. 2014.

HENDERSON, N.; SCHRAGE, M. "The Roots of Biotechnology: Government R&D Spawns a New Industry". *The Washington Post*, 16 dez. 1984.

HEYMANN, M. "Signs of Hubris: The Shaping of wind Technology Styles in Germany, Denmark, and the United States, 1940-1990". *Technology and Culture* 39, n. 4, pp. 641-70, out. 1998.

HILTON, A. "To Be More Like Americans, Europe Should Do What They Do, Not What They Say They Do". *The Independent*, 25 fev. 2012. Disponível em: <http://www.independent.co.uk/news/business/comment/anthony-hilton-to-be-more-like-americans-europe-should-do-what-they-do-not-what-they-say-they-do-7440626.html>. Acesso em: 19 jun. 2012.

HMRC (Her Majesty's Revenue and Customs). "An Evaluation of Research and Development Tax Credits", 2010. Disponível em: <http://www.hmrc.gov.uk/research/report107.pdf>. Acesso em: 2 jul. 2014.

HOBDAY, M. "Product Complexity, Innovation and Industrial Organization". *Research Policy* 26, pp. 689-710, 1998.

HOPKINS, M. "The Making of a Champion, or, Wind Innovation for Sale: The Wind Industry in the United States 1980-2011". Documento de trabalho da Airnet, 2012. Disponível em: <http://www.theairnet.org/files/research/Hopkins/Hopkins_Wind_20120421.pdf>. Acesso em: 2 jul. 2014.

HOPKINS, M.; LAZONICK, W. "There Went the Sun: Renewable Energy Needs Patient Capital". *Huffington Post*, 23 set. 2011. Disponível em: <http://www.huffingtonpost.com/william-lazonick/there-went-the-sun-renewa_b_978572.html>. Acesso em: 12 jul. 2012.

_____. "Soaking Up the Sun and Blowing in the Wind: Renewable Energy Needs Patient Capital". Documento de trabalho, 2012. Airnet. Disponível em: <http://www.theairnet.org/files/research/Hopkins/CleanTech_PatientCapital_20121129a.pdf>. Acesso em: 2 jul. 2014.

HOURIHAN, M.; STEPP, M. "A Model for Innovation: arpa-e Merits Full Funding". The Information Technology and Innovation Foundation, jul. 2011. Disponível em: <http://www.itif.org/files/2011-arpa-e-brief.pdf>. Acesso em: 2 jul. 2014.

HSIEH, C.; KLENOW, P. J. "Misallocation and Manufacturing TFP in China and India". *Quarterly Journal of Economics* 124, n. 4, pp. 1403-46, 2009.

HUGHES, A. "Entrepreneurship and Innovation Policy: Retrospect and Prospect". *Political Quarterly* 79, issue supplement s1, pp. 133-52, set. 2008.

HUGHES, A; MINA, A. "The UK R&D Landscape". UK-IRC, 2011. Disponível em: <http://ukirc.ac.uk/knowledgeexchange/reports/article/?objid=6403>. Acesso em: 2 jul. 2014.

IBELE, M. "An Overview of California's Research and Development Tax Credit". Legislative Analyst's Office, nov. 2003. Disponível em: <http://www.lao.ca.gov/2003/randd_credit/113003_research_development.html>. Acesso em: 2 jul. 2014.

IRWIN, D. A.; KLENOW, P. J. "Sematech: Purpose and Performance". *Proceedings of the National Academy of Sciences of the United States of America* 93, n. 23, pp. 12 739-42, 1996.

ISAACSON, W. *Steve Jobs*. Nova York: Simon & Schuster, 2011.

JANEWAY, W. H. *Doing Capitalism in the Innovation Economy: Markets, Speculation and the State*. Cambridge: Cambridge University Press, 2012.

JENSEN, M. "Agency Costs of Free Cash Flow, Corporate Finance, and Takeovers". *American Economic Review* 76, n. 2, pp. 323-9, 1986.

JOBS, S. "'You've got to find what you love', Jobs says". *Stanford Report*, 14 jun. 2005. Discurso em cerimônia de formatura ocorrido em 12 jun. 2005, Stanford University. Disponível em: <http://news.stanford.edu/news/2005/june15/jobs-061505.html>. Acesso em: 16 jul. 2014.

JOBS, S.; MOSSBERG, W.; SWISHER, K. "D8: Steve Jobs Onstage: Full-Length Video". AllthingsD, 7 jun. 2010. Disponível em: <http://allthingsd.com/video/?video_id=70f7cc1d-ffbf-4be0-bff1-08c300e31e11>. Acesso em: 2 jul. 2014.

JOHANSSON, B. "Award Ceremony Speech". Nobelprize.org, 28 jan. 2007. Disponível em: <http://www.nobelprize.org/nobel_prizes/physics/laureates/2007/presentation-speech.html>. Acesso em: 2 jul. 2014.

JOHNSON, C. MITI *and the Japanese Miracle: The Growth of Industrial Policy 1925-1975*. Stanford, CA: Stanford University Press, 1982.

JUDT, T. *O mal ronda a terra*. Rio de Janeiro: Objetiva, 2011.

KAMP, L. "Learning in Wind Turbine Development: A Comparison between the Netherlands and Denmark". Dinamarca: Universidade de Utrecht. Tese de doutorado. Disponível em: <http://igitur-archive-library.uu.nl/dissertations/2002-1128-170921/inhoud.htm>. Acesso em: 28 jan. 2013.

KELLY, H. "How Schools Are Reacting to Apple's Entry into Education". VentureBeat, 21 jan. 2012. Disponível em: <http://venturebeat.com/2012/01/21/apple-textbook--public-private-schools/>. Acesso em: 2 jul. 2014.

KENNEY, M. "The Growth and Development of the Internet in the United States". In: KOGUT, B. (Org.). *The Global Internet Economy*. Cambridge, MA: MIT Press, 2003, pp. 69-108.

KEYNES, J. M. *The End of Laissez-Faire*. Londres: L & V Woolf, 1926.

_____. *The General Theory of Employment, Interest and Money*. Nova York: Harcourt, Brace 7 Company, 1934.

KEYNES, J. M. "The General Theory of Employment". *Quarterly Journal of Economics* 51, n. 2, pp. 209-23, fev. 1937.

_____. "Private Letter to Franklin Delano Roosevelt". 1 fev. 1938. In: MOGGRIDGE, D. E. (Org.). *Maynard Keynes: An Economists Biography*. Londres: Routledge, 1992.

KHO, J. "Clean Tech's Repeat Lesson: Venture Capital Isn't for Factories". Forbes. Com, 30 set. 2011. Disponível em: <http://www.forbes.com/sites/jenniferkho/2011/09/30/repeat-lesson-for-vcs-venture-isnt-for-factories/>. Acesso em: 2 jul. 2014.

KLOOSTER, J. W. *Icons of Invention: The Makers of Modern World from Gutenberg to Gates*. Santa Barbara, CA: Greenwood Press, 2009.

KNIGHT, F. *Risk, Uncertainty and Profit*. Nova York: Augustus M. Kelley, 1921.

_____. *Risk, Uncertainty and Profit*. Washington, DC: Beard Books, 2002.

KOCIENIEWSKI, D. "G.E.'s Strategies Let It Avoid Taxes Altogether". *The New York Times*, 24 mar. 2011. Disponível em: <http://www.nytimes.com/2011/03/25/business/economy/25tax.html?_r=1&sq=g.e.&=cse>. Acesso em: 2 jul. 2014.

KOROSEC, K. "Cleantech Saviour: US Military to Spend $10B Annually by 2030". Smartplanet.com, 13 out. 2011. Disponível em: <http://www.smartplanet.com/blog/intelligent-energy/cleantech-savior-us-military-to-spend-10b-annually-by-2030/9593>. Acesso em: 28 jan. 2013.

KRAEMER, K. L.; LINDEN, G.; DEDRICK. J. Capturing Value in Global Networks: Apple's iPad and iPhone". Personal Computer Industry Center, Universidade da California-Irvine. Disponível em: <http://pcic.merage.uci.edu/papers/2007/CapturingValue.pdf>. Acesso em: 2 jul. 2014.

LAMONICA, M. "Should the Government SupportApplied Research?". *MIT Technology Review*, 10 set. 2012. Disponível em: <http://www.technologyreview.com/news/428985/should-the-government-support-applied-research/>. Acesso em: 19 jun. 2012.

LANDBERG, R. "China to Make Regional Adjustments for Solar PowerIncentives". Bloomberg. 19 dez. 2012. Web. Disponível em: <http://bloomberg.com/news/2012-12-19/china-to-make-regional-adjustments-for-solar-power-incentives.html>. Acesso em: 2 jul. 2014.

LAUBER, V.; MEZ, L. "Renewable Electricity Policy in Germany, 1974 to 2005". *Bulletin of Science, Technology & Society* 26, n. 2, pp. 105-20, abr. 2006.

LAZONICK, W. "The US Stock Market and the Governance of Innovative Enterprise". *Industrial and Corporate Change* 16, n. 6, pp. 983-1035, 2007.

_____. "Entrepreneurial Ventures and the Developmental State: Lessons from the Advanced Economies". UNU-WIDER. Documento para discussão n. 1, jan. 2008.

_____. *Sustainable Prosperity in The New Economy? Business Organization and High-Tech Employment in the United States*. Kalamazoo, MI: W. E. Upjohn Institute for Employment Research, 2009.

_____. "Apple's Jobs: A Rebirth of Innovation in the US Economy?". *Next New Deal: The Blog of the Roosevelt Institute*. Nextnewdeal.net, 4 ago. 2011(a). Disponível em: <http://www.nextnewdeal.net/apples-jobs-rebirth-innovation-us-economy>. Acesso em: 2 jul. 2014.

LAZONICK, W. "How Greedy Corporations Are Destroying America's Status as 'Innovation Nation'". *Next New Deal: The Blog of the Roosevelt Institute*. Nextnewdeal.net, 28 jul. 2011(b). Disponível em: <http://www.nextnewdeal/net/how-greedy-corporations-are-destroying-americas-status-innovation-nation>. Acesso em: 7 mar. 2013.

_____. "The Innovative Enterprise and the Development State". Academy-Industry Research Network, abr. 2011(c). Disponível em: <http://www.theairnet.org/files/research/lazonick/Lazonick%20Innovative%20Enterprise%20and%20Developmental%20State%2020110403.pdf>. Acesso em: 2 jul. 2014.

_____. "The Innovative Enterprise and the Developmental State: Toward and Economics of 'Organizational Success'". Trabalho apresentado na conferência anual do Institute for Economic Thinking, Breton Woods, NH, Estados Unidos, 10 abr. 2012, 38 (revisado em nov. 2012). Disponível em: <http://fiid.org/?page_id=1660>. Acesso em: 2 jul. 2014.

_____. "Strategies for Promoting U.S. Competitiveness in World Markets". In: PAYSON, S. (Org.). *Public Economics: The Government Role in American Economics*, Praeger/ABC-CLIO, 2013.

LAZONICK, W.; MAZZUCATO, M. "The Risk-Reward Nexus in the Innovating-Inequality Relationship: Who Takes the Risks? Who Gets the Rewards?". *Industrial and Corporate Change* 22, n. 4, 2013.

LAZONICK, W.; TULUM, O. "US Biopharmaceutical Finance and the Sustainability of the Biotech Business Model". *Research Policy* 40, n. 9, pp. 1170-87, nov. 2011.

LEE, A. "Ralph Nader to Apple CEO Using Texas' Tax Dollars: 'Stand on Your Own Two $100 billion Feet'". AlterNet, 6 abr. 2012. Disponível em: <http://www.alternet.org/newsandviews/article/877674/ralph_nader_to_apple_ceo_using_texas'_tax_dollars%3A_'stand_on_your_own_+two_$100_billion_feet'/>. Acesso em: 2 jul. 2014.

LENT, A.; LOCKWOOD, M. "Creative Destruction: Placing Innovation at the Heart of Progressive Economics". Documento para reflexão do IPPR, dez. 2010.

LERNER, J. "The Government as Venture Capitalist: The Long Run Impact of the SBIR Program". *Journal of Business* 72, n. 3, pp. 285-318, 1999.

LESLIE, S. W. "The Biggest 'Angel' of Them All: The Military and the Making of Silicon Valley". In: KENNEY, M. (Org.). *Understanding Silicon Valley: The Anatomy of an Entrepreneurial Region*. Stanford, CA: Stanford University Press, 2000, pp. 44-67.

LEVINE, S. "Can the Military Find the Answer to Alternative Energy?". Businessweek.com, 23 jul. 2009. Disponível em: <http://www.businessweek.com/magazine/content/09_31/b4141032537895.htm>. Acesso em: 2 jul. 2014.

LEWIS, J. "Technology Acquisition and Innovation in the Developing World: Wind Turbine Development in China and India". *Studies in Comparative International Development* 32, n. 3-4, pp. 208-32, 2007.

LIEDTKE, M. "Apple Cash: CEO Tim Cook Says Company Has More Than It Needs". *Huffington Post*, 23 fev. 2012. Disponível em: <http://www.huffingtonpost.com/2012/02/23/apple-cash-ceo-tim-cook_n_1297897.html?view=print&comm_ref=false>. Acesso em: 19 jul. 2012.

LIM, B.; RABONOVITCH, S. "China Mulls $1.5 Trillion Strategic Industries Boost: Sources". Reuters, 3 dez. 2010. Disponível em: <http://www.reuters.com/article/2010/12/03/us-china-economy-investment-idUSTRE6B16U920101203>. Acesso em: 24 jul. 2012.

LINDEN, G.; KRAEMER, K. L.; DEDRICK, J. "Who Captures Value in a Global Innovation Network? The Case of Apple's iPod". *Communications of the ACM* 52, n. 3, pp. 140-4, 2009.

LIU, C. "China Uses Feed-In Tariff to Build Domestic Solar Market". *The New York Times*, 14 set. 2011. Disponível em: <http://www.nytimes.com/cwire/2011/09/14climate-wire-china-uses-feed-in-tariff-to-build-domestic-25559.html?pagewanted=all>. Acesso em: 2 jul. 2014.

LIU, W. "An Unlikely Boost for Chinese Wind". Chinadialogue, 20 jun. 2011. Disponível em: <http://www.chinadialogue.net/article/show/single/en/4361-An-unlikely--boost-for-Chinese-wind>. Acesso em: 25 abr. 2012.

LIU, Y. *China Increases Target for Wind Power Capacity to 1,000 GW by 2050*. Renewableenergyworld.com, 5 jan. 2012. Disponível em: <http://www.renwableenergy-world.com/rea/news/article/2012/01/china-increases-target-for-wind-power-capacity-to-1000-gw-by-2050>. Acesso em: 14 jun. 2012.

LOCKSHIN, B.; MOHNEN, P. "Do R&D Tax Incentives Lead to HIgher Wages for R&D Workers? Evidence from the Netherlands". Maastricht Economic and Social Research Institute on Innovation and Technology (UNU-Merit), Documento de trabalho n. 2012-058, 18 jul. 2012; versão revista do Documento de trabalho n. 2008-034.

LONGVIEW INSTITUTE. "The Birth of the Microchip". Longviewinstitute.org. Disponível em: <http://www.longviewinstitute.org/projects/marketfundamentalism/microchip/>. Acesso em: 2 jul. 2014.

LOOF, H; HESHMATI, A. "On the Relationship between Innovation and Performance: A Sensitivity Analysis". *Economics of Innovation and New Technology* 15, n. 4-5, pp. 317-44, 2006.

LUNDVALL, B.-Å (Org.). *National Innovation Systems: Towards a Theory of Innovation and Interactive Learning*. Londres: Pinter Publishers, 1992.

LYONS, D. "Apple Caves on Audits". *The Daily Beast*, 13 fev. 2012. Disponível em: <http://www.thedailybeast.com/newsweek/2012/02/12/apple-s-hypocrisy-on-u-s-jobs.html>. Acesso em: 7 jul. 2012.

MADRIGAL, A. *Powering the Dream: The History and Promise of Green Technology*. Cambridge, MA: Da Capo Press, 2011.

MALAKOFF, D. "Romney, Obama Campaigns Give Clean Tech Research Some Bipartisan Love". "Science Insider", sciencemag.org, 11 jul. 2012. Disponível em: <http://news.sciencemag.org/scienceinsider/2012/07/romney-obama-campaigns-give-clean.html?ref=em>. Acesso em: 2 jul. 2014.

MALONE, M. S. *Infinite Loop: How the World's Most Insanely Great Computer company Went Insane*. Nova York: Currency Press, 1999.

MARKUSEN, A. et al. *The Rise of the Gunbelt: The Military Remapping of Industrial America*. Nova York: Oxford University Press, 1991.

MARTIN, R.; WAGNER, U. "Climate Change Policy and Innovation". Trabalho apresentado no Centre for Economic Performance, London School of Economics, 2009. Disponível em: <http://cep.lse.ac.uk/conference_papers/18_05_2009/martin.pdf>. Acesso em: 2 jul. 2014.

MARTINOT, E. "Renewable Power for China: Past, Present, and Future". *Frontiers of Energy and Power Engineering in China* 4, n. 3, pp. 287-94, 2010.

_____. "Renewables Global Futures Report" REN21, jan. 2013. Disponível em: <http://www.re21.net/Portals/0/ren21_gfr_2013_print.pdf>. Acesso em: 10 mar. 2013.

MARTINOT, E.; JUNFENG, L. "Powering China's Development: The Role of Renewable Energy". WorldWatchInstitute, nov. 2007. Disponível em: <http://www.worldwatch.org/files/pdf/Powering%20China%27s%20Development.pdf>. Acesso em: 20 set. 2013.

_____. "Renewable Energy Policy Update for China". Renewableenergyworld.com, 21 jul. 2010. Disponível em: <http://www.renewableenergyworld.com/rea/news/article/2010/07/renewable-energy-policy-update-for-china>. Acesso em: 2 jul. 2014.

MASON, G.; BISHOP, K.; ROBINSON, C. "Business Growth and Innovation: The Wider Impact of Rapidly-Growing Firms in UK City-Regions". Relatório de pesquisa do Nesta, out. 2009.

MASSEY, D.; QUINTAS, P.; WIELD, D. *High-Tech Fantasies: Science Parks in Society, Science and Space*. Londres: Routledge, 1992.

MATHEWS, J. et al. "China's Move to a Circular Economy as a Development Strategy". *Asian Business and Management* 10, n. 4, pp. 463-84, 2011.

MAZZOLENI, R.; NELSON, R. R. "The Benefit and Costs of Strong Patent Protection: A Contribution to the Current Debate". *Research Policy* 27, n. 3, pp. 273-84, 1998.

MAZZUCATO, M. *Firm Size, Innovation and Market Structure: The Evolution of Market Concentration and Instability*. Northampton, MA: Edward Elgar, 2000.

_____. "US Healthcare Reform Is Not an Act of Meddling", *The Guardian*, 6 abr. 2010. Disponível em: <http://www.guardianpublic.co.uk/us-healthcare-reform-innovation>. Acesso em: 2 jul. 2014.

_____. *The Entrepreneurial State*. Londres: DEMOS, 2011.

_____. "Rebalancing What?". Documento para reflexão, Policy Network. Policy-network.net, 24 jun. 2012(a). Disponível em: <http://www.policy-network.net/publications/4201/Rebalancing-What>. Acesso em: 11 fev. 2013.

_____. "The EU Needs More, Not Less Investment, to Get Out of Its Current Economic Predicament". *European* 34, pp. 4-8, out. 2012(b). Disponível em: <http://ymlp.com/zm2bu9>. Acesso em: 2 fev. 2013.

_____. "Taxpayers Helped Apple but Apple Won't Help Them". *Harvard Business Review*, 8 mar. 2013. Disponível em: <http://blogs.hbr.org/cs/2013/03/taxpayers_helped_apple_but_app.html?utm_source=Socialflow&utm_medium=Tweet&utm_campaign=Socialflow>. Acesso em: 9 abr. 2013.

MAZZUCATO, M.; DOSI, G. (Orgs.). *Knowledge Accumulation and Industry Evolution: The Case of Pharma-Biotech*. Cambridge: Cambridge University Press, 2006.

MAZZUCATO, M.; LAZONICK, W. "The Limits to the 3% R&D Target in Europe 2010: The Roles of Institutions, Industries, and Business — Government Complementarities in Achieving Equitable and Stable Growth". Tese defendida no FINNOV, maio 2010. Disponível em: <http://www.finnov-fp7.eu/site/default/files/FINNOV_POSITION_PAPER_MAY_2010_3Percent_RD.pdf>. Acesso em: 2 jul. 2013.

MAZZUCATO, M.; PARRIS, S. "R&D and Growth: When Does Variety Matter?". Documento de trabalho 2.8. FINNOV, 2011.

MCCRAY, W. P. ""From Lab to iPod: A Story of Discovery and Commercialization in the post-Cold War era". *Technology and Culture* 50, n. 1, pp. 58-81, jan. 2009.

MCINTYRE, R. et al. "Corporate Taxpayers & Corporate Tax Dodgers 2008-10". Citizens for Tax Justice and the Institute on Taxation and Economic Policy, 2011. Disponível em: <http://www.ctj.org/corporatetaxdodgers/CorporateTaxDodgersReport.pdf>. Acesso em: 2 jul. 2014.

MIA, H. et al. "A Survey of China's Renewable Energy Economy". *Renewable and Sustainable Energy Reviews* 14, pp. 438-45, 2010.

MINSKY, H. P. "The Financial Instability Hypothesis". Jerome Levy Economics Institute, Documento de trabalho n. 74, maio 1992.

MIROWSKI, P. *Science-Mart*. Cambridge, MA: Harvard University Press, 2011.

MIT (Massachusetts Institute of Technology). Prévia da produção do relatório do MIT "Production in the Innovation Economy": LOCKE, R.; WELLHAUSEN, R. (Orgs.). *Production in the Innovation Economy*, jan. 2014, mit.edu, 22 fev. 2013. Disponível em: <http://web.mit.edu/press/images/documents/pie-report.pdf>. Acesso em: 25 fev. 2013.

MOTOYAMA, Y.; APPELBAUM, R.; PARKER, R. "The National Nanotechnology Initiative: Federal Support for Science and Technology, or Hidden Industrial Policy?". *Technology in Society* 33, n. 1-2, pp. 109-18, fev./maio 2011. Disponível em: <http://ac.els-cdn.com/S0160791X1100011X/1-s2.0-S0160791X1100011X-main.pdf?_tid=fdf274f8-71ce-11e2-82ef-00000aab0f02&acdnat=1360314641_02c6c7c82b80f-38f77571a611ab9305c>. Acesso em: 8 fev. 2013.

MOWERY, D. C. "Military R&D and Innovation". In: HALL, B. H.; ROSENBERG, N. (Orgs.). *Handbook of the Economics of Innovation*. Amsterdam: North Holland, 2010.

NAS (United States National Academy of Sciences). *Rising Above the Gathering Storm, Revisited: Rapidly Approaching Category 5*. Washington, DC: National Academies Press, 2010.

NELSON, R. (Org.). *National Innovation Systems: A Comparative Analysis*. Oxford/Nova York: Oxford University Press, 1993.

NELSON, R.; WINTER, S. *An Evolutionary Theory of Economic Change*. Cambridge, MA: Harvard University Press, 1982.

NESTA (National Endowment for Science, Technology and the Arts). "The Innovation Gap: Why Policy Needs to Reflect the Reality of Innovation in the UK". Briefing das políticas, out. 2006. Disponível em: <http://nesta.org.uk/library/documents/innovation-gap-pb.pdf>. Acesso em: 2 jul. 2014.

_____. "The Vital 6 Per Cent: How High Growth Innovative Businesses Generate Prosperity and Jobs". Síntese de pesquisas, 2009(a).

NESTA (National Endowment for Science, Technology and the Arts). "From Funding Gaps to Thin Markets: UK Government Support for Early-Stage Venture Capital". Relatório de pesquisas, 2009(b). Disponível em: <http://www.nesta.org.uk/library/documents/Thin-Markets-v9.pdf>. Acesso em: 2 jul. 2014.

_____. "Vital Growth: The Importance of High Growth Businesses to Recovery". Síntese de pesquisas, mar. 2011.

NATIONAL RESEARCH COUNCIL. *Funding a Revolution: Government Support for Computing Research*. Washington, DC: National Academies Press, 1999.

NIELSEN, K. H. "Technological Trajectories in the Making: Two Studies from the Contemporary History of Wind Power". *Centaurus* 52, n. 3, pp. 175-205, 2010.

NIELSEN, S. "Argentina Plans Biggest Wind Project with Loan from China". Bloomberg, 5 jul. 2012. Disponível em: <http://www.bloomberg.com/news/2012-07-05/argentina-plans-biggest-wind-project-with-loan-from-china.html>. Acesso em: 24 jul. 2012.

NIGHTINGALE, P. "Technological Capabilities, Invisible Infrastructure and the Un-social Construction of Predictability: The Overlooked Fixed Costs of Useful Research". *Research Policy* 33, n. 9, pp. 1259-84, 2004.

_____. Evidências do "Vale da Morte" para a Comissão de Ciência e Tecnologia da Câmara dos Comuns do Reino Unido, 28 abr. 2012. Disponível em: <http://www.publications.parliament.uk/pa/cm201012/cmselect/cmsctech/uc1936-i/uc193601.htm>. Acesso em: 1º jan. 2013.

NIH (National Institutes of Health). "Home", site do US Department of Health and Human Sciences. Disponível em: <http://www.nih.gov/>. Acesso em: 25 jan. 2013.

NORDHAUS, T.; SHELLENBERGER, M. (Orgs.). *Breakthrough Journal* 1, verão 2011.

NREL (National Renewable Energy Laboratory). *Rapid Deposition Technology Holds the key for the World's Largest Solar Manufacturer*. Golden, CO: NREL, United States Department of Energy, out. 2010.

_____. "Thin Film Photovoltaic Partnership Project", 2012. Disponível em: <http://www.nrel.gov/pv/thin_film_partnership.html>. Acesso em: 2 jul. 2014.

NSB (National Science Board). "Science and Engineering Indicators 2012". National Science Foundation, 2012. Disponível em: <http://www.nsf.gov/statistics/seind12/start.htm>. Acesso em: 18 jan. 2013.

NSF (National Science Foundation). "National Patterns of R&D Resources: 2008 Data Update". NSF 10-314, mar. 2010.

OECD (Organisation for Economic Co-operation and Development). *Main Science and Technology Indicators*, v. 2005, n. 2. Paris: OECD, 2005.

_____. "Innovation in Science, Technology and Industry: Research and Development Statistics (RDS)", 2011. Disponível em: <http://www.oecd.org/innovation/inno/researchanddevelopmentstatisticsrds.htm>. Acesso em: 16 jul. 2014.

OFFICE OF THE BUDGET, National Institutes of Health. "Appropriations History by Institute/Center (1938 to Present)", 2011. Disponível em: <http://officeofbudget.od.nih.gov/approp_hist.html>. Acesso em: 15 nov. 2012. Adaptado de: LAZONICK, W.; TULUM, O. "US Biopharmaceutical Finance and the Sustainability of the Biotech Business Model", *Research Policy* 40, n. 9, pp. 1170-87, 2011.

OGG, E. *How Apple Gets Away with Lower R&D Spending*. GIGaom, 30 jan. 2012. Disponível em: <http://gigaom.com/apple/how-apple-gets-away-with-lower-rd-spending/>. Acesso em: 2 jul. 2014.

OSTI (Office of Science and Technical Information). "John B. Goodenough, Cathode Materials, and Rechargeable Lithium-ion Batteries. DoE R&D Accomplishments". 17 set. 2009. Disponível em: <http://www.osti.gov/accomplishments/goodenough.html>. Acesso em: 14 fev. 2012.

OSTP (Office of Science and Technology Policy). "American Competitiveness Initiative: Leading the World in Innovation". Domestic Policy Council, Office of Science and Technology Policy, fev. 2006.

OTA (US Congress Office of Technology Assessment). *Flat Panel Displays in Perspective*. OTA-ITC-631. Washington, DC: US Government Printing Office, 1995. Disponível em: <http://www.fas.org/ota/reports/9520.pdf>. Acesso em: 29 jan. 2013.

OTP (Office of Tax Policy). "Investing in U.S. Competitiveness: The Benefits of Enhancing the Research and Experimentation (R&E) Tax Credit". Relatório do Office of Tax Policy, United States Department of the Treasury, 25 mar. 2011.

OVERBYE, D. "Physics of Hard Drives Wins Nobel". *The New York Times*, 10 out. 2007. Disponível em: <http://www.nytimes.com/2007/10/10/world/10nobel.html?pagewanted=print>. Acesso em: 2 jul. 2014.

PARRIS, S.; DEMIREL, P. "Innovation in Venture Capital Backed Clean-Technology Firms in the UK". *Strategic Change* 19, n. 7-8, pp. 343-57, 2010.

PATTON, D. "Further Huge Boost to Solar Target 'Not on Chinas's Agenda'". *Recharge News*, 12 set. 2012. Disponível em: <http://www.rechargenews.com/business_area/politics/article322558.ece>. Acesso em: 2 jul. 2014.

PAVITT, K. "Sectoral Patterns of Technical Change: Towards a Taxonomy and a Theory". *Research Policy* 13, n. 6, pp. 343-73, 1984.

PENTLAND, W. "China's Coming Solyndra Crisis". *Forbes*, 27 set. 2011. Disponível em: <http://www.forbes.com/sites/williampentland/2011/09/27/chinas-coming-solyndra-crisis/>. Acesso em: 2 jul. 2014.

PEREZ, C. *Technological Revolutions and Financial Capital: The Dynamics of Bubbles and Golden Ages*. Cheltenham: Edward Elgar, 2002.

_____. "Financial Crises, Bubbles and the Role of Government in Unleashing Golden Ages". FINNOV, Documento para reflexão D2.12, 2012.

PERLIN, J. *From Space to Earth: The Story of Solar Electricity*. Michigan: Aatec Publications, 1999.

PERNICK, R.; WILDE, C.; WINNIE, T. "Clean Energy Trends 2012". Clean Edge, mar. 2012. Disponível em: <http://www.cleanedge.com/reports>. Acesso em: 17 abr. 2012.

PERRONS, D.; PLOMIEN, A. *Why Socio-economic Inequalities Increase?: Facts and Policy Responses in Europe*. EUR (Series) 24471. Luxemburgo: Publications Office of the European Union, 2010.

PEW CHARITABLE TRUSTS. *Who's Winning the Clean Energy Race? 2011 Edition*. Filadélfia e Washington, DC: The Pew Charitable Trusts, 2012. Disponível em: <http://

www.pewenvironment.org/uploadedFiles/peg/Publications/Report/FINAL_for-web_WhoIsWinningTheCleanEnergyRace-REPORT-2012.pdf>. Acesso em: 25 jan. 2013.

PIERRAKIS, Y. "Venture Capital: Now and after the Dotcom Crash". Relatório de pesquisa Nesta, jul, 2010. Disponível em: <http://www.nesta.org.uk/library/documents/Venture_Capital.pdf>. Acesso em: 25 jan. 2013.

PIRC (Public Interest Research Centre). *The Green Investment Gap: An Audit of Green Investment in the UK*. Machynlleth: Public Interest Research Centre, mar. 2011.

PISANO, G. P. "Can Science be a Business? Lessons from Biotech". *Harvard Business Review* 84, n. 10, pp. 114-25, 2006.

POLANYI, K. *The Great Transformation: The Political and Economic Origins of Our Time*. Boston: Beacon, 2001 [1944].

POLITI, J. "The Future of the Development Banks". *Financial Times Special Reports*, 1-4, 24 set. 2012. Disponível em: <http://www.ft.com/intl/cms/c1628ce2-03a311e2--bad2-00144feabdc0.pdf>. Acesso em: 1º abr. 2013.

PRESTOWITZ, C. "Apple Makes Good Products but Flawed Arguments". *Foreign Policy*, 23 jan. 2012.

PROEBSTEL, D.; CLINT, W. "Renewable Energy for Military Applications". I.bnet.com, Pikes Research, 2011. Disponível em: <http://i.bnet.com/blogs/rema-11-executive-summary.pdf>. Acesso em: 28 jan. 2013.

RAND. "Paul Baran and the Origins of the internet". Rand.org, 23 dez. 2011. Disponível em: <http://www.rand.org/about/history/baran.html>. Acesso em: 2 jul. 2014.

RANDERSON, J. "Cameron: I Want Coallition to Be 'Greenest Governent Ever'". *The Guardian*, 14 maio 2010. Disponível em: <http://www.guardian.co.uk/environment/2010/may/14/cameron-wants-greenest-government-ever>. Acesso em: 4 jan. 2013.

RAO, A.; SCARUFFI, P. *A History of Silicon Valley: The Largest Creation of Wealth in the History of the Planet: A Moral Tale*. Palo Alto, CA: Omniware Group, 2011.

REINERT, E. *How Rich Countries Got Rich and Why Poor Countries Stay Poor*. Londres: Constable, 2007.

REINGANUM, J. F. "Practical Implications of Game Theoretical Models of R&D". *American Economic Review* 74, n. 2, pp. 61-6, 1984.

REN21 (Renewable Energy Policy Network for the 21st Century). "Renewables 2012: Global Status Report". Ren21.net, 11 jun. 2012. Disponível em: <http://www.map.ren21.net/gsr/gsr2012_low.pdf>. Acesso em: 25 jan. 2013.

REUTERS. "Hanwha SolarOne to Beat US Tariffs with Q-Cells Buy". Reuters, 11 set . 2012. Disponível em: <http://inreuters.com/article/2012/09/11/hanwhasolarone-results-idINL3E8KB44G20120911>. Acesso em: 2 jul. 2014.

RICHARD, D. "Small Business and Government: The Richard Report". Apresentação ao Gabinete Sombra, 2008. Disponível em: <http://www.bl.uk/bipc/pdfs/richardreport2008.pdf>. Acesso em: 2 jul. 2014.

ROBINSON, J. "The Production Function and the Theory of Capital". *Review of Economic Studies* 21, n. 2, pp. 81-106, 1953-4.

ROBINSON, J. "Obstacles to Full employment. *Contributions to Modern Economics*. Nova York, San Francisco: Academic Press, 1978.

RODRICK, D. "Industrial Policy for the 21st Century". CEPR, Documento para reflexão 4767, 2004.

ROGOFF, K.; REINHART, C. "Growth in a Time of Debt". *American Economic Review* 100, n. 2, pp. 573-8, 2010.

ROLAND, A.; SHIMAN, P. *Strategic Computing:* DARPA *and the Quest for Machine Intelligence, 1983-1993*. Cambrige, MA: MIT Press, 2002.

ROUSH, W. "The Story of Siri, from Birth at sri to Acquisition by Apple — Virtual Personal Assistants Go Mobile". Xconomy.com, 14 jun 2010. Disponível em: <http://www.xconomy.com/san-francisco/2010/06/14/the-story-of-siri-from-birth-at-sri-to-acquisition-by-apple-virtual-personal-assistants-go-mobile/>. Acesso em: 2 jul. 2014.

RUEGG, R.; THOMAS, P. "Linkages from DOE's Wind Energy Program R&D to Commercial Renewable Power Generation". United States Department of Energy, Office of Energy Efficiency and Renewable Energy, set. 2009. Disponível em: <http://www1.eere.energy.gov/analysis/pdfs/wind_energy_r_and_d_linkages.pdf>. Acesso em: 7 mar. 2013.

_____. "Linkages from DOE's Solar Photovoltaic R&D to Commercial Renewable Power from Solar Energy". United States Department of Energy, Office of Energy Efficiency and Renewable Energy, abr. 2011. Disponível em: <http://www1.eere.energy.gov/ba/pba/program_evaluation/pdfs/solar_rd_linkages_report7.18.11.pdf>. Acesso em: 25 jan. 2013.

RUTTAN, V. *Is War Necessary for Economic Growth?: Military Procurement and Technology Development*. Nova York: Oxford University Press, 2006.

SALTER, A. et al. *Talent, Not Technology: Publicly Funded Research and Innovation in the UK*. Londres: CVCP, 2000.

SANDE, S. "Reno City Council Approves Tax Break for Data Center". TUAW, 28 jun. 2012. Disponível em: <http://tuaw.com/2012/06/28/reno-city-council-approves-apple-tax-break-for-data-center/>. Acesso em: 22 jan. 2013.

SANDERSON, H.; FORSYTHE, M. *China's Superbank: Debt, Oil and Influence — How China Development Bank is Rewriting the Rules of Finance*. Cingapura: John Wiley & Sons, 2012.

SAPOLSKI, H. M. "Inventing Systems Integration". In: PRENCIPE, A.; DAVIES, A.; HOBDAY, M. (Orgs.). *The Business of Systems Integration*. Oxford: Oxford University Press, 2003.

SATO, H. "Can US Factories Take on China?". *Lowell Sun*, Chinasubsidies.com, 1º mar. 2011. Disponível em: <http://www.chinasubsidies.com/Lowell-Sun-Mar-2011.pdf>. Acesso em: 5 fev. 2013.

SCHUMPETER, J. "Economic Theory and Entrepreneurial History". *Change and the Entrepreneur: Postulates and the Patterns for Entrepreneurial History*. Research Center in Entrepreneurial History, Harvard University. Cambridge, MA: Harvard University Press, 1949.

SCHUMPETER, J. *Capitalism, Socialism and Democracy*. Nova York: Routledge, 2003 [1942].

SEGAL, D. "Apple's Retail Army, Long and Loyalty but Short on Pay". *The New York Times*, 23 jun. 2012. Disponível em: <http://www.nytimes.com/2012/06/24/business/apple-store-workers-loyal-but-short-on-pay.html?gwh=7D59E115E4CC232BCF-F56011281AF183>. Acesso em: 2 jul. 2014.

SHAPIRO, I. "Comparing the Pay of Apple's Top Executives to the Pay of the Workers Making Its Products". Economic Policy Institute, 30 abr. 2012. Disponível em: <http://www.epi.org/publication/apple-executives-pay-foxconn-workers/>. Acesso em: 2 jul. 2014.

SHERLOCK, M. "Energy Tax Policy: Historical Perspectives on and Curretn Status of Energy Tax Expenditures". Congressional Research Service, 2 maio 2011. Disponível em: <http://www.leahy.senate.gov/imo/media/doc/R41227EnergyLegReport.pdf>. Acesso em: 19 jul. 2012.

SINGER, A. "General Electric's Ten Year Tax Rate Only Two Percent". Comunicado à imprensa do Citizens for Tax Justice (CTJ), 27 fev. 2012. Disponível em: <http://www.ctj.org/taxjusticedigest/archive/2012/02/press_release_general_electric.php>. Acesso em: 2 jul. 2014.

SKIDELSKY, R.; MARTIN, F.; WIGSTROM, C. *Blueprint for a British Investment Bank*. eBook, 2012. Disponível em: <http://www.skidelskyr.com/site/article/blueprint-for--a-british-investment-bank/>. Acesso em: 15 fev. 2013.

SLATER, K. "Banks Seek Profite in Venture Capital Arena; High-Risk, High-Reward Business Is Attracting More Adherents". *American Banker*, 31 out. 1983.

SMITH, A. *An Inquiry into the Nature and Causes of the Wealth of Nations*. Org. de E. Cannan. 5 ed. Londres: Methuen & Co., 1904 [1776].

SOLOW, R. M. "A Contribution to the Theory of Economic Growth". *Quarterly Journal of Economics* 70, n. 1, pp. 65-94, fev. 1956. Disponível em: <http://qje.oxfordjournals.org/content/70/1/65.full.pdf+html>. Acesso em: 29 jan. 2013.

_____. "We'd Better Watch Out". *The New York Times*, 12 jul. 1987, 36. Disponível em: <http://www.standupecnomist.com/pdf/misc/solow-computer-productivity.pdf>. Acesso em: 29 jan. 2013.

SOPPE, B. "How Countries Matter to Technological Change: Comparison of German and U.S. Wind Energy Industry". Documento não publicado apresentado na conferência de inverno da Academia DRUID-DIME, Dinamarca, jan. 2009, pp. 22-4. Informações disponíveis em <http://epub.uni-regensburg.de/6478/>. Acesso em: 14 fev. 2013.

SOUTHWICK, K. *Silicon Gold Rush: The Next Generation of High-Tech Stars Rewrite the Rules of Business*. Nova York: John Wiley & Sons, 1999.

ST. JOHN, J. "China's Solar Loans Still Mostly Untapped". Greentech Media, 17 nov. 2011. Disponível em: <http://www.greentechmedia.com/articles/read/chinas-solar-loans--still-mostly-untapped/>. Acesso em: 2 jul. 2014.

STOREY, D. "Evaluating SME Policies and Programmes: Technical and Political Dimensions". In: CASSON, M. et al. (Orgs.). *The Oxford Handbook of Entrepreneurship*. Nova York: Oxford University Press, 2006, pp. 248-79.

STRATEGIC ENVIRONMENTAL RESEARCH AND DEVELOPMENT PROGRAM (SERDP) e Environmental Security Technology Certification Program (ESTCP). "Installation Energy Test Bed". Serdp.org, s.d. Disponível em: <http://www.serdp.org/Featured-Initiatives/Installation-Energy>. Acesso em: 28 jan. 2013.

SULLIVAN, M. A. "Apple ReportsHigh Rate but Saves Billions on Taxes". *Tax Analysts*, 13 fev. 2012, 777-8. Disponível em: <http://taxprof.typepad.com/files/134tn0777.pdf>. Acesso em: 1º jul. 2014.

SVENSSON, P. "Apple Closing in on Microsoft Record as Valuation Hits $600B". *Metro News*, 10 abr. 2012. Disponível em: <http://metronews.ca/news/world/98144/apple-closing-in-on-microsoft-record-as-valuation-hits-600b/>. Acesso em: 12 jul. 2014.

SWEET, C. "Google Invests $75 Million in Home Solar Venture". *The Wall Street Journal*, 28 set. 2011. Disponível em: <http://online.wsj.com/article/SB10001424052970204831304576596833595375002.html>. Acesso em: 2 jul. 2014.

TASSEY, G. "Beyond the Business Cycle: The Need for a Technology-BasedGrowth Strategy". Documento de trabalho, Economic Analysis Office, US National Institute of Standards and Technology (NIST), fev. 2012. Disponível em<http://www.nist.gov/director/planning/upload/beyond-business-cycle.pdf>. Acesso em: 29 jan. 2013.

TELEGRAPH, THE. "David Cameron Pledges Greenest Government Ever". Vídeo, 14 maio 2010. Disponível em: <http://www.telegraph.co.uk/news/newsvideo/uk-politics-video/7723996/David-Cameron-pledges-greenest-government-ever.html>. Acesso em: 2 jul. 2014.

TRACY, R. "US Offers $150m Loan Guarantee to Solar-Wafer Manufacturer". *Dow Jones International News*, 17 jun. 2011.

UNRUH, G. C. "Understanding Carbon Lock-In". *Energy Policy* 28, n. 12, pp. 817-30, 2000.

USHA, H.; SCHULER, D. "Government Policy and Firm Strategy in the solar Photovoltaic Industry". *California Management Review* 54, n. 1: 17-38, 2011.

US DEPARTMENT OF THE TREASURY. "Overview and Status Update of the 1603 Program". Treasury.gov, 20 jul. 2012. Disponível em: <http://www.treasurygov/initiatives/recovery/Documents/Status%20overview.pdf>. Acesso em: 25 jan. 2013.

US GOVERNMENT ACCOUNTABILITY OFFICE. "Advanced Research Projects Agency — Energy Could Benefit from Information on Applicants' Prior Funding", 13 jan. 2012. Disponível em: <http://www.gao.gov/products/gao-12-112>. Acesso em: 9 fev. 2013.

VALLAS, S. P.; KLEINMAN, D. L.; BISCOTTI, D. "Political Structures and the Making of US Biotechnology". In: BLOCK, F. L.; KELLER, M. R. (Orgs.). *State of Innovation: The U.S. Government's Role in Technology Development*. Boulder, CO: Paradigm Publishers, 2009. pp. 57-76.

VASCELLARO, J. E. "Tech Industry Rebuts Critics on Outsourcing". *The Wall Street Journal*, 6 jun. 2012. Disponível em: <http://online.wsj.com/article/SB10001424052702303830204577644464922207816330.html>. Acesso em: 17 jul. 2012.

WADE, R. *Governing the Market: Economic Theory and the Role of Government in Taiwan's Industrialization*. Princeton, NJ: Princeton University Press, 1990.

WALD, M. "Energy Firms Aided by U.S. Find Backers". *The New York Times*, 2 fev. 2011. Disponível em: <http://www.nytimes.com/2011/02/03/business/energy-environment/03energy.html?pagewanted=all&_r=0>. Acesso em: 2 jul. 2014.

WALKER, R. "The Guts of a New Machine". *The New York Times*, 30 nov. 2003. Disponível em: <http://www.nytimes.com/2003/11/30/magazine/30IPOD.html?pagewanted=all&pagewaned=print>. Acesso em: 10 out. 2012.

WESTERMAN, W. "'About' Wane Westerman". Disponível em: <http://www.eecis.udel.edu/~westerma/About_Wayne.html>. Acesso em: 2 jul. 2014. .

WHEELER, B. "David Cameron Says Enterprise Is OnlyHope for Growth". BBC News, 6 mar. 2011. Disponível em: <http://www.bbc.co.uk/news/uk-politics-12657524>. Acesso em: 2 jul. 2014.

WIPO (World Intellectual Property Organization). "Patent Co-operation Treaty Applications Relating to Environmental Technologies (2001-5 Average). In "Cold Start for the Green Innovation Machine". AGHION, P.; VEUGELERS, R.; SERRE, C. *Bruegel Policy Contribution* 12, nov. 2009.

WISER, R.; BOLINGER, M.; BARBOSE, G. "Using the Federal Production Tax Credit to Build a Durable Market for Wind Power In the United States". Lawrence Berkeley National Laboratory, Environmental Energy Technologies Division (nov. 2007), pré--impressão de artigo apresentado ao *Electricity Journal*. Disponível em: <http://eetd.lbl.gov/ea/empreports/63583.pdf>. Acesso em: 25 jan. 2013.

WOO-CUMINGS, M. (Org.). *The Developmental State*. Ithaca, NY: Cornell University Press, 1999.

WOOD. R. "Fallen Solyndra Won Bankruptcy Battle but Faces Tax War". *Forbes*, 11 jun. 2012. Disponível em: <http://forbes.com/sites/robertwood/2012/11/06/fallen-solyndra-won-bankruptcy-battle-but-faces-tax-war/>. Acesso em: 29 jan. 2013.

WRIGHT, R. "The Man Who Invented the Web: Tim Berners-Lee Started a Revolution, But It Didn't Go Exactly as Planned". *Time* 149, n. 20, 19 maio 1997.

YASUDA, T. "Firm Growth, Size, Age and Behavior of Japanese Manufacturing". *Small Business Economics* 24, n. 1, pp. 1-15, 2005.

ZENGHELIS, D. "A Macroeconomic Plan for a Green Recovery". Centre for Climate Change Economics and Policy, Grantham Research Institute on Climate Change and the Environment, documento de políticas, jan. 2011. Disponível em: <http://www2.lse.ac.uk/GranthamInstitute/publications/Policy/docs/PP_macroeconomic-green-recovery_Jan11.pdf>. Acesso em: fev. 2012.

ÍNDICE REMISSIVO

Informações de gráficos e tabelas são indicadas por números de página em negrito.

1366 Technologies, 216
360 Degree Solar Holdings, 182
3M, 151

Abbate, Janet, 98
Abramovitz, Moses, 63
Academia Nacional de Ciências (NAS) dos Estados Unidos, 237
Adam Smith, Instituto, 43; *ver também* Smith, Adam
Advanced Display Manufacturers of America Research Consortium (ADMARC), 151
Advanced Technology Program (ATP) [Programa de Tecnologia Avançada], 151
Agência de Projetos de Pesquisa Avançada — Energia (ARPA-E), 27, 55, 158, 184-6, 193n, 216n
Agência de Projetos de Pesquisa Avançada (ARPA) *ver* Defense Advanced Research Projects Agency (DARPA)
Agência de Projetos de Pesquisa Avançada de Defesa *ver* Defense Advanced Research Projects Agency (DARPA)
Agência Espacial America (National Aeronautics and Space Agency — NASA), 140, 199, 206
Alemanha: apoio de longo prazo dado pela, 217; banco de investimento estatal, 254; gastos do governo com P&D em energia, 169; gastos públicos em P&D na, 96, 199-201; projetos de P&D e energia eólica na, 199, 201, 205, 214; recursos solares da, 198; revolução verde na, 161n, 167, 170; sistemas de inovação, 68; tarifa *feed-in*, 170, 191, 205, 214
America Competes Act de 2007, 184
American Energy Innovation Council (AEIC) [Conselho Americano para Inovação de Energia], 193n

American Recovery and
Reinvestment Act (ARRA) [Lei
Americana de Recuperação e
Reinvestimento]de 2009, 156, 168,
179, 183-4
Amgen, 55, 119
análise keynesiana, 32, 62n
Analysis Group, relatório do, 229,
230n
Angell, Marcia, 54, 100
Apolo, missão, 140
Appelbaum, Richard, 122-4
Apple: "Estado" da inovação da
Apple, 128; apoio do governo,
134-5, 155-7; aquisições, 146, 149;
benefícios fiscais de P&D, 155;
discurso da mídia sobre, 230,
234; investidores, 135; IPO, 129n;
mito da criação de empregos,
228-32, 232n; pesquisa financiada
pelo Estado por trás do iPod,
137, 145, *ver também* Apple,
tecnologias; políticas de aquisições
beneficiando a, 156; preços das
ações, 130, 132; proteção da
propriedade intelectual, 155;
questões de debate público,
229; resumo, 36, 129; retornos
do governo, 226-7; Stores, 230;
subsidiárias, 235; *ver também*
Jobs, Steve
Apple, produtos: computadores pessoais, 115, 142; do Apple I ao iPad,
135-6; iPad, 144-5, **153**, 156n; iPhone, 144, 146, 148-9, **153**; iPod, 136-
7, 143, 145, **153**, 154; jornada, 233
Apple, tecnologias: bateria de lítio,
152, **153**; circuitos integrados,
139; das *click-wheels* às telas
multitoque, 145-6, **153**; discos
rígidos (HD), 137-8; do sensor
capacitivo à *click-wheel*, 141-3;

integração das, 134-6, 140, 145-6,
153, 154; magnetorresistência
gigante (MRG), 137-8; origens dos
produtos, **153**, 156
Apple, vendas: dados das vendas
líquidas, receita e P&D, **128-9**,
130-1; relação P&D/vendas globais,
131; vendas líquidas por região e
produto, **130**
Argentina, 255
Argonne National Laboratory, 138
ARPANET, 98
Assistente cognitivo que aprende e
organiza *ver* "Cognitive Assistant
that Learns and Organizes" (CALO)
AT&T, 69, 147
atores: contribuições dos, 256;
divisão do trabalho "inovador"
entre, 257; em cenários arriscados,
50-1; exagero sobre os papéis dos,
262; o Estado como ator-chave,
185; rede de em inovação, 67; *ver
também* ecossistemas de inovação
Auerswald, Philip E., 81
Augustine, Norman R., 224

Banco de Desenvolvimento da
China, 28, 168, 210, 255
Banco do Japão, 72
Banco Internacional para
Reconstrução e Desenvolvimento
(BIRD), 28
Banco Nacional de Desenvolvimento
Econômico (BNDES), 169, 254
bancos, 25, 27-8; *ver
também* estatais, bancos de
desenvolvimento
Baran, Paul, 147
Bathon, Michael, 181
Bayh-Dole Act de 1980, 84, 100
BBC, 42

Beck, Frank, 143
Bell Labs, 53, 206, 206n
bem público, 31, 49, 91, 191, 241, 259
benefícios privados vs. sociais, 26, 241
Berg, Paul, 91, 107, 227
Berners-Lee, Tim, 148
biofarmacêutica, indústria, 103-6, 119-20
Biogen, 119
biotecnologia: apoio do governo, 120; capital de risco, 82; financiamento no Brasil, 169; impacto das mudanças nas patentes, 85; líder público, retardatário privado, 103-5; política industrial facilitando, 115; *ver também* empresas farmacêuticas
Biscotti, Dina, 104, 105
Block, Fred L.: conceito de estado desenvolvimentista, 115n; sobre a política industrial americana, 48, 69n, 104, 123; sobre as características do modelo DARPA, 115-6; sobre as políticas de inovação americanas, 111-, 114; sobre o financiamento do Estado por trás da inovação, 99; sobre o programa SBIR, 117
Bloom, Nicholas, 79
Bloomberg sobre os esquemas de impostos, 235-6
Bonus, 200
Braeburn Capital, 234
Branscomb, Lewis M., 81
Brasil, 25, 27-8, **167**, 169, 254
Breakthrough Institute, relatório do, 153
Bristol-Myers Squibb, 252
British Post Office, 147

Brodd, Ralph J., 152
Brody, Peter, 150
Burlamaqui, Leonardo, 253
burocracia weberiana, 27n
Bush, George H. W., 124
Bush, George W., 154
Bush, Vannevar, 112
Buxton, Bill, 145n

Cailliau, Robert, 148
Califórnia: "Corrida do Ouro da internet", 136; Apple evitando impostos sobre ganhos de capital na, 234; base de P&D da Apple na, 233; clima competitivo da, 224, 238; pacote de impostos de P&D, 155; participação da indústria eólica, 200, 202, 214
CALO *ver* "Cognitive Assistant that Learns and Organizes"
Cameron, David, 41
Canadá, 96
capital circula, O *ver Capital Moves* (Cowie)
capital de risco: abordagem imediatista, 152, 177; apresentado como assumindo riscos, 245; atraso da Europa atribuído à ausência do, 48; e a NASDAQ, 83; estímulo do governo, 162; fracasso do, 151; impaciência do, 179-80, 182, 201n; mito do amor ao risco, 80-2, 84, 196, 221-2; na Europa, 87; oportunidades de saída, 82, 103, 118, 180, 191; papel limitado do, 182, 191; público vs. privado, 46, 80; timing do investimento, 51; Venrock, 135; *ver também* setor privado
capital de risco por setor: na Solyndra, 180; revolução verde,

177, 178n; subsetores da energia limpa, **178**; tecnologia limpa, 221
capital de risco, estágios do investimento, 80, **81**; estágio inicial e embrionário, **118**; risco de perda, 81
Capital Moves [O capital circula] (Cowie), 232
capitalismo: fragilidade financeira do, 61n; imagem do mercado como motor do, 226; Keynes sobre o, 59, 60, 62; moderno disfuncional, 38; papel do Estado, 258; riscos do Estado, 256; trabalho inovador no, 39; visão de Adam Smith do, 59
celular, tecnologia, **153**
CERN (Organização Europeia para a Pesquisa Nuclear), 143
Chang, Ha-Joon, 34n, 69n, 72
China: "guerras comerciais", 169, 182; apoio político para a indústria da energia solar, 210; assinatura do Protocolo de Kyoto, 171n; bancos de investimento, 25, 28; capacidade eólica, 198; como concorrente na indústria solar, 180, 181n, 198; da "corrida eólica" à ascensão do setor de energia eólica, 199- 203, 205-6; Evergreen Solar, 208; industrialização objetiva, 72; investimento em tecnologia limpa, 167, 172n, 174, 189; novos investimentos em energia renovável, **167**, 168; plano quinquenal "verde", 170-2; revolução verde, 36, 161n, 167
ciência, 82, 85, 91, 94n, 105; *ver também* pesquisa
circuitos integrados, 139, 140n
Citizens for Tax Justice, 236n
Climate Works, 171
Clinton, administração, 122, 124

Coad, Alex, 77
"Cognitive Assistant that Learns and Organizes" (CALO) [Assistente cognitivo que aprende e organiza], projeto, 149
Comitê de Consultores em Ciência e Tecnologia da Presidência *ver* President´s Committee of Advisors on Science and Technology (PCAST) (EUA)
Companhia de Investimento em Pequenos Negócios *ver* Small Business Investment Company (SBIC) EUA
Compaq, 151
competição, gerando, 114
"complementaridade", 89
Concorde, 258; *ver também* "escolhendo vencedores"
"conhecimento, economia do": crescimento puxado pela inovação apoiando a, 65; Estado como criador da, 48; Estado como principal *player*, 39; facilitação do Estado, 24; mito da, 84-6; surgimento da, 104
conhecimento: difusão, 71, 74, 257; foco da UE, 72-3; impacto da revolução de TIC, 164; lacuna em relação ao papel do Estado, 260; trabalhadores, 74; transferência de, 69, 86
Conselho Americano para Inovação de Energia *ver* American Energy Innovation Council (AEIC)
Conselho de Pesquisa Médica (MRC), 103; *ver também* Medical Research Council (MRC)
Conselho Mundial de Energia Eólica *ver* Global Wind Energy Council (GWEC)
contracíclicos, empréstimos, 28, 193, 254

ÍNDICE REMISSIVO

Cook, Tim, 231
Coreia, **169**
Coreia do Sul, 72, 96, 168
créditos em energia renovável, 160n
créditos fiscais: e P&D, 155n; e P&E, 155; energia, 159, 191; energia solar e eólica, 176n, 200, 205; impacto em P&D, 57, 86, 88
crescimento: "inclusivo", 227, 245, 258; "inteligente", 227, 245; de empresas e benefício de P&D, 76; de toda a economia, 97; desigualdade e, 61, 89, 239; e tecnologia, 62, 64; efeito do capital de risco no, 82; inovação como fonte fundamental do, 34, 239; medidas do, 63; mitos sobre inovação e, 34; relação com a dívida nacional, 45; relação com tamanho da empresa, 78; teorias, 63-4; variáveis importantes para, 44
crescimento equitativo, 38, 239, 248
"*crowd funding*", 176
"*crowd in*", 32
"*crowd out*", 32, 52

DARPA: *ver* Defense Advanced Rsearch Projects Agency
DEC, 151
Defense Advanced Research Projects Agency (DARPA) [Agência de Projetos de Pesquisa Avançada de Defesa]: apoio para a Spintrônica, 139; atraindo talentos, 27; atribuições organizacionais, 185; características do modelo, 115; contribuições tecnológicas, 185; criação da, 112; financiamento, 112, 114; financiamento da energia limpa, 183n; modelo para a ARPA-E, 184; papel de intermediação, 114, 116; papel no SIRI, 149; projetos de rede de comunicação, 147, 147n; tecnologias de uso duplo, 139
Defense Logistics Agency, 183n
defesa, terceirização, 113, 140
demanda, políticas do lado da, 121, 158-60, 217
Demirel, Pelin, 76
DEMOS – Instituto de pesquisa (Reino Unido), 24
Departamento de Defesa (DoD) (Estados Unidos): custo do GPS, 149n; desenvolvimento do GPS e SIRI, 148-50; inovação energética, 183n; oportunidades na energia solar, 206; projeto ARPANET como origem da internet, 98; PRT, 138
Departamento de Energia (DoE) (Estados Unidos): ARPA-E, 27; atraindo talentos, 45; empréstimo garantido, 179; financiamento da bateria de lítio, 152; financiamento da pesquisa em energia eólica, 203; financiamento da Solyndra, 211; ligação com a First Solar, 207; patentes da SunPower, 208; pesquisa em energia limpa, 183
Departamento de Energia e Mudança Climática (Reino Unido), 173
Departamento de Técnicas de Processamento de Informação *ver* Information Processing Techniques Office (IPTO) (DARPA)
Departamento do Comércio (Estados Unidos), 81
descentralização, 115, 124, 147
"desenvolvimentista, Estado", 35, 69; *ver também* Estado
desenvolvimento, bancos de: *ver* estatais, bancos de desenvolvimento

desigualdade: acionistas como fonte de, 246; impacto do corte de impostos, 89; impacto sobre o crescimento, 61; prejudicial para a economia, 238; redução, 225, 249
despesas das empresas em P&D, 53
desqualificação, perspectiva de, 248
"destruição criativa", 35, 92, 224; *ver também* Schumpeter, Joseph
Dinamarca, 161n, 168n, **169**, 199
"direcionamento", 25, 28, 62n
"discursiva", batalha, de Judt, 33, 92
direitos de propriedade intelectual, 235
distribuição de renda, 60n
distribuição e inovação, 248
dívida privada, 43
dívida pública, 44-5
Domar, Evsey David, 63
doméstico, regras de conteúdo, 205
Dosi, Giovanni, 87
Drucker, Peter, 93
Duhigg, Charles, 234-5
DuPont, 241

economia keynesiana: *"crowding in"*, 32; *"crowding out"*, 52; contraciclos, 30; gestão da demanda, 71, 225; papel essencial do governo, 57, 61n
econômica, crise: causas da, 37, 245; estimulando tecnologias limpas, 197; impacto na UE, 73; setor público responsabilizado, 41, 44
Economist, The, visão do Estado e empresa, 42
economistas clássicos, 248
ecossistemas: *ver* inovação, ecossistemas de
Electric Power Research Institute (EPRI) [Instituto de Pesquisa de Energia Elétrica] (Estados Unidos), 208

elétricos, carros/veículos, 152, 171, 173, 184
Elias, John, 145-6
"eliminando o risco" do setor privado, 28-9, 33
e-mail, 148
"empreendedor", Estado: assumindo riscos e visão, 53; construção do, 88, 260; crescimento e desigualdade, 246; papel do, 29, 35, 48, 51; *ver também* Estado
empreendedores: escolhas de investimento, 188; financiamento, 91; financiamento do SBIR para, 117, 251; mito do Vale do Silício, 98; papel de intermediação da DARPA com, 114; tipos de risco, 93
empregos: global, 213, 233; impacto da inovação, 239; mito da criação de empregos da Apple, 228-30, 232n; na cadeia de suprimento puxada pela tecnologia, 62; pequenas empresas, 77; perdas, 180, 203; relatório do Analysis Group, 229, 230n; Suntech, 212; valor dos, 213; varejo, 230
empréstimos reembolsáveis e retenção de ganhos, 253-4
endógeno, teoria do crescimento: *ver* "novo crescimento" teoria do
energética, crise, 190, 199-200; *ver também* verde, revolução industrial
energia eólica e solar: da "corrida eólica" até o crescimento do setor na China, 199-203, 205-6; diminuição das empresas americanas de, 198n, 199; ecossistemas de inovação simbióticos, 222; falências, 210-3; fracasso coletivo, 222; mito da P&D, 218; mito do capital de risco, 221-2; mito do pequeno é bonito,

220; paridade de rede, 195; redes de aprendizado, 201n; retirada do apoio do governo, 204; tecnologia limpa em crise, 217; *ver também* corporações específicas; tecnologia limpa

Energy Frontier Research Center (EFRC), 184

Enron, 203

EPA (Agência de Proteção Ambiental dos Estados Unidos), 207

"escolhendo vencedores": alertas do "mercado livre", 156; argumento contra, 162; como agenda inadequada, 58, 250; evitando o surgimento, 123; ideologia resultante do fracasso, 201; P&D vs., 185; perdedores escolhendo o Estado vs., 45-7, 49; política industrial do MICI do Japão, 70

Escritório de Políticas para a Ciência e Tecnologia (EUA) *ver* Office of Science and Technology Policy (OSTP)

Espanha, 168n, **169**, 214

"espírito animal": dicotomia do, 30; do Estado, 50, 89; em investimentos privados, 52, 60, 89; *ver também* keynesiana, economia

Estado: âmbito dos esforços, 45, 258; atração de talentos, 38; como parceiro do setor privado, 29; como principal força empreendedora, 256; criação de mercado, 97, 226; "*crowding in*", 29, 32; dinâmica organizacional, 261; "dinamização", 33; "direcionamento", 62n; diretiva industrial, 48; falta de indicadores de desempenho, 258; financiamento *ver* agências e departamentos; flexibilidade, 259;

investimento de capital intensivo, 56; papel administrativo, 29, 38; papel econômico, 23, 59; políticas de recuperação, 71; responsabilidades, 39; resposta às críticas, 46; setores financiados, 99, 121, 260; visões do, 33; *ver também* "empreendedor, Estado"

Estado empreendedor, O (relatório), 2-5

Estados Unidos: American Energy Innovation Council (AEIC), 55; capacidade eólica, 198; código tributário, 235; declínio da competitividade, 237; "Estado Desenvolvimentista oculto", 69n; estratégias energéticas, 162, 189; exército, 150; financiamento e inovação em, 87; fontes de financiamento para P&D, **95**; fontes de financiamento para pesquisa básica em P&D, **96**; Força Aérea, 140, 147-8; "guerras comerciais", 169, 182, 215; inovação ameaçada, 53; política energética, 218; prejudicando a inovação, 88; relação risco--benefício da Apple com, 227-8; revolução verde, 167; sistema tributário, 232; sistemas de inovação, 68; sucessos do capital de risco, 82; *ver também* impostos

Estatais, bancos de desenvolvimento, 25, 28, 168, 189-90, 192-3, 254-5; *ver também* Banco Nacional de Desenvolvimento Econômico e Social (BNDES) do Brasil; Banco de Desenvolvimento da China

Europeia, União: "Grande Estado" por trás da inovação, 226; abordagem das iniciativas verdes, 172; despesas brutas com P&D

em relação ao PIB, 75; despesas com produção de crescimento, 261; fraquezas dos países, 86-7; investimento em energia renovável, **167**, 168; objetivos de P&D, 72-3; objetivos de transição verde, 161n; pacto fiscal da, 73, 261; setores públicos, 43; tarifas *feed-in*, 210

Evans, Peter, 27n

evasão fiscal: "rombo fiscal", 251; Apple, 36-7, 232-3, 235-6, 251; corporativa, 234-6, 251

Evergreen Solar, 208-9, 222

"exógeno, teoria do crescimento", 64

externalidades, 26, 31, 49, 228; *ver também* Apple

Fadell, Tony, 142n; *ver também* Apple

Fairchild Semiconductor, 113

farmacêutica, indústria: agências, 105; porcentagem de novos medicamentos por tipos, **102**; socialização do risco e privatização dos benefícios, 37, 243, 252; *ver também* biotecnologia

farmacêuticas, empresas: crescimento de P&D, 77; despesas com P&D, 54-5, 100, **101**; financiando o desenvolvimento das, 35, 43, 53; medicamentos radicais vs. similares, 100-3; recompra de ações, 54-6; relação risco-benefício, 37, 243, 252 *ver também* multinacionais farmacêuticas; medicamentos

feed-in, tarifas: Alemanha, 170, 191, 205, 214; em mercados europeus, 210; em tecnologia energética, 159; mudanças políticas, 174n; Reino Unido, 173

Fert, Albert, 137

Fiegerman, Seth, 232n

"fim do *laissez-faire*, O" (Keynes), 27, 257

financeiras, empresas, 244

financeirização, 54-7

FingerWorks, 146

Finlândia, 168n, **169**, 254

First Solar (ex-Solar Cells Inc), 178-9, 207, 218-9; *ver também* verde, revolução industrial

Florida, Richard, 151

Forbes, sobre a WuxiSuntech, 210

"fordista", modelo de produção, 70

Fourier, transformada rápida de (FFT), 153

Foxconn, 230-1

França, 96, 168n, 169

Freeman, Chris, 257

Fuchs, Erica, 185

Fundação Nacional de Ciência (NSF) (Estados Unidos), 48, 117, 124, 148, 152, 225

Fundação Nacional para a Ciência, Tecnologia e Artes, Reino Unido *ver* National Endowment for Science, Technology and the Arts (NESTA)

Funding a Revolution: Government Support for Computing Research, 99

"fundo de inovação", 252

gastos do governo com P&D em energia, 168, **169**

Gedser, turbina, 200

Genentech Inc., 91, 106, 119

General Electric (GE), 173, 189, 203, 219-20, 236n

Genzyme, 119, 243

gestão estratégica, 261

Ghosh, Shikhar, 177

GlaxoSmithKline, 102, 119
Global Wind Energy Council (GWEC)
   [Conselho Mundial de Energia
   Eólica], 191
Goldwind, 205
Goodenough, John B., 152
Google, 47, 235-6
GPS (*global positioning system*), 148,
   149n
grande transformação, A (Polanyi),
   258
Grécia, P&D/PIB, 86
Green, Martin, 209
Gronet, Chris, 207
Grünberg, Peter, 138
Grunwald, Michael, 158, 188
"guerras comerciais", 169, 182, 215

Haltiwanger, J., 78
Hamilton, Alexander, 109
Hanwha Group, 215
Harrison, Brian, 211
Harrod, Roy F., 63
Haslam, Karen, 232n
HD (disco rígido), 137-8, **153**
Heymann, Matthias, 199
Hoffman Electronics, 206
Holanda, 86, 89
Hopkins, Matt, 179n, 219
House of Commons Energy and
   Climate Change Committee, 173
Hsieh, Chang-Tai, 78
HTTP/HTML, 146-8, **153**
Hughes, Alan, 77
Hurst, Samuel, 143

IBM, 84, 138, 147, 151
ideologia do valor do acionista, 246,
   249
"iGesture Numpad", 146
Immelt, Jeffrey, 176
impostos: benefícios para o Estado,
   224; Citizens for Tax Justice,
236n; código tributário americano,
235; esquemas globais para
evitar, 235, 236n; ignorância dos
cidadãos em relação ao uso dos,
225; incentivos para empresas de
biotecnologia, 119; insensibilidade
dos investimentos, 60n; negócios
dependentes de, 106; plano 529 do
IRS americano, 156; política, 85;
política "*patent box*", 86; políticas
de impacto nas PMES, 78; sistemas
de inovação sem apoio dos, 251;
tarifas antidumping, 151; "*tax
holiday*", 236; "taxa de carbono",
159; *ver também* benefícios
privados vs. sociais
"incerteza knightiana", 25, 66, 177,
   226; risco comparado à, 93, 177
Índia, 78, **167**
indústria de telas planas, 150
"industriais, zonas", 89
industrial, política: "reequilíbrio
   das economias", 56; desafios, 38;
   descentralizada, 115; ferramentas
   distributivas necessárias, 227;
   história recente dos Estados
   Unidos, 35, 49; liderada
   pelo Estado, 71; *ver também*
   "escolhendo vencedores"
informação e comunicação,
   tecnologia de (TIC), 84, 164
informática: apoio à pesquisa, 141;
   computadores pessoais, 115, 129,
   135; disco rígido (HD), 137-8; em
   tecnologia eólica, 203; fontes de
   tecnologias fundamentais, 135-6;
   papel da DARPA, 111-3, 115
Information Processing Techniques
   Office (IPTO) [Departamento de
   Técnicas de Processamento de
   Informação] (DARPA), 113

Iniciativa Nacional de Nanotecnologia, EUA *ver* National Nanotechnology Initiative (NNI)
Innovalight, 216
inovação: ameaçada nos Estados Unidos, 53; apoio governamental, 60; aumento de patentes, 84-5; bancos de desenvolvimento estimulando a, 192-3; caráter coletivo da, 245, 247, 249-50, 256; crescimento econômico puxado pela, 34; "cultura" da, 126; cumulativa, 227, 250; desenvolvimento da, 26, 73; e distribuição, 248; economia de inovação schumpeteriana, 28; empresas resistindo à pressão por, 113; especulação no mercado de ações, 83-4; Estado como força, 28; Estado e inovação arriscada, 97-9; Estados Unidos, 53; estágio Vale da Morte, 80, **81**, 169-70; impacto da política fiscal, 85-6; macromodelos, 76; mito entre P&D e, 76; mitos, 34, 50; modelo de "inovação aberta", 54, 56; no Japão, 68-70; políticas de, 51, 76, 79, 89, 227; prejudicada nos Estados Unidos, 88, 250; processo global da, 213; redes de, 67, 71; tecnologia energética, 159-60; *ver também* "sistemas de inovação", abordagem
inovação, ecossistemas de: curva de inovação cumulativa, 227; dependência da prosperidade socioeconômica, 242; simbiótico vs. parasitário, 52, 54, 212, 222, 241; sistemas abertos, 257; tipos de, 25; *ver também* atores
institucional, mudança, 67
instituições do bem-estar social, 60

Instituto de Pesquisa de Energia Elétrica (Estados Unidos) *ver* Electric Power Research Institute (EPRI)
Instituto de Pesquisa Stanford *ver* Stanford Research Institute (SRI), EUA
Instituto Nacional de Padrões e Tecnologia, EUA *ver* National Institute of Standards and Technology (NIST)
Instituto para Estudos Fiscais (IEF), 86
Institutos Nacionais de Saúde, EUA *ver* National Institutes of Health (NIH)
Intel, 180n
inteligência artificial, 146
internet: comercialização, 50; e HTTP/HTML, 146-8; financiamento público, 148; origem, 98; papel da DARPA, 113; uso da Apple, **153**
intervencionista, política, 121
"investidores anjos", 80-1
investigação sobre a natureza e as causas da riqueza das nações, Uma (Adam Smith), 23; *ver também* "Mão Invisível"
investimentos, retorno dos, social vs. privado, 26
IOS, sistema de operação, 129
iPad, 144, 148, **153**, 156n
iPhone, 144, 146, 148-9, **153**
iPlayer, 42
iPod, 136-7, 142-3, 145, 148, **153**, 154
Irlanda, 168n, **169**
IRS americano, plano 529 do, 156
isenção fiscal, 78-9
Itália, 43, 73, 86, **169**

Jacobs, 205
Janeway, William H., 83

ÍNDICE REMISSIVO

Japão: aperfeiçoamento da bateria de lítio, 152; concorrência, 139-40, 150-1; crescimento econômico, 68-9; despesas governamentais com P&D em energia, **169**; despesas públicas em P&D, 96; entrada da Apple no, 155; indústria de tela plana, 150; MICI, 68-9, 72; sistema financeiro, 72; sistemas de inovação vs. União Soviética, 68, 70
Jarmin, Ron, 78
Jefferson, Thomas, 109
Jiawei Solar, 208
Jobs, Steve: capitalizando investimentos públicos, 36; compra da parte de Wayne na Apple, 129n; compromisso com a simplicidade, 133; foco no longo prazo, 237; palestra em Stanford, 25, 126-7; procura de financiamento, 135; redefinindo a estratégia da Apple, 142; SIRI, 150; *ver também* Apple
jogos, teoria dos, 66
Johannson, Börje, 137
Johnson & Johnson, 119
Johnson, Chalmers, 68, 69n, 71
Johnson, Edward A., 143
Judt, Tony, 23, 32-3
Jumpstart Our Businesses Startups Act (JOBS Act) de 2012, 176
Junfeng, Li, 171
Juul, Johannes, 200

Kamp, Linda, 200
Keller, Matthew R., 48, 99, 123
Kenetech, 198n, 202-3
Keynes, John Maynard, 30, 59-60, 62, 89, 93, 259
KfW (Banco de Desenvolvimento Alemão), 254

Kilby, Jack, 139
Kleinman, Daniel Lee, 104-5
Klenow, Peter J., 78
Klooster, John W., 155
Knight, Frank, 25, 93
Kocieniewski, David, 234-5
Kraemer, Kenneth L., 233
Kyoto, Protocolo de, 171n

Labini, Mauro Sylos, 87
Lazonick, William: compilação das despesas da NIH, 53, 105; desenvolvimento de tecnologia pública, 98; energia solar, 179n; Estado desenvolvimentista no Japão, 69; indústria biofarmacêutica, 103, 106, 120; medicamentos órfãos, 119-20; Modelo de Negócio da Nova Economia vs. Velha, 228; modelo de negócio *spin-off*, 113; relação risco-benefício, 249; sobre os ganhos dos empregados da Apple, 231n
LCD, tecnologia, 150-1, **153**
Lei Americana de Recuperação e Reinvestimento *ver* American Recovery and Reinvestment Act (ARRA)
Leslie, Stuart W., 98
lítio, bateria de, 152, **153**
Llerena, Patrick, 87
Lundvall, Bengt-Åke, 257

MacMaster, Harold, 207
Madrigal, Alexis, 164
Magnascreen, 151
magnetorresistência gigante, 137-8
mal ronda a terra, O (Judt), 24
Manhattan, Projeto, 112
"Mão Invisível", 59
Markkula, Mike, 135

Martinot, Eric, 161n, 171
Mazzucato, Mariana, 76, 249
McCray, W. Patrick, 138
Medical Research Council (MRC) [Conselho de Pesquisa Médica, Reino Unido], 48
medicamentos: classificação de novos, **99**, 100; Gleevec, 119; medicamentos órfãos, 118-9, 121; pesquisas do MRC, 103; porcentagem de novos por tipo, **102**; radicais vs. similares, 100, 102-3; *ver também* multinacionais farmacêuticas; empresas farmacêuticas
mercado de ações, 83
mercado, abordagem da falha do: além do conserto das falhas, 26-7, 29; aplicada a P&D, 95; ciência básica como alvo, 94; inadequação, 253, 262; natureza limitadora, 35, 97; papel das imperfeições, 49; papel de reparação do Estado, 33, 49; papel do Estado além da, 24; "sistemas de inovação", 96
mercado, mito da autorregulamentação do, 59, 258
"mercado nacional", 258
mercados de energia eólica e solar: competição, inovação e tamanho do mercado, 214-6; crescimento alimentado pela crise, 197-9; e produção, 198, 202, 210; mercado global, **197**; oportunidades de crescimento, 214-5; revolucionando os mercados existentes, 220
Merrick, Sarah, 174
micro-macro, conexão, 61-2
microprocessadores, **153**
Ministério da Indústria e Comércio Internacional (MICI) (Japão), 68-9, 72; *ver também* Japão

Ministério para Pesquisa e Desenvolvimento (Alemanha), 205
Minsky, Hyman, 62n
Minuteman II, programa de mísseis, 140
Miranda, Javier, 78
Mirowski, Philip, 82
MIT, 53, 240
mitos: da inovação sendo sinônimo de P&D, 76, 218; de que o capital de risco ama o risco, 80-2, 84, 196; de que pequeno é bonito, 77-9, 196, 219-20; do marketing como autorregulável, 59, 258; governo preso a, 46; patentes e economia do conhecimento, 84-6; sobre as necessidades dos investimentos empresariais, 88- 90; sobre empreendedorismo e inovação, 50; sobre inovação e crescimento, 34; sobre os problemas da Europa serem de comercialização, 86-7
Mitterrand, François, 91
Modelo de Negócios da Nova Economia (MNNE), 228-9, 233, 239
Modelo de Negócios da Velha Economia (MNVE), 228, 239
Motoyama, Yasuyuki, 122-4
Mowery, David C., 96
mudança climática, 163, 171, 187; *ver também* verde, revolução industrial
mudança organizacional, 261
multinacionais farmacêuticas, 46-7, 53n, 119, 244; *ver também* medicamentos; empresas farmacêuticas
multitoque, telas, 145

Nanda, Ramana, 177
NASDAQ, 83

National Endowment for Science, Technology and the Arts (NESTA) [Fundação Nacional para a Ciência, Tecnologia e Artes, Reino Unido], 77
National Fabricated Products, 206n
National Institute of Standards and Technology (NIST) [Instituto Nacional de Padrões e Tecnologia, EUA], 151-2
National Institutes of Health (NIH) [Institutos Nacionais de Saúde, EUA]: base de conhecimento, 32; criando vs. surfando na onda, 105-8; gastos, 53; novas entidades moleculares, 102; orçamentos de, 105, 107; pesquisa aplicada, 188; royalties da Taxol, 252
National Nanotechnology Initiative (NNI) [Iniciativa Nacional de Nanotecnologia, EUA], 122, 124
National Renewable Energy Laboratory (NREL), 207
NAVSTAR GPS, sistema, 149, **153**
Nelson, Richard, 257
neoclássica, economia, 63, 249
New Deal, 111
Nielsen, Kristian H., 199
Nokia, 254
"No More Solyndra´s Act", 181n
Normas de Energia Renovável *ver* Renewable Portfolio Standards
Noruega, 168n, **169**
Novartis, 119
"novo crescimento", teoria do, 64-6, 76, 94
novos investimentos em energia renovável, **167**, 168
Noyce, Robert, 139

OCDE (despesas brutas com P&D em relação ao PIB), 75

OCDE *ver* Organização para a Cooperação e Desenvolvimento Econômico
Office of Science and Technology Policy (OSTP) [Escritório de Políticas para a Ciência e Tecnologia (EUA)], 153
Organização Europeia para a Pesquisa Nuclear *ver* CERN
Organização Mundial do Comércio (OMC), 72
Organização Nacional para Doenças Raras *ver* National Organization for Rare Disorders
Organização para a Cooperação e Desenvolvimento Econômico (OCDE), 45
Orphan Drug Act (ODA) de 1983, 118, 120
Osborne, George, 85

P&D: como medida do desempenho da inovação, 65, 72; créditos fiscais do trabalhador, 89; da DARPA, 112, 185; despesas brutas com P&D (DBPD) em relação ao PIB na OCDE, **75**; diferença de gastos, 74; do DoE, 183; do setor de tecnologia limpa, 55; em projetos de energia eólica, 199; empresas farmacêuticas, 55, 252; financiamento do SEMATECH, 141; fontes de financiamento nos Estados Unidos (*ver também agências individuais*), **95**; fontes de financiamento para pesquisa básica nos Estados Unidos, **96**; impacto dos créditos fiscais, 57; investimentos, 26; investimentos em mudança tecnológica, 93; Japão vs. União Soviética, 68, **70**; luta dos países da OCDE, 72-3;

mito da inovação como sinônimo de, 76, 218-9; mito das exigências de investimentos comerciais, 88-90; na UE, 73; não é suficiente, 196; P&D/PIB, 86; relação do crescimento da empresa com, 76; relação entre vendas globais da Apple e, 131; subsídios para biotecnologia, 119; tecnologia eólica chinesa, 206; teoria da falha do mercado aplicada a, 95
Pacific Solar, 209
papel das empresas de petróleo na energia solar, 220n
"paradoxo europeu", 87
Parker, Rachel, 122-4
Parris, Stuart, 77
patentes: economia do conhecimento, 34; farmacêutica, 100; First Solar, 207; foco no capital de risco, 82; liderança da GE, 203; mito da economia do conhecimento, 84-6; política *"patent box"*, 85-6; retenção potencial do governo, 253; sucesso como medida do desempenho da inovação, 65, 72
pequenas e médias empresas (PME), 34, 77-8n, 155n
pequenas empresas, associações de, 47
Perez, Carlota, 163
Perkins, Thomas, 91
perspectiva intermediária, 67
pesquisa, 94, 116, 123, 188; *ver também* ciência
Pfizer, 32, 54, 106, 119
Pharmaceutical Research and Manufacturers of America (PhRMA) (asociação comercial), 100, **101**
PIB, equilíbrio das quatro categorias de despesas do, 60

Pisano, Gary P., 83
Polanyi, Karl, 33, 59, 258
política de tecnologia, 111
políticas de aquisição, 155n, 156
políticas de energia eólica e solar: créditos fiscais, 200, 205; impulsionando o desenvolvimento, 199-200; oferecendo incentivos, 206-7; programa de impostos da Califórnia, 203; subsídios, 204
políticas do lado da oferta, 121, 158-60, 217
políticas públicas *ver* políticas, formuladores de
políticas redistributivas, 61
políticas, formuladores de: crescimento, 65; foco em P&D e patentes, 72; necessidade de buscar colaboração, 53; necessidade de entender novas tecnologias, 112; revolução verde, 163; sugestão de foco, 258
Portugal, 86
President´s Committee of Advisors on Science and Technology (PCAST) [Comitê de Consultores em Ciência e Tecnologia da Presidência] (EUA), 123
processamento de sinais (DSP), 153
produção, estrutura da função, 65
Production in the Innovation Economy (PIE), projeto, 240-1
produtividade, 62, 78, 100
produtividade total dos fatores (PTF) da Índia *vs* Estados Unidos, 78
Programa de Pesquisa para a Inovação em Pequenos Negócios *ver* Small Business Innovation Research (SBIR) (EUA)
Programa de Reinvestimento de Tecnologia, 138

Programa de Tecnologia Avançada
    (ATP), 81; *ver também* Advanced
    Technology Program (ATP)
Programa Fiscal de Empréstimos e
    Investimentos (Japão), 72
projeto Supersonic Transport (SST),
    127
projetos de P&D em energia eólica,
    199-200, 202
proteção da propriedade intelectual,
    154
Public Interest Research Centre
    (Reino Unido), 168
público-privado: colaborações, 29,
    53; financiamento de energia
    limpa, 212, 222; investimento em
    P&D, 225; sobreposição, 188

Q-Cells, 214-5

R&D Magazine, 99
Rao, Rekha, 77
Rauch, James, 27n
RCA, 232-3
recompensas, socialização, 213
recompra de ações, 54-6, 103, 232,
    236
redes: desenvolvimento da DARPA,
    114, 121; em nanotecnologias,
    122; inovação, 67, 71, 114; ligação
    ciência-indústria, 257; ligações,
    70; SBIR, 117, 121
redução nos impostos, 34, 46, 51,
    89, 106
Reenen, John van, 79
Reinert, Erik, 34n, 69n, 109
Reinhart, Carmen, 44
Reino Unido: apoio do governo
    às PMES, 77; BBC, 42; Conselho
    de Pesquisa Médica (MRC),
    103; desempenho das PMES, 79;
    despesas das empresas em P&D,
    53; especialização em setores,
    74; estratégias energéticas, 162;
    gastos do governo em P&D, 168,
    169; gastos públicos em P&D,
    96; iniciativas verdes, 172-3, 175;
    investimento em tecnologia limpa,
    168; Medical Research Council
    (MRC) [Conselho de Pesquisa
    Médica], 48; P&D/PIB, 86;
    revolução verde no, 168; tema da
    Big Society, 41; terceirização, 42
Renewable Portfolio Standards
    [Normas de Energia Renovável],
    159
repercussões, 258
"representativo", agente, 94
retornos sociais vs. privados dos
    investimentos, 26
risco, 92-4, 96, 107; *ver também*
    socialização do risco
risco, cenário de, 50-1, 92, 257, 262
risco-recompensa, relação: Apple
    e governo americano, 226-7;
    benefício coletivo vs. privado,
    225, 260; necessidade de
    dinâmica funcional, 245, 262;
    reconhecimento do Estado, 37;
    resumo, 224-5, 227; sucesso
    corporativo resultando em miséria
    econômica regional, 238
Robinson, Joan, 64
Roche, 119
Rock, Arthur, 135
Rodrick, Dani, 56, 57
Rogoff, Kenneth, 44
Roland, Alex, 140n
Roosevelt, Franklin D., 30, 111
Royal Radar Establishment (RRE),
    143
royalties, 252
Ruegg, Rosalie, 203
Ruttan, Vernon, 97-8

Sanofi, 106
Schmidt, Horace, 131, **133**; *ver também* Apple
Schumpeter, Joseph, 35n, 60, 65, 92
schumpeteriana, economia da inovação: conceito de destruição criativa, 35, 92, 224; influência no BNDES, 28; modelos macro, 76; papel do investimento, 61; proteção estendida, 253; teoria da, 66n; visão dos "sistemas de inovação", 66-7
Seagate, 138
Segal, David, 230
Segunda Guerra Mundial, 111
Semiconductor Manufacturing Technology (SEMATECH), consórcio, 141
sensor capacitivo, tecnologia do, 143n, 146
setor privado: abordagem imediatista, 152; atividade empreendedora do, 47; entrando na revolução verde, 166; falta de visão, 49; financeirização, 54-7; limitações, 123; potencial parasitário, 51; suposições das políticas de demanda sobre o, 160; *ver também* capital de risco
setor público *ver* Estado
Shapiro, Isaac, 231
Shi Zhengrong, 195, 209-11
Shiman, Philip, 140
Shockley, William, 113
Silício, Vale do, 47, 98, 115, 135
Silver, Jonathan, 179, 211
SIRI, 146, 148-9, **153**
"sistemas", perspectiva dos, 260
"sistemas de inovação", abordagem: abordagem da falha do mercado vs., 34, 96; base, 66-8; definição, 67; necessidade, 50; papel do Estado, 110; regionais, 71; *ver*

também inovação; ecossistemas de inovação
Sistemas Nacionais de Inovação, perspectiva do, 74
SITRA (agência de financiamento público da Finlândia), 254
Small Business Administration (Estados Unidos), 135
Small Business Innovation Act de 1982, 117
Small Business Innovation Research (SBIR) [Programa de Pesquisa para a Inovação em Pequenos Negócios] (EUA), 48, 81, 116, 117, 118, **118**, 251
Small Business Investment Company (SBIC) [Companhia de Investimento em Pequenos Negócios, EUA], 135
Smith, Adam, 59; *ver também* Instituto Adam Smith; *investigação sobre a natureza e a causa da riqueza das nações, Uma*
socialização do risco e privatização dos benefícios: arcabouço para a mudança, 248-50; benefícios diretos ou indiretos, 250-1, 253-5; como causa da desigualdade e instabilidade, 247; criação do "fundo de inovação", 252; empréstimos reembolsáveis e retenção de ganhos, 253-4; encaixando o trabalho inovador na divisão das recompensas, 247; na economia da inovação, 26; nas parcerias público-privadas, 56; no desenvolvimento de fármacos, 243; propriedade intelectual, 252; realidade distorcida dos riscos e benefícios, 243-6, 248
solar, energia *ver* energia solar e eólica
Solow, Robert M., 63, 64

Solyndra, 179-82, 207, 211-2, 222; *ver também* energia limpa
Something Ventured, Something Gained (documentário), 115
Sony, 152
Soppe, Birgit, 201
Spectrawatt, 180n, 222
spin-off, modelo de negócio, 113
Spintrônica, 139
Sputnik, lançamento do, 112
Stanford Research Institute (SRI) [Instituto de Pesquisa Stanford, EUA], 149; *ver também* SIRI
Strategic Computing Initiative (SCI), 140
Stumpe, Bent, 143
Suécia, **169**
Sullivan, Martin A., 235
SunPower, 208
Suntech da China, 209, 211-2
sustentabilidade, 163, 166, 171, 258; *ver também* verde, revolução industrial
Swanson, Richard, 208

tarifas, 151, 215; *ver também feed-in*, tarifas
Tassey, Gregory, 62
"*tax holiday*", 236
Taxol, 252
Tea Party, movimento, 43
tecnologia: causando destruição criativa, 92; colaboração interagências, 110; e crescimento, 63, 65; impacto de regiões no desempenho nacional, 71; liderança do Estado, 71; origem dos produtos da Apple, **153**; revoluções, 174-5; SIRI, 146, 148-9; situações únicas, 93; tecnologias fundamentais da Apple, 136; uso duplo, 139; *ver também* informática

tecnologia comercializada: bateria de lítio, 152; celular, 144, 147, 153; das *click-wheels* às telas multitoque, 145-6; dos sensores capacitivos às *click-wheels*, 141-3, 146; GPS, 148; GPTS, 97; impacto dos circuitos integrados de silício, 139; LCD, 150-1; processamento digital de sinais (DSP), 153; telas resistivas, 143; transistor de película fina (TFT), 150-1; veículos elétricos de "emissões zero", 152
tecnologia de energia eólica e solar: aerodinâmica, 204; C-Si, 179, 180n, 208-9, 216; energia remota, 206; origens da tecnologia solar, 206-7, 209-10; papel das empresas petrolíferas, 220n; pesquisa por trás, 203, 205; projeto da Gedser dinamarquesa, 200; uso do computador, 203-4; *ver também* tecnologia limpa
tecnologia limpa: carros/veículos elétricos, 152, 171, 173, 184; chamado para o fim do apoio americano, 215; em crise, 217; fontes, 164; investimento (por país), 168; investimento do capital de risco, 221; investimento em P&D, 165; investimento público vs. privado, 56, 196; na China, 170-2; relatório da Ernst & Young, 172; resumo histórico, 165; *ver também* verde, revolução industrial
tecnologias de propósito geral(GPTs), 97-8
teoria da agência, 247
teoria evolucionária da mudança econômica, Uma (Nelson e Winter), 65
"teoria evolucionária" da produção, 65
terceirização, 42, 152

TFT (transistor de película fina), 150-1
The Washington Post, 91
Thomas, Patrick, 203
trabalhistas, disputas, 231
"traitorous eight", os [os oito traidores], 113
Tulum, Oner: compilação das despesas da NIH, 53, 105; indústria biofarmacêutica, 103, 105, 120; medicamentos órfãos, 119-20

União Soviética, 68, 70, 112
Universidade do Sul da Califórnia, 115
UNIX, 148
US Windpower (depois Kenetech), 202
USSR, *ver* União Soviética

"Vale da Morte", estágio em inovação, 80, **81**, 169-70
Valentine, Don, 135
Vallas, Steven P., 104-5
valor: extração, 55, 74, 221; medidas de, 65
Venrock, 135
Vensys Energiesysteme, 205
Verde, Banco de Investimento, 174n
verde, revolução industrial: abordagem do Reino Unido, 172-3, 175; abordagem dos Estados Unidos, 175-87; abordagens nacionais, 166, 168-9; apoio governamental, 160, 166, 195-6; ARPA-E, 184-6; bancos de desenvolvimento, 193; capital de risco na, 176-7, 178n, 179; capital paciente, 190, 192-3; comprometimento financeiro para, 162; créditos de energia renovável, 160n; efeito "*carbon lock-in*", 164; estimulando o desenvolvimento verde, 187, 189; financiamento da, 162-4, 166; gastos do governo em P&D em energia, **169**; impacto de políticas, 159, 166; investimentos globais em energia renovável, **167**; líderes, 37, 175; mudança do clima, 163, 171, 187; "No More Solyndras Act", 181n; obstáculos, 190, 213, 218; papel do DoE na, 183-4; plano quinquenal "verde" da China, 170-2; subsetores do capital de risco na, **178**; sustentabilidade, 163, 166, 171; tecnologia de "rede elétrica inteligente", 161, 164; *The Economist* sobre, 42; *ver também* tecnologia limpa; energia solar
Vestas: compra de patentes, 200; Dinamarca, 198; influência da pesquisa do DoE, 203; início, 202; projetos robustos, 202; respostas políticas, 173, 189
visão: "verde", 162, 167, 171; da Apple, 134-5, 142; do Estado, 48-52, 92, 97-9; em nanotecnologia, 122; falta de, 151

Warburg Pincus, 83
Washington, Consenso de, 72
Wayne, Ronald, 129; *ver também* Apple
Westerman, Wayne, 145-6
Westinghouse, 150
Witty, Andrew, 102
Wozniak, Steve, 129, 135; *ver também* Apple
Wuxi Suntech, 211
Wuxi-Guolian, 211

Xerox, 151; PARC da, 53

Zond Corporation, 202-3

TIPOLOGIA Miller
DIAGRAMAÇÃO Acqua Estúdio Gráfico
PAPEL Pólen, Suzano S. A.
IMPRESSÃO Geográfica, maio de 2025

A marca FSC® é a garantia de que a madeira utilizada na fabricação do papel deste livro provém de florestas que foram gerenciadas de maneira ambientalmente correta, socialmente justa e economicamente viável, além de outras fontes de origem controlada.